ツーカとゼーキン

知りたくなかった日本の未来

明石順平

Akashi Junpei

インターナショナル新書 050

はじめに

本書は通貨と税金について書いたものです。この2つは密接に関連しており、**究極的には税金が通貨の信用を支えています。**そして、通貨や税金の「背後に存在するもの」を理解することがとても重要です。

人間には、自分にとって都合の悪い情報を無視したり、過小評価したりしてしまう「正常性バイアス」という特性があります。本書はその「正常性バイアス」を取り除いて真正面から日本の現実を直視するものですから、非常に厳しいことが書いてあります。

最近、とにかく政府がたくさん借金をしてお金を使えば景気がよくなるのだというような説が広まり、かなりの人がそれを信じてしまっているようです。これも「正常性バイアス」が大きく影響していると言えるでしょう。

通貨は無限に作り出すことができますが、その価値を無限に維持することはできません。通貨を増やしすぎるとその価値が下がってしまうからです。そして通貨の価値が下がると、物価は急上昇し、国民の生活は苦しくなります。「とにかく国が借金してたくさんお金を使えばよい」と考える人は、この点を無視しています。さらに、「通貨の背後にあるもの」

も無視しています。

　こういう考えが広まると「増税なんていらないから借金して金を使え」ということになり、「税への嫌悪感」が強まります。そうなると、必ず将来国民の首を絞めることになります。どうしてそうなるのか、本書を読めばそれはわかります。

　私が強調したいのは、**「税は権力者に取られるもの」という認識を変えていかなければならない**ということです。**「税は、みんなでお金を出し合って支え合うためにある」ものです。**国家を運営するにはお金が必要です。民主主義国家である日本において、お金は主権者である我々が出し合うものです。どれだけみんなでお金を出し合うのか、それを何に使うのか、決めるのが政治です。そうやってみんなで支え合うから、生きていくことができるのです。そして、お金をたくさん使いたいなら、それに応じて負担も増えます。しかし、多くの日本の政治家は、目先の人気取りのために、この「負担」の部分について論じることを避け、借金で逃げ続けてきました。そして国民もまたそのような政治家を支持してきました。しかし、私はこの「負担」を論じることから逃げません。どれだけ嫌われようとも叩かれようとも逃げません。負担から逃げ続けてきたことがこの国の不幸を招いたと考えるからです。

ところで、前著『データが語る日本財政の未来』（インターナショナル新書）を読んだ多くの方が、私を増税・緊縮論者と捉えたようです。私は財政再建のために増税しろとか緊縮財政をしろなどとは一言も書いていないので驚きました。例えば同書の２７９ページで、私はモノシリンにこう言わせています。「だから、増税と緊縮をして財政を立て直すなんて現実的には無理なんだ」と。

ここではっきり断言します。**私は「財政あきらめ論者」です。日本の財政再建はもう絶対に不可能なので増税も緊縮も不要です。**どこかの時点で円が大暴落して膨大な借金が事実上踏み倒されると私は思っています。そのどん底に落ちた後の日本の再生のために前著を書きました。そして、今回もそれは同じです。

最終章では反緊縮運動の中心人物である松尾匡（ただす）教授を名指しで批判しました。どれだけ誤った知識を基に楽観論が流布されているのかよくわかると思います。また、昨今話題となっているＭＭＴ（Modern Monetary Theory：現代貨幣理論）にも触れています。

この本を読めば、人類がひたすら同じことを繰り返していることを理解できるでしょう。

今回もわかりやすさを重視し、モノシリ生物のモノシリンと、太郎君の会話形式で話を進めていきます。

目次

第1章　「通貨」と「交換」

通貨は「交換」のためにある

モノシリン（以下モ）　今回は通貨の話をしよう。通貨とは、「流通貨幣」の略称で、価値を交換するために存在する。「交換」は、自然界にも存在する。例えば太郎、花はなんで甘い蜜を出すと思う？

太郎（以下太）　なんでだろう。虫や動物を引き寄せるためかな。

モ　そうだね、蜜を分泌して虫や鳥などを惹きつける。そうすると、虫や鳥におしべから出た花粉がつく。そして虫や鳥がほかの花に移動すると、その花のめしべに花粉がつき受粉する。それがやがて実になり、種が生まれる。

太　なんで虫や鳥は蜜に引き寄せられるのかな。

モ　蜜には糖分など、虫や鳥が生きていくのに必要な成分が含まれているからだ。糖分は体を動かすエネルギーになるからね。虫や鳥は蜜を食べてそれをエネルギーに変え、体を動かしている。花は蜜を分泌することにより、虫や鳥に花粉を運んでもらっている。

太　つまり、花は蜜を虫や鳥に与える代わりに、花粉を運んでもらっているわけだね。

モ　そうだ。この場合、花の「蜜」というモノと、「花粉を運ぶ」という行為が交換されていると言える。似たような現象は、花が実になった後も起きる。甘い果実を実らせれば、それを動物たちが食べる。果実の中には種が入っていて、その種は動物たちの糞と一緒に外へ放出され、そこで芽を出す。

太　そうか。「果物」というモノと、「種を運ぶ」という行為が交換されているわけだね。

モ　花は自ら動くことができないから、花粉や種子を遠くへ運べない。一方、虫や動物たちは、自らエネルギーを生み出すことができない。そこで「交換」が成立することにより、互いにできないことを補い合い、生き延びて子孫を残すことが可能になる。

この「交換」は、人間と動植物の間でも成立している。例えば人間は主食として麦や米を栽培しているが、ここにさっき見たような関係が成立していると思わないかい？

太　ああ、そうだね。麦や米は実をつけてそれを人間に食べさせる。人間は麦や米のために畑や田んぼを耕し、種を蒔いていろいろ面倒を見る。家畜についてもそれが成立しそうだね。

家畜は人間に肉や乳を提供し、人間は家畜の面倒を見る。全部食べてしまうとなくなってしまうから、繁殖させる。繁殖することで家畜は子孫を増やして生き残り続ける。

モ　そうだ。そういう「交換」が成立することにより、麦や米は世界中で栽培されて生き延び、子孫を増やしている。牛や豚、鳥などの家畜もそうだ。世界中で繁殖され、子孫を増やしている。交換による協力関係が成立していると言えるだろう。そして、人間同士でも交換が成立する。太郎、最近何か高いものは買ったかい？

太　5万円のパソコンを買ったよ。

モ　その5万円はどうやって手に入れたの？

太　コンビニのアルバイトで稼いだよ。

モ　そうすると、君の「コンビニで働く」という行為が、5万円に姿を変え、最終的にパソコンと交換されたことになる。

太　そう言われてみるとそうだね。

モ　通貨が間に挟まることによって、「コンビニで働く」という行為とまったく関係のない「パソコン」というモノが最終的に交換可能になったわけだ。

食べ物を作る人、食べ物を料理する人、何か製品を作る人、何かサービスを提供する人、いずれも働くことによって通貨を得て、それを生きていくために必要なものへ交換している。**この世界は、無数の交換で成り立っている。**その交換を可能にしているのが通貨なんだ。交換によって、お互いにできないことを補い合い、協力して生きていくことが可能になる。

もしも通貨がなかったら

太　じゃあ通貨がなかったらどうなるのかな。

モ　通貨がない状態で交換をしようと思ったら、物々交換しかなくなるね。だけど、そのような状態でも、多くの人が欲しいと思うモノが次第に通貨の代わりを果たすようになる。太郎、物々交換って、かなり成り立たせるのが困難だと思わない？

太　そうだね。まずお互いが欲しがるものが一致しないといけないものね。

モ　そう。さらに、量も見合うものにならなければいけない。例えば、A君は魚を、B君は肉を欲していたとしよう。しかし、魚1匹と牛1頭じゃ全然見合わないでしょ。

太　うん。それじゃ交換する気にならないよね。

モ　さらに、お互いに欲するものが同時に存在していなければならない。B君が魚をたくさんとってA君と交換しようとしても、A君がタイミングよく肉を持っているとは限らない。

太　なんかそう考えると、物々交換ってほとんど成立しそうにない気すらしてくるよ。①お互いに相手のものを欲しいと思っている、②量が見合っている、③交換しようとするものが同時に存在している、ってことが必要なんでしょ。

捕虜収容所での出来事

モ　では通貨がない状態で人がどういうふるまいをするのか、実際に起こった出来事を基に考えてみよう。

第二次世界大戦中の1942年、イギリス軍に従軍していたリチャード・ラドフォードという経済学者がドイツ軍に捕らえられ、西洋人の捕虜収容所に入れられた。彼は戦後に、その収容所での体験を経済学の視点で書き残した。この話は、日本でもベストセラーになったヤニス・バルファキスの『父が娘に語る 美しく、深く、壮大で、とんでもなくわかりやすい経済の話。』（ダイヤモンド社）でも触れられている。

収容所では捕虜の国籍別に建物が分かれていて、行き来は自由だった。赤十字が捕虜の生活環境を監視していて、スイスの本部から定期的に食べ物、タバコ、コーヒー、紅茶、チョコレートなどの物資を送っていた。赤十字というのは、戦争や自然災害時における傷病者救護活動を中心とした人道支援団体だ。

捕虜に渡される食べ物などの小包の中身は同じだったが、国ごとに嗜好が違う。例えば、フランス人はコーヒーが好きだが紅茶はあまり飲まない。イギリス人はその逆だ。そこで、あるフランス人が、その嗜好の違いを利用して物々交換を仲介するようになった。

太　つまり、コーヒーと紅茶を交換するということね。コーヒーと紅茶の量が同じだとすると、交換によってフランス人は2倍のコーヒーを、イギリス人は2倍の紅茶を得ることができるね。

モ　そうだね。ただ、2倍にはならない。なぜなら間に入ったフランス人が手数料として交換したコーヒーの一部を得るからだ。

太　え、なんかずるいなそれ。

モ　そうかな。そのフランス人がいなければ、本来よりもたくさんのコーヒーを得ることはできなかったんだよ。仲介者が間に入ることで、スムーズに物々交換が進む。いちいちみんなで一緒に物々交換をしていたら、めんどくさくて交換が進まなくなるよ。

太　そう考えると、間に入る人って必要不可欠だね。

モ　そうだ。円滑に交換を成立させるためには、間に誰かが入って交換をまとめると効率がよい。「商人」と呼ばれる人たちがやってきたのは、昔からそういうことだ。

最初は紅茶とコーヒーの交換から始まったこの物々交換は、次第にほかのあらゆるものに及んでいき、モノ同士の交換比率も決まっていった。交換比率というのは、例えば板チョコ1枚でコーヒー500グラムと交換する、というようなものだ。そういう交換比率が収容所の掲示板に書かれるようになった。

太　それ、なんだかややこしいね。モノの種類が増えるにしたがって交換比率のパターンも増えていくわけでしょ。しかも、お互いに相手のモノが欲しいと思っている人同士じゃないと成立しないし。

タバコ通貨誕生

モ　そう、非常にややこしい。しかし、そのような状態は長く続かなかった。タバコがすべての物資の交換媒体として使われるようになったからだ。

太　タバコを吸う人がたくさんいたからかな。

モ　そうだ。収容所内にはたくさんの喫煙者がいた。したがって、タバコを欲しがる人がたくさんいるので、タバコと引き換えにした物々交換が必然的に成立しやすくなる。

　そうやって交換が成立しやすくなると、喫煙者はタバコそのものを欲しがるが、やがてタバコを吸わない人も、交換の道具としてタバコを欲するようになる。みんながタバコを欲しがる状態になると、タバコは何とでも交換が成立する存在に自然となってくるわけだ。

太　タバコだと持ち歩くのにかさばらないし、本数で交換比率を細かく調整できるね。食べ物みたいに腐らないし。

モ　そうだ。まさに通貨にうってつけの存在だ。

通貨には3つの機能が必要とされる。それは①価値を交換する、②価値を測る、③価値を保存する、だ。収容所では誰もがタバコを欲しがる状態になったから、何とでも交換ができるようになる（①）。さらに、本数で交換比率を決めやすいので、価値を測る機能もある（②）。そして、腐ったりしないので、価値を保存しておくこともできる（③）。このように、タバコは通貨になりうる性質を持っている。

そして、ここからが重要なんだが、送られてくる支援物資の中において、タバコとほかの物資の比率は常に同じだったわけではない。タバコがほかの物資より多いこともあれば、少ないこともあった。例えばタバコだけ量が増えたらどうなると思う？

太　みんなが持っているタバコの量が増えるから、増えた分だけタバコの本数を増やしても交換に応じてくれるよね。だから交換比率が変わってしまうんじゃないかな。

タバコ１００本、チョコ20個だったら比率は5対1だから、タバコ５本でチョコ１個と交換できるよね。それがタバコだけ２００本になったら、比率が10対１になるから、タバコ10本でチョコ１個としか交換できないことになる。

モ　そうだ。タバコが増えれば増えるほどタバコの価値は下がってしまう。逆にタバコが減ったらどうだろう？

太　さっきの例でタバコだけ20本になったら、チョコとの交換比率は1対1だよね。そうなると、1本のタバコで1個のチョコとしか交換できなくなるね。

モ　そうだ。これは通貨の本質的な性質をよく示す現象だ。つまり、モノに対して通貨が増えると、通貨の価値は下がり、モノの値段が逆に上がる。他方、モノに対して通貨が減ると、通貨の価値は上がり、モノの値段は逆に下がっていく。モノの値段が上がることをインフレーション（「膨張」という意味）、略してインフレといい、逆に下がることをデフレーション（「収縮」という意味）、略してデフレという。

太　通貨が増えるとインフレに、減るとデフレになるということね。

モ　そうだ。それは、現に君が日常的に使っている通貨も同じだよ。増やしすぎたらインフレになり、物価が上がる。減らしすぎたら逆に物価が下がる。

通貨はよく血液にたとえられるが、インフレは血液が薄くなった状態、デフレは血液が濃くなった状態と考えればよい。血液が薄くなれば、血流は良くなるかもしれないが、薄い分、より多くの血液が必要になる。他方、血液が濃ければ、少ない量で必要な栄養素などを運ぶことができるかもしれないが流れが悪くなる。薄すぎても濃すぎてもダメで、ちょうどよい状態を保つ必要がある。では太郎、タバコもほかの物資も同じように増えたら交換比率はどうなるかな?

太　変わらないね。タバコ100本、チョコ20個が、タバコ200本、チョコ40個になっても交換比率は同じ5対1。つまり、モノが増えた分と同じくらい通貨の方も増えれば、通貨の交換価値は変わらないということかな。

モ　そうだ。つまり、通貨というのは価値に見合った形で増減すると、交換価値がそのまま維持される。**価値が増えないのに通貨だけを増やしても、通貨1単位で交換できる価値が減ってしまい、インフレを招くだけなんだ。**ここが重要なポイントだからよく覚えておいて。

タバコ通貨は、戦争が終わりに近づくと自然に消滅した。戦争が終われば、もうタバコを使った物々交換をする必要がなくなるからね。だから、もうみんなタバコの価値を信じなくなる。

太　そうか。タバコが通貨として機能するには、みんなが「タバコに価値がある」と思わなければならないんだもんね。もはや価値がないと思われたら、交換に応じなくなるだろうね。

モ　そのとおりだ。みんなが「価値がある」と信じることが重要な要素だ。さて、これは狭い収容所内で起きた現象だが、次は日本の通貨の歩みを世界の通貨と比較しながら見ていくことにしよう。

第2章　硬貨と紙幣の歴史

米や布から、貝、金銀銅へ

モ　太郎、お金というと何を思い浮かべる？

太　お札と硬貨かな。

モ　そうだね。硬貨の方がお札より先に使われた。日本で初めて硬貨が使用されたのは、遅くとも660年頃と言われている。銀の板を打って延ばし、真ん中に穴を開けた「無文銀銭」という硬貨が使われ始めた。

太　え？　それ以前はどうしていたの？

モ　米や布が通貨として使われていた。米は主食だから誰でも欲しがるでしょ。そして布は服や布団を作るといった様々な用途があるので、これも誰もが欲しがる。さらに、両方とも細かく分けることができるし（価値を測る機能）、簡単に腐ることもないから貯めておくことができる（価値を保存する機能）。

太　さっき見たタバコと同じだね。じゃあなんで銀が硬貨として使われたのかな？

モ　そこは不思議なところだね。人類が硬貨に使った金属としては、ほかに金とか銅があるけど、共通しているのはピカピカ光沢があって本能的に人間が惹きつけられる魅力を持っているということだね。また、金属ではなくてタカラガイという貝を通貨として使っていたところもある。これも光沢があって陶磁器のように美しく、本能的に人間が惹きつけられるという点は金銀銅と共通している。だから、いずれも装飾品としても使われている。

太　見た目が綺麗（きれい）なだけなら、生きるのにやっとな人たちは欲しがらないと思うけどな。

モ　そうだね。おそらく、どこの国でも、最初は生きるために実用性のある穀物や布などが通貨の役割を果たしていたのだろう。そして、富裕層はそういったモノを貯めこんで余裕があるから、金銀銅や貝など綺麗なものを欲しがって穀物などとの交換に応じていたんじゃないかな。現代だって、宝石とか高価な装飾品を欲しがるのは、生活に余裕のある富裕層が多いでしょ。

太　そうだね。そうやって富裕層が交換に応じているうちに、いつしか金銀銅やタカラガイが通貨の役割を果たすようになったということか。

モ　そうだ。誰かが「今度から銀を通貨にする」とか「タカラガイを通貨にする」と宣言して通貨になったわけではないだろう。通貨にするには一定の量が必要なので、産出量が少ないうちから何か特定のものを通貨にすることは不可能だからだ。産出量が増えて、一部の人が交換に応じているうちに、だんだんと範囲が広まっていき、通貨の役割を果たすようになったのだろう。そして、特に金銀銅は通貨として使うのにはうってつけだ。いずれも錆(さ)びにくく、価値が落ちない。さらに、加工するのも簡単だ。そして、希少性もある。あまりにもありふれたものだと、価値が薄れてすぐにインフレになってしまうからね。

太　交換物として便利だから自然と選ばれていったということだね。

モ　そうだ。ちなみに、世界で最初に硬貨が使われたのは、今から約４５００年前のメソポタミアと言われている。銀の重さを量って代金の支払いに使っていた。

太　みんな考えることは同じなんだね。でも、いちいち重さを量って使うのってめんどくさいね。

モ　そうだ。重さを量って使用する貨幣を秤量(しょうりょう)貨幣という。秤(はかり)にかけて量っていたからそう呼ばれている。これに対し、貨幣の規格を統一して、その数を数えれば使える貨幣を計数貨幣という。日本で最初に流通した無文銀銭は、この計数貨幣にあたる。質量が10・5グラム前後に統一され、数を数えれば使えるようになっていた。

太　なるほど。そうやってどんどん便利になっていくんだね。

日本初の通貨は輸入品

モ　無文銀銭は、日本国内で作られたものではなかった。貿易通貨として、朝鮮半島の新羅から輸入されたという説が有力だ。

太　え？　日本で作られたものじゃないのに使っていたの？　どうしてだろう。

モ　無文銀銭は他国との貿易に使える通貨だから、貿易を行う商人の間でまずは使われていったのだろう。外国へ行った時に商品と交換できるからね。そして無文銀銭を持つ日本人が増えていくと、だんだん日本人同士でも交換に使用されるようになったのだろう。自国通貨じゃないのに流通した例はほかにもある。例えば1741年にオーストリアで発行されたマリア・テレジア銀貨は、ヨーロッパやアメリカ、中東やアフリカで広く流通した。

太　結局、人々が交換に応じてくれるものであれば通貨として使用され続けるのかな。

モ　そうだね。ただ、無文銀銭は庶民の間では使用されていなかったのではないかと言われている。銀の価値は非常に高いから、日常的に頻繁に行われる金額の低い取引には向かないからね。太郎、例えばみんなが1万円札しか持っていなくて、5000円札も1000円札も、硬貨もまったくなかったら、買い物できるかい？

太　できないね。お釣りがないってことでしょ。お釣りをくれないなら1万円札使いたくないもん。

モ　そうだね。だから無文銀銭は金額の大きな取引に使用され、庶民の間では相変わらず布や米が通貨として使われ続けたと言われている。

さて、では日本の国産通貨の話をしよう。683年、天武天皇が無文銀銭の使用を禁じ、富本銭（ふほんせん）という銅銭を使うよう命じた。富本銭は現在確認できる日本最古の国産銅貨で、中国の銅銭を真似て作られた。

太 それも数を数えて使う計数貨幣なのかな。

モ そう。計数貨幣には、素材としての価値と、通貨としての価値に差が出るという特徴がある。例えば、銅銭1枚の通貨としての価値が1000円だとしよう。そして、そこに含まれる銅の素材としての価値は90円、1枚当たりの製造コストを10円とする。そうすると、100円かけて銅銭1枚を作れば、製造した人は900円の利益を得ることになる。この通貨を発行することによって得られる利益を「通貨発行益（シニョリッジ）」という。

太 じゃあ銅銭を作りまくれば大儲（おおもう）けじゃん。

モ そうだね。ただ、先ほどの捕虜収容所の例を思い出してごらん。タバコばっかり増えたら何が起きたかな。

太 タバコの本数に対して交換できるものがどんどん減っていったよね。そうか、発行しすぎると逆に通貨の価値が減っていくのか。

通貨発行の目的は、公共事業

モ　そう。だからあまり発行しすぎるのもよくない。７０２年に富本銭の私造（自分で勝手に作ること）が禁止されたが、これは私造を許すと富本銭が増えすぎて価値が下がり、国の得る通貨発行益が減ってしまうからだ。そして富本銭が発行された目的の一つは、藤原京の建設に際して物資を購入したり、建設労働者の賃金を支払ったりするためだった。

太　すでに「硬貨はみんなが交換に応じてくれるもの」という認識が広まっていたから、それが可能になったんだね。

モ　そうだ。国家を運営していくためには、大勢の人に何かをしてもらう必要がある。その「何かをしてもらう」代わりに渡すのが、通貨だ。通貨によって人を動かすことが可能になっている。そして人々が通貨を受け取るのは、それがなんとでも交換可能だからであり、通貨によって食べ物や服を買い、家を買ったり借りたりして生きていくことが可能になるからだ。７０８年には、「和同開珎（わどうかいちん）」という銀銭と銅銭が発行された。この発行目的も、平城京の建設のための物資の購入や賃金の支払いにあったと言われている。

太　大規模な公共事業をやる時に、発行していたのね。たくさんお金が必要になるから。

モ　そうだ。もしこれを硬貨じゃなくて米や布でやろうと思ったら、大変だろうね。**思い**

つきり増税しないといけないから庶民の反感を買って反乱が起きる恐れがあるし、大量に徴収した米や布を運搬して労働者に渡すのも、物凄く手間がかかってしまう。硬貨の製造はそのような不都合を回避できる。

太　そうか。硬貨って便利だね。増税も回避できるし、賃金を渡すのも簡単だからね。

モ　そう。そして朝廷はその後、和同開珎「銀」銭の通用を停止した。これは銭を銅銭に統一した方が、通貨発行益を得られるという目論見があったからだ。そして以前は布などで支払っていた官僚の給料の一部を、和同開珎銅銭で払うようになる。さらに、社会での使用を促す政策として、銭1文＝米6升というように、銅銭と米との交換比率を定めた。なお、1升は10合（1合は茶碗2杯程度）だ。

太　銭1文＝米6升より小さい単位がないのね。それより小さい単位の取引はどうしていたんだろう。

モ　そこはやっぱり、米や布を通貨として使っていた。そう考えると、今の通貨制度ってよく考えられてるでしょ。小さな単位から大きな単位まで細かく定められているから、スムーズに交換が成立する。

太　そうだね。凄く便利だね。そして便利だから交換が活発になる。

硬貨は使い回される

モ　太郎、銭を作るには原材料を採掘して、それを鋳型に流し込んで製造しなければならないので、製造速度に限界がある。だから、単に作って配っているだけだと通貨が不足してしまう。さて、君ならどうする？

太　作って配ったものを、また回収して使い回すかな。そうすれば新しく製造する量を抑えることができるよね。

モ　そうだね。だから朝廷は、税金を銭で納めることを認めた。それまでは米や布だったんだけどね。さらに、朝廷へ銭を納めた者に位階を与えた。こうやって**自分で作って配った銭を回収して使い回していたんだ。**これで銭が不足することを防げる。お金はグルグル循環しているんだ。ただ、**みんなが朝廷の言うことに従うわけではない。**朝廷は和同開珎銅銭のみを使うよう仕向けたが、社会では銀地金（銀そのままのもの）と和同開珎銀銭が相変わらず使われ続けていた。当然、銀地金や銀銭の方が価値が高いから、銅銭は朝廷が定めたものよりも低い価値でしか流通しなかった。この実態を朝廷も無視することはできず、結局銀地金と和同開珎銀銭の使用を解禁した。

太　朝廷が言うから、みんな従うわけではないのね。

モ　そう。「これを使え」と言われて、みんな素直に従うわけではない。通貨に対する信用が一度確立されてしまえば、容易には崩れない。そして、信用がある以上は、みんなそれとの交換に応じるので、通貨として使われ続ける。

　和同開弥の時代は約50年続いた。そして、760年、万年通宝（銅）、開基勝宝（金）、大平元宝（銀）の3種の銭が新たに発行された。ただ、開基勝宝、大平元宝は記念コインみたいなもので、通貨としては流通しなかった。そして、万年通宝1枚は和同開弥銅銭10枚と等価と定められた。この背景には、私鋳銭の増加があった。私鋳銭は禁止されていたが、それでも作る者がいて、流通している銭の半分を私鋳銭が占めていた。

太　そんなに偽物がたくさん出てきたら、価値が下がっちゃうよね。

モ　そのとおりだ。量が増えすぎて、和同開弥銅銭の価値は非常に下がってしまった。そこで、万年通宝に和同開弥銅銭の10倍の価値を与えたんだ。これがうまくいけば、朝廷は和同開弥銅銭の10倍の通貨発行益を得られることになる。

太　そんなに都合よく、みんな言うこと聞くの？

モ　いや、従わなかった。朝廷の言うとおりにしてしまったら、和同開弥銅銭を持つ人にとって不利だからね。だから万年通宝は敬遠されてしまい、朝廷の決めた交換比率どおりに市場では取引されなかった。そのため、万年通宝の価値は下がってしまった。
　これ以降、法によって旧銭の10倍の価値を新銭に与えて通貨発行益を得ようとするが、みんながそれに従わないので結局新銭の価値が下がってしまい、また新銭を発行して通貨発行益を得ようとする、ということが繰り返される。和同開珎が発行された708年から、963年にかけて鋳造された銅銭を総称して皇朝十二銭（こうちょうじゅうにせん）という。

太　255年間で12種類も銭を発行したんだ。なんか、同じこと繰り返すのね。

モ　改鋳を重ねるごとに段々小さくなり、銅の含有量も減っていき、軽くなっていった。

太　最近のお菓子みたいだね。1袋当たりの量がどんどん減っていくみたいな。

モ　そうだ。銅の含有量を少なくし、硬貨の大きさも小さくしていけば、安い費用でたくさんの銭を製造できる。しかし、**たくさん増やした銭ほどには、世の中に存在するモノやサービスの量は増えなかった**ので、物価がどんどん上がっていった。

太　捕虜収容所の例において、タバコだけが増えても意味はないのと同じだね。

モ　そうだ。そして物価が上がれば、それに合わせて作る銅銭の量も増やさなければならない。そうしないと、朝廷が物資の代金や賃金の支払いをすることができなくなってしまうからね。しかし、銭を増やせばまた銭の価値が下がり、その分物価が上がってしまう。

このスパイラルが延々と続く。だから、どこかの時点で新たな銭を発行して、価値を旧銭の10倍にして数を抑えようとする、ということが繰り返されたわけだ。

なお、760年頃は、万年通宝1文＝米約2合の交換比率だった。

太　え？　和同開珎の時は1文＝6升だったんだよね？　たったの50年ぐらいで、1文の価値が米に対して30分の1になっちゃったのか。

モ　そう。ただ、こうやって銅銭をたくさん発行すれば多くの人に行き渡って使うようになるし、価値が下がって逆に少額取引には便利になる。

太　そうか。昔は1文で米60合の交換比率だったから、大きな取引にしか使用できなかったんだもんね。

モ　こうやって改鋳を繰り返して通貨量を増やしていくのは、世界的に普遍的な現象だ。例えばヨーロッパ10通貨の平均銀含有量の推移を示した**図2－1**のグラフを見てごらん。

太　ほんとだ。どんどん銀の含有量が減ってる。**国や時代が違ってもみんな考えることは同じなんだね。**

モ　そう。話を戻そう。958年の乾元大宝を最後に、皇朝十二銭の発行は終了する。これは、銅が不足したことと、大規模な建設事業や戦争がなく、通貨発行益を得る必要がな

図2-1　ヨーロッパ10通貨の平均銀含有量の推移（1400～1850年）

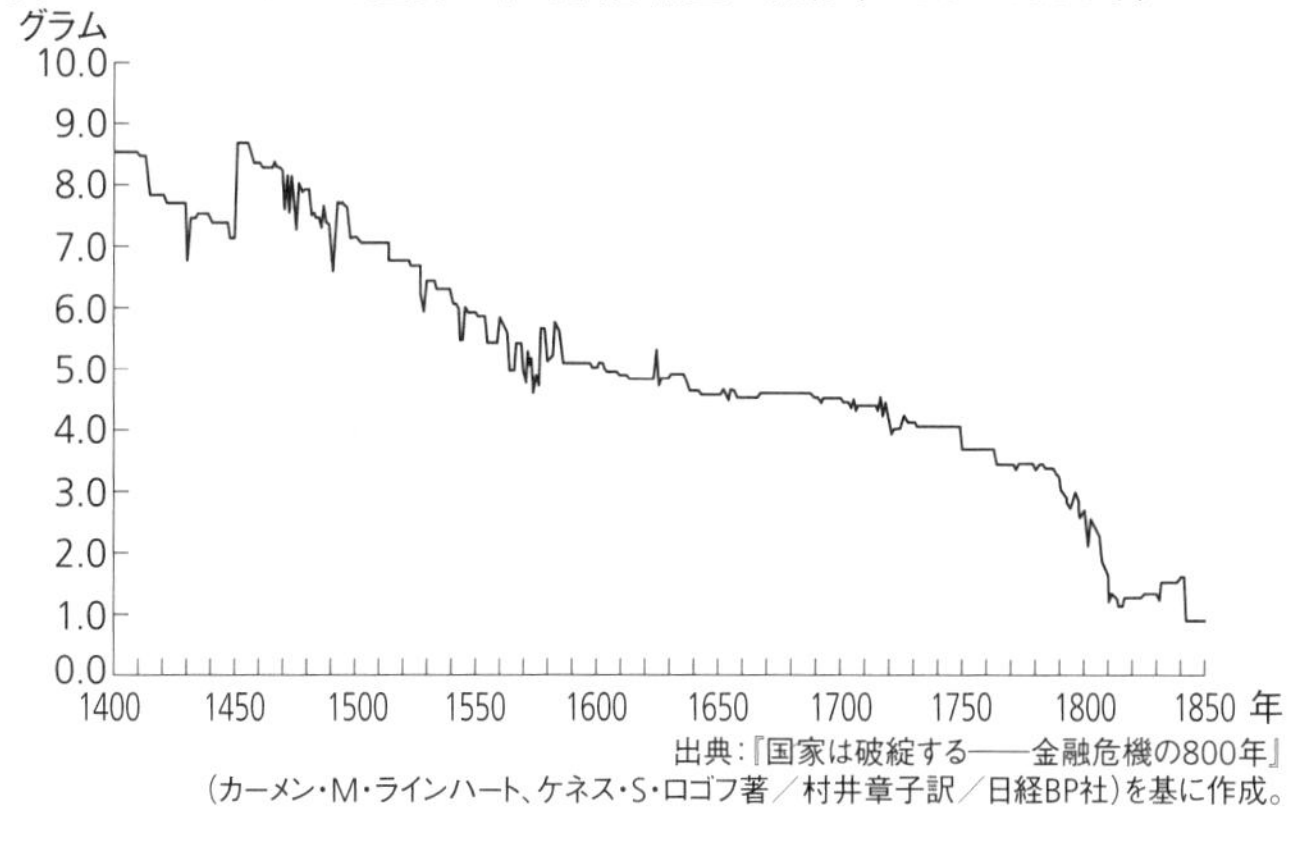

出典：『国家は破綻する——金融危機の800年』
（カーメン・M・ラインハート、ケネス・S・ロゴフ著／村井章子訳／日経BP社）を基に作成。

くなったことが原因だ。

太　じゃあみんな銅銭を使うの止めちゃったの？

モ　いや、しばらくは使われ続けた。やっぱり交換には便利だからね。しかし、980年代になると、使われなくなってしまった。品質の悪い銭だから、劣化もしやすかったんだろう。それに、新しい銭が供給されないと使い勝手も悪くなったんだろうね。人々はもらった銭を全部使うわけじゃなくて、一部は貯めるでしょ。そこへ新しい通貨の供給を止めてしまうと、取引に使われる通貨が不足して、交換ができなくなる。交換ができなくなれば、銭の必要性は乏しくなる。

太　じゃあまた米や布を使う状態に戻ったのかな。

モ　そうだ。さっきも指摘したとおり、もともと庶民の間では米や布が通貨として使用されていた。そこへ銅銭が一時的に加わり、消えていったということだ。

中国での紙幣の誕生

モ　太郎、またみんなが米や布を使う状況に逆戻りすると、不便だと思わない？

太　不便だね。いちいち米や布を支払いのために運ばないといけないもんね。

モ　そこで、紙が通貨に近い形で使われる現象が起き始める。それが切符（きりふ）系文書と言われるものだ。これは、官庁や公家、寺社が米などを蓄えている機関に対し、支払いを命じる文書だ。例えば、ある寺が木材を商人から買い取るとしよう。寺はその代金を米で支払うが、米は寺とは別の場所の倉庫に保管してある。その倉庫を管理する人に対し「この商人に米を〜合渡せ」という趣旨の命令が書かれた文書を商人に渡す。商人は倉庫を管理する人にそれを見せることで、米を得ることができる。

太　寺は紙と交換に木材を手に入れているわけだから、紙幣に近いね。

モ　そうだね。こうやって現物を渡す代わりに紙を使うようになったのは、中国の唐代に生まれた「飛銭（ひせん）」という制度が今のところ最初ではないかと言われている。例えば、ある大都市に住んでいるAさんが、地方に銅銭１００枚を送金したいと考えたとしよう。これを地方まで持っていくのは重くてめんどくさい。そこで、まず大都市の豪商に銅銭１００枚を渡す。大都市の豪商は、その銅銭と引き換えに牌・文牒・挪などと呼ばれる証明書を発行する。この証明書をAさんは、その豪商の地方支店に持っていく。そして地方支店で証明書を見せると、その地方支店はAさんに銅銭１００枚を渡す、というわけだ。

太　いちいち銅銭を運ばないでいいから便利だね。さっきの切符系文書と似ているな。

モ　そうだ。この「飛銭」の仕組みが、やがて世界初の紙幣の誕生へ結びつく。それが中国北宋代に発行された「交子（こうし）」というものだ。これは、もともと銅銭や、金銀、布などの預かり証だった。例えば銅銭１００枚分の預かり証があるとしよう。君が銅銭１００枚分の何かを買う時に、これを売り手に渡せば、銅銭１００枚を渡したのと同じだ。交子を受け取った売り手は、預かり所へ行って交子を提示すれば、銅銭１００枚の払い戻しを受けることができるからね。これが通貨のように流通していることに目を付けた政府が、１０２３年に交子の発行を官営として、民間には発行を禁止した。世界初の紙幣の始まりだ。政府は交子と引き換えに銭を渡すことを約束することで、交子の価値を信用させた。政府は兌換（だかん）に備えて銭36万緡（びん）（貫）を備え、発行限度額を１２５万余緡とした。このように硬貨との交換を保証している紙幣を兌換紙幣といい、そうじゃないものを不換紙幣という。

太　蓄えている銭の量と、交子の量は一致しているわけじゃないんだね。

モ　そうだね。みんなが交子を手にしたらすぐに交換にくるわけじゃないから、実際に預かっている硬貨よりも多い交子を発行している。

太　皇朝十二銭の時もそうだったけど、政府はお金に困った時に、改鋳を繰り返してお金の量を増やしてたよね。紙幣になったら、それがもっと簡単にできちゃうんじゃないの。

モ　そのとおりだ。時の政府は軍事費に充てるために発行額を増やし、1106年には**発行額が当初の20倍以上に膨れ上がってしまった。**当然、それに応じた銭の量などあるはずがない。したがって銭と交子の兌換は停止され、交子の価値は一気に下落してしまった。交換が停止されたということは、不換紙幣になったということだ。

太　なんだか、みんな考えることは同じだね……。**結局、お金が足りない状況になると、単にお金をたくさん発行して何とかしようとするのね。**

モ　そうだ。そして、それが**通貨の価値の下落を招く。**しかし、交子が発明されたことがきっかけで、人々に「紙幣は通貨としての価値がある」という認識が広まった。便利な仕組みなので、宋の後の王朝である金（きん）もこれを真似た。それが交鈔（こうしょう）だ。

太　またたくさん発行して、とんでもないことになるんじゃないの。

モ　そう。最初は硬貨との兌換を保証していたが、後に兌換を停止し、お金が足りない状態を紙幣を刷ってごまかそうとしたので、通貨の価値が下落してしまった。それが金王朝の滅亡の一因になったと言われている。
元王朝は1236年に、金王朝を真似て交鈔を発行した。最初は1万錠（50万貫）を上限と定め、発行しすぎないようにした。しかし、結局発行量が増大してしまい、価値の下落を抑えることができず、交鈔は1356年に廃止されてしまった。

太　ふーん。だいたい120年しかもたなかったということか。**結局、紙幣の発行を政府に委ねると、お金が足りない状態を単に紙幣を刷ってごまかそうとして、お金の価値が下がるという現象が必ず起きるのね。**

一方、日本ではまた硬貨が復活

モ　さて、中国で紙幣が発明されて流通すると、それまで大量に発行された銭の中国国内での需要が減っていく。しかし、中国商人はこれを日本との貿易で使用した。その結果、日本に大量の中国銭が流入して、日本国内で使用されるようになる。

太　また外国から来た通貨を使用するのね。

モ　うん。中国銭が広く使用されている状況を見て、朝廷もそれまで絹布や米など、通貨に使われていた物品の価格を、銭単位で定めるように命じた。さらに、納税についても、それまでは絹布や米で支払われていたものが、銭での支払いを認められるようになった。

太　朝廷も追認したのね。みんなどこで銭を手に入れるの？

モ　まず中国商人と交流のある日本の商人たちが、中国商人に何かを売って銭を入手するでしょ。その日本の商人に対し、日本の農民が米や布などを売って、代わりに銭を得ていたんじゃないかな。これは、この時代各地に「市」が存在して発達していたから可能だったんだ。こうして銭を通じて交換が容易になってくると、銭をたくさん得るために、商品を効率的に生産するという行為が広まってくる。それまでは、各地の特産品は自分で消費したり、納税の手段に使われたりするのが主目的だったからね。

太　通貨の使い勝手がよくなることで、交換が活発になるわけか。

モ　そうだ。そうやって交換が連鎖していくことにより、経済は大きくなっていく。つまり、**経済が活発ということは、交換が活発ということだ。**

日本の紙幣

太　ところで、日本ではいつから紙幣が使われ始めたの？

モ　１６１０年に発行された山田羽書（はがき）が最初と言われている。これは国が発行したものではない。山田羽書は、伊勢神宮の参詣者の祈禱（きとう）や宿泊を手配する代理店や旅行業者（伊勢御師（おんし））が発行した。これは簡単に言えば銀貨との引換券で、伊勢神宮の門前町である山田で参詣者たちが使うことを想定している。

太　江戸幕府が発行したわけじゃないんだね。

モ　**そこがポイントだ。中国の交子だって、国が最初に発行したわけじゃない。民間が通貨を作り出したんだ。**銭の代わりにこうやって紙幣を使えば、銭不足を補うことができる。紙幣は銭との交換を保証しているけど、みんながすぐ交換にくるわけではないので、実際に蓄えている銭よりも多くの紙幣が発行される。

　やがて各藩も真似をして、藩札というものを発行するようになる。これは銀貨との引換券だ。現状、年代が判明する最古の現物は、1661年に福井藩が発行したものだ。

太　それ、たくさん発行されすぎて価値が落ちるという現象は起きなかったの。

モ　起きたよ。財政難でお金が不足するのをごまかすために、藩札を発行しすぎてどんどん価値が下がっていってしまうという現象が起きた。

太　国や時代が変わっても、みんな考えることは同じなんだね。財政難になるとお金をたくさん発行してやり過ごそうとするんだな。

モ　うん。ただ、発行される紙幣の量に見合うだけの取引需要があれば、極端に紙幣の価値が下がって物価が上がりすぎてしまう、ということは起きにくい。結局、「**お金の量に見合うだけの価値がこの世に生み出されているのか」が重要ということだ。**価値が増えていないのに通貨だけが増えると、物価が上がるだけになってしまう。

幕府の通貨政策

太　幕府は紙幣を発行しなかったの？

モ　幕末に財政難になり、窮地に追い込まれた際に紙幣を発行したことはあったが、それまでは発行しなかった。幕府が通貨として流通させたのは、金貨・銀貨・銭（材料は銅や鉄など）だ。織田信長が１５６９年に中央政府として初めて金や銀を通貨として使用することを定めたんだが、幕府も同じく金や銀を通貨として使用することを継承した。

　徳川家康が１６０１年に発行したのが、慶長金銀と言われる金貨・銀貨だ。これらの硬貨の発行を可能にしたのが、主要な金山・銀山と、金銀地金の管理を強化したことだった。

太　材料をゲットしたから、たくさん通貨を発行できたわけね。銭は発行しなかったの？

モ　最初は発行しなかった。中国から渡来した永楽（えいらく）通宝や、ビタ銭と呼ばれる銭を使わせることにした。幕府は慶長金1両＝慶長銀50匁＝永楽通宝1貫文＝ビタ銭4貫文という交換比率を定めた。

太　ビタ銭って何？

モ　要するに質が劣る銭のことだよ。勝手に民間で作られるなどした粗悪な銭が、たくさん流通していた。中国から渡ってきたものもあれば、日本で作られたものもある。見た目もぼろい。江戸幕府が１６３６年に寛永通宝という銭（当初は青銅製）を発行してからは、寛永通宝にだんだん取って代わられていって、１６７０年には通用が停止された。

太　なんか、みんなけっこうテキトーなのね。勝手に作った銭を使うなんて。

モ　そうだね。こうやって、交換比率が定められたことにより、金貨・銀貨・銭を通貨として使用する「三貨制度」という仕組みが整った。金貨は非常に高価なのであまり日常取引には使われなかったが、銀貨は比較的小額だったので日常取引にも使われた。庶民にとって一番身近なのは最も価値の低い銭だった。

　こうやって金や銀を通貨として使っていたのは日本だけではない。というより、交易相手だった外国において金貨や銀貨が通貨として使われていたから、次第に日本でも金や銀が通貨として使われるようになり、制度化されていったというべきだろう。

太　海外でも金や銀が通貨として使用されていたのなら、交易しやすいね。でもなんだか不思議だね。遠く離れた国同士が、同じ金や銀を通貨として使うのって。

モ　そうだね。その根本には、金や銀がピカピカ光って綺麗で、本能的に人が惹きつけられるという要素があるからだ。

太　で、三貨制度を定めたわけだけど、皇朝十二銭の時みたいに、質を悪く改鋳して増産するようなことは起きなかったの？

モ　起きた。幕府は1695年に元禄金銀を発行したが、重さは同じだったものの金銀の含有量は下げた。それだけ材料費を節約したということだ。しかし、その価値は慶長金銀と同じにした。これによって発行高を増やし、金貨・銀貨の発行高は合計で85％も増えた。

太　そんなに増えたら価値が下がるよね。慶長金銀を持っていた人は損するね。

モ　そうだね。幕府は元禄金銀と交換することで、慶長金銀を回収し、その通用を停止させようとしたが、なかなかうまくいかなかった。なぜなら、慶長金銀の方が質がよいので、人々がしまいこんだからだ。だから、慶長金銀も相変わらず流通し続ける状態が続いた。

太　幕府が「今度からこれを使え」と言っても、みんな素直に従うわけじゃないのね。

モ　うん。硬貨は、それを形作る素材そのものにも価値があるという特性があるからね。

それが紙幣と違う点だ。いくら名目の額を同じにしても、旧硬貨の方がよい素材を使っていれば、人々はそちらの方を価値が高いとみなす。

そして、元禄金の金含有量の減少は、元禄銀の銀含有量の減少よりも大きかった。新金貨の質の劣化の方が新銀貨より大きかったということだ。だから元禄金は嫌われて、元禄銀の方が人気が出た。つまり、元禄銀の方が価値が高くなった。結果、幕府が定めた交換比率である法定比価（金貨1両＝銀貨50匁）よりも市場比価の方が、金貨安・銀貨高になった。

太　交換比率も幕府が定めたものに素直に従うわけじゃないのね。

三貨の交換比率が変動する

モ　そう。**幕府だって市場を完全にコントロールできるわけではないということだ。**そして、三貨制度の特徴は、こうやって金貨・銀貨・銭の量の変化などにより、交換比率が変動していくということだ。これが取引に影響を及ぼす。例えば、江戸を中心とする経済圏では、物価について金貨で示していた（金建て）。他方、大坂を中心とする経済圏では、銀貨で示していた（銀建て）。これを「江戸の金遣い、大坂の銀遣い」などと言っていた。

太　なんでそうやって分かれたの？

モ　江戸を中心とする東日本には金山が多いこと、幕府が甲斐国の金貨制度を継承したこと、貿易に関わらないから貿易通貨である銀貨への需要が少ないことなどが江戸の金遣いの理由と言われている。

他方、大坂を中心とする西日本は、銀山が多い上、16世紀からずっと銀貨を使っていたこと、貿易が盛んであることが大坂の銀遣いの理由と言われている。当時の海外では銀貨が主流だから、貿易の中心である大坂にはたくさん銀貨が流入したのだろう。

太　そういう地理的・歴史的な背景があるのね。意図してそうなったわけじゃなく、自然にそうなったのね。

モ　そう。そのような違いが、金貨・銀貨の交換比率に関する利害の違いを生む。例えば、計算しやすいよう仮に金貨1枚で銀貨10枚と交換できるという比率が定められていたとしよう。この場合、江戸の商人は金貨1枚で銀貨10枚に相当する商品を購入できる。

しかし、金の価値が下がり、金貨1枚は銀貨5枚としか交換できないという交換比率が定められたとしよう。そうすると江戸の商人は、以前と異なり、金貨を2枚出さないと銀貨10枚に相当する商品を購入できないことになる。

太　それは、金の価値が以前の半分になってしまったということだね。

モ　うん。江戸の商人は大坂をはじめとする上方から商品を仕入れていたが、金貨の価値が高くなれば、その分多くの銀貨と交換できるので、大坂から安く商品を仕入れることができた。そして、それを一般庶民に対し、銭を対価に売っていた。

銭が安ければ、その分たくさんの銭を対価として得ることができるので、銭安は江戸の商人にとって有利だった。まとめると、江戸の商人にとっては、金貨高・銀貨安・銭安が有利だ。他方、銀遣いの上方商人にとっては、金貨安・銀貨高・銭安が有利になる。

この時代、武士は米で給料を受け取っていた。武士はそれを金貨に交換し、さらに金貨を銭に両替して、日常生活に使う商品を買っていた。武士にとっては米を高く売ることができれば、その分多くの金貨を得られるし、金貨が高ければその分多くの銭を得ることができる。だから、武士にとっては米高・金貨高・銭安が有利だった。

他方、庶民が所得を得るのは銭だったから、銭の価値が下がると庶民にとっては生活が苦しくなる。だから、庶民にとっては金貨安・銭高が有利だった。金貨が安ければ、金貨建ての商品価格が低くなり、商人たちの仕入れ費用が下がって、商品価格も下がる。そこに加え、銭の価値が高ければ、さらに商品の価格は下がるからね。

太　江戸商人は金貨、上方商人は銀貨、武士は米、庶民は銭の価値が高くなれば有利になったということね。それぞれ利害関係が異なるんだな。

モ うん。で、武士にとっては銭高になると、金貨と交換できる銭が減って不利になる。武士が困窮すると幕府も困る。そこで幕府は銭高を改善するため、1697年に銭の製造量を増やした。この時に製造された銭は、時の勘定奉行・荻原重秀(おぎわらしげひで)の名前をとって荻原銭と呼ばれている。従来よりも小型化して薄くなったから質が悪くなったが、その分大量生産できた。これが流通したことで銭安になり、量が多いから田舎にも流通した。田舎ではそれまで米や麦が通貨として使われていたが、銭で売買するようになったそうだ。

太 たくさん作れば価値は下がってしまうけど、その分多くの人には広まっていくわけね。

モ そう。そして多くの人が使うから、さらにたくさん銭が必要になる。それで銭を使った取引機会が増えると、案外銭安は進行しない。取引機会が増えないのに銭だけ増えれば銭安になるが、銭と同じくらい取引機会が増えればそうはならない。

太 なんか不思議だねぇ。

繰り返される改鋳

モ 最初に言ったように、通貨は価値が姿を変えたものだからね。取引機会が増えるということは、それだけ交換に出される価値が増えたということだ。価値と一緒に通貨が増えるのなら、通貨1単位当たりで交換できる価値はあんまり変化しない。その後、皇朝十二銭の時と同じように、江戸幕府でも財源確保のため、貨幣の改鋳が繰り返された。要するに金と銀の含有量を減らしていき、その分たくさん発行することを可能にしていった。銭については青銅製だったのが、材料となる銅の不足により鉄銭が発行されるようになった。

太　ふーん。鉄はなんでそれまで使用されなかったのかな。

モ　他の金属に比べて錆びやすいからだ。錆びたら使えなくなるのが早い。しかし、材料が不足してどうしようもなくなったので、鉄を使うようになった。ちなみに、硬貨に使われた金属の中で、最も錆びにくいのが金、次が銀、さらにその次が銅だ。そして、金が最も産出量が少なく、次いで銀、銅の順番になる。

太　錆びにくいし、量も少ないから、それだけ貴重になり、価値も高くなるということか。

モ　うん。改鋳のせいで通貨の量が増えすぎて物価が上がってしまったので、品質を元に戻し、通貨の量を抑える政策が取られたこともある。1714年に新井白石が金貨・銀貨の規格を慶長のものに戻したのがそれだ。そして財政再建のために幕府が歳出を削減したことと合わせ、通貨供給量が減った。だが、米の価格も下がってしまったことで、武士にとっては不利になった。米の価格低下は、通貨の供給が減ったことも影響しているが、米の生産量が増えたことも影響している。

さっきも言ったとおり、武士は給料を米でもらって、それを硬貨に換えて商品を買う。だから、米安になれば交換できる硬貨が減って貧乏になる。さらに、米安は米を売る農家の収入も減らす。こうやって物価が下がっていく現象がデフレーション（デフレ）だ。デフレになると、みんなの収入が下がり、交換が減るので景気は悪くなる。

太　通貨の量を調整するのって難しいのね。単に増やせばいいってもんじゃないし、減らせばいいものでもない。

モ　うん。物価が上がっていくインフレーション（インフレ）が、あまりにも急だと、みんなの収入がそれに追いつかずに生活が苦しくなる。逆に、急にデフレになると、収入が少なくなってやっぱり苦しくなる。バランスが大事なんだ。経済の実態に合わせて通貨の供給を調整しないといけない。デフレになって困った幕府は、再び硬貨を改鋳して通貨量を増やし、さらには、禁止していた藩札の通用も解禁する。これによって米の価格もそれ以外の物価も上がり、幕府財政も黒字になった。ただ、米高は武士や生産者にとってはよかったが、それ以外の庶民の生活を圧迫した。

太　損する人もいれば得をする人もいるということか。

モ　そう。1700年代は耕地拡大が止まり人口も停滞したが、米以外の生産は増加していった。米以外の生産が増加したということは、それだけ交換に出される商品が増え、取引機会が増えたということだ。つまり、通貨量の増大に見合うだけの取引機会の増大があったので、比較的に物価が安定する時期が長かった。

幕府が通貨を発行するのは、主として何か公共事業をやった時などの支払いに充てるためだ。つまり幕府がたくさん財政支出をすればお金がたくさん出回ってインフレになる。

しかし、あまりに急なインフレになると、今度は物価が上がりすぎて庶民の生活が苦しくなり、それはそれで困る。だから、幕府の財政を担当する人の中では、ガンガン通貨を発行して財政支出をすべきという人もいれば、財政支出を絞って物価を安定させるべきという人もいる。どちらが正しいというのではなく、その時々の状況によって採るべき政策が異なるということだ。繰り返し言っているとおり、通貨の増大と共に交換される価値も増え、取引機会が増えていくのであれば、それほど極端なインフレは生じないから、財政支出を増やしても問題ない。一方、そうではない時期に財政支出を増やして通貨を増やしてしまうと、急なインフレになり、庶民の生活を苦しめる結果となる。そうなった場合は、逆に物価上昇を抑え込むことが求められる。

太　「デフレがいい」「インフレがいい」ではなく、「場合による」ということね。どっちが正しいと言えるほど単純なものではないのだな。

モ　そう。例えば、１８３７年に幕府の財政担当に就任した水野忠邦の例が挙げられる。忠邦は、金銀の含有量を下げて品質を悪くした天保金銀や、規格を変えた天保1分銀を発行した。なお、忠邦が就任する2年前には、天保通宝という銭（青銅銭）も新たに発行されていた。そうやって通貨が増えた結果、物価が高くなりすぎてしまい、生活に困窮した庶民が商人らに対して集団的・威圧的価格交渉や暴動（打ちこわし）をすることが頻発した。幕府としては、治安のために物価を抑制することが必要となった。だから、１８４２年に政策を転換し、まず天保通宝の製造を停止して銭の供給量を抑えた。さらに同年、忠邦以前の水野忠成政権で発行された文政金銀などの通用を停止した。翌年には、すべての金貨・銀貨の製造を停止した。

太　通貨を増やすだけではなく、減らしてもいるのね。

モ　そう。そこがポイントだ。しかし、忠邦が１８４３年に老中を罷免されると、また金貨・銀貨・天保通宝の製造が再開された。幕府の財政からすると、どうしても通貨発行益に頼らざるを得なかったのだろう。なお、江戸時代に流通していた通貨は幕府が発行した硬貨だけではない。さっきも説明した藩札や、商人が発行する私札も流通していた。これらは幕府によって通用停止が命じられることもあったが、無視されて流通し続けた。

結局、便利だからみんなに求められたということだろう。藩札や私札は、幕府の発行する通貨の不足を補う役割を果たした。そうした紙幣は、さっきも言ったとおり現実に存在する硬貨の量よりもたくさん発行されるからね。

明治政府の通貨政策

モ　次は明治政府の通貨政策を見てみよう。明治政府は、当初は幕府の通貨制度を継承していたが、様々な種類の通貨が国内でたくさん発行されていたので、それらを統一するため、1871年に新貨条例を公布した。これにより、今まで4進法だった通貨が10進法になり、通貨単位が円・銭（円の100分の1）・厘（銭の10分の1）になった。

また、金貨（1〜20円）が本位貨幣となった。金や銀で貨幣の価値を定めるものを本位制といい、その本位制において基準となる貨幣を本位貨幣という。

本位貨幣の場合、素材としての価値と、通貨としての価値を一致させる。具体的な数字で言うと、当初は1円＝金1・5グラムと定義された。だから、1円金貨は1・5グラムの金を含んでいなければならない。なお、例えばアメリカのドルも1ドル＝金1・5グラムと定義されていた。だから、1円＝1アメリカドルということだ。

太　硬貨に含まれる金の重さで円の価値を決めるから、ごまかしようがないね。今までは硬貨に含まれる金や銀を減らしたのに、例えば、金貨なら金の含有量を変えても、1両は1両のままにしていたからね。銀や銅はもう通貨として使われなくなったの？

モ　いや、本位貨幣を補助する補助貨幣として使われた。ただ、本位貨幣とは違い、素材としての価値と通貨としての価値が一致するわけではなく、素材としての価値より額面が高いという違いがあった。また、国内で使用するのとは別に、貿易用の銀貨も発行された。銀貨を貿易に使う国も多かったからね。そしてそのうち貿易用銀貨も国内で流通するようになった。この円単位通貨は国内ですぐに普及したわけではなく、国内では旧通貨が使われ続けた。明治政府が旧金貨・銀貨の通用を停止したのは1874年だった。

太　幕府時代に発行されていた銭はどうなったの？

モ　新貨条例を公布した時点では、新しい銭は発行されなかったので、幕府が発行した銭はそのまま使用され続けた。銭に代わる小額通貨として青銅貨が発行されたのは1874

年だった。その後、1890年代に天保通宝と鉄銭の通用が停止されたが、その他の幕府が発行した銭は使用され続け、正式に通用停止とされたのは1953年だった。

太　紙幣は発行しなかったの？

モ　1868年に不換紙幣である太政官札（金札）、1871年に兌換紙幣である大蔵省兌換証券、1872年に不換紙幣である「明治通宝」が発行された。特に明治通宝は1877年の西南戦争の軍費を賄うために大量に発行され、その結果物価が急騰した。

太　中国の王朝がやった失敗と同じだね。不換紙幣だと、結局発行しすぎてインフレを招いてしまうのね。

モ　うん。政府が発行するものとは別に、銀行券も流通した。政府の主導で為替会社が設立され、為替会社紙幣が発行された。為替会社というのは、銀行の前身だ。今の銀行と同じように、お金を預かってそれを貸し出す業務を行っていた。そして、為替会社紙幣というのは、今でいう銀行券のことだ。銀行券というのは、銀行の債務証書（債務を証明する文書）のことだ。債務というのは、簡単に言うと「誰かが、誰かに、何かをする義務」のことだ。例えば、銀行券が金貨との兌換を約束した金貨兌換券だったとしよう。太郎、銀行はこの券についてどんな義務を負っているかな？　「誰かが、誰かに、何かをする義務」

という債務の定義にあてはめて答えてごらん。

太　「銀行が、銀行券を持った人に対し、金貨を引き渡す義務」かな。

モ　そのとおり。で、この券を持っている人は、いちいち金貨に兌換して、その金貨を取引に使うと思うかい？

太　しないと思う。いちいち金貨に兌換したら、持ち運ぶにも重いし。

モ　そうだね。だから結局、銀行券はほとんどの場合、金貨に兌換されず、そのまま取引に用いられる。つまり、通貨としての役割を果たすということだ。「通貨は債務である」という説明がされることがあるが、銀行券はまさにそれにあたるだろう。

太　じゃあ、為替会社紙幣は、兌換紙幣だったの？

モ　そこがややこしいところなんだが、兌換紙幣ではなく不換紙幣だった。

太　え？　……じゃあ、為替会社はそれを提示されても何かする義務はないわけね。そうすると債務証書って言えるのかな。

モ　そうだね。厳密に考えると、兌換義務を負っていないのだから、不換紙幣は債務証書と言えるのかという根本的な疑問はあるね。為替会社は複数設立されたが、経営者の技量や経験不足が影響して業績不振になり、横浜為替会社を除き1873年以降に全部清算されてしまった。１８７2年に、国立銀行条例が公布され、翌１８７3年に日本で最初の国立銀行である第一国立銀行が東京で開業した。なお「国立銀行条例」を根拠法令として設立されたから「国立」となっているだけで、国営銀行ではなく私立銀行だ。当初発行された銀行券は、為替会社紙幣とは違い、兌換紙幣だった。つまり、金貨との兌換義務があったから、兌換に備えて金貨を保有しておく必要性があり、ハードルが高かった。そのため、開業したのは第一国立銀行を含め4行だけだった。

そこで、政府は１８７6年に国立銀行条例を改正し、兌換の対象を政府紙幣にした。つまり、金貨との兌換義務をなくしてしまったんだ。こうしてハードルを大きく下げたことにより、国立銀行は１８７9年に認可が打ち切られるまで１５3行にまで増えた。

太　そんなに銀行が増えたら、銀行券もたくさん発行されちゃうんじゃないの。

モ　うん。さっきも言ったとおり、西南戦争の軍費を賄うため、政府紙幣も増発された上、銀行券も増発されたので急激なインフレになってしまった。

太　なんか、物凄い混乱状況だね。政府に加えてたくさんある銀行が各々紙幣を発行してたってことでしょ。

モ　うん。そして通貨安は当時の政府にとって不利だった。政府の税収の8割を占めていたのは地租（土地税）で、同じ土地であれば円単位で定額だった。つまり、インフレになって円の価値が下がれば、実質的に納税額が少なくなるんだ。

そこで政府は増税などにより紙幣を回収し、かつ歳出も抑えて紙幣の流通量を減らした。さらに、政府や各銀行が各自不換紙幣を発行するとインフレが止まらなくなるので、一つの銀行に価値の安定した兌換紙幣を発行させることにした。そして、1882年に設立されたのが日本銀行（日銀）だ。ただ、日本銀行は設立当初、すぐに兌換紙幣を発行したわけではなかった。紙幣の価値が下がっていく時に兌換紙幣を発行すると、人々は価値の安定した金貨・銀貨との兌換をすぐに求めてしまい、金貨・銀貨が不足するからだ。

政府は1883年に国立銀行条例を改正し、私立銀行による銀行券の発行を認めないことにした。そして1884年、兌換銀行券条例が公布され、兌換銀行券は日銀のみが発行し、兌換の対象は銀貨とされた。

日銀券と交換する形で政府紙幣や国立銀行券の回収は進んでいったが、今度は流通通貨量が減って逆にデフレになった。政府にとっては有利だが農家は所得が減って生活が苦しくなった。1899年には、国立銀行券と政府紙幣の通用が停止された。

明治政府は、最初は金本位制を採り、それが維持できなくなって事実上銀本位制になっていたが、1897年に貨幣法を公布して金本位制に戻した。これは日清戦争で多額の金を清から取ったことが大きく影響している。これに伴い、日銀券も銀兌換券から金兌換券に変更された。当時、世界の先進国は金本位制を採っており、これで日本も通貨制度において先進国の仲間入りを果たすことができた。

太　これで紙幣は、兌換紙幣である日銀券に統一されたということだね。

モ　うん。兌換紙幣は、金との兌換を保証しなければいけないから、発行量が金の保有量の制限を受けるという特徴がある。これは、兌換紙幣のメリットであり、デメリットでもある。メリットとしては、金の保有量というういわば「重し」があるおかげで、政府紙幣のように、濫発されて急激なインフレが進行することはない、という点がある。

他方で、お金がたくさん必要な時に、金の保有量の縛りを受けてしまい、通貨量を増やせないというデメリットがある。例えば、物凄く不景気になってたくさんお金が必要になる時に、その欠点が顕著に現れる。さらに、戦争が発生した場合は、紙幣をたくさん発行する上に、国際的な金の輸送をするのが困難になるから、金の兌換に応じられなくなる。

太　そういう時はどうするの？

モ　金の兌換を停止する。例えば第一次世界大戦の時がそうだった。戦争が終わってしばらくした後、金本位制は復活したが、今度は1929年に世界恐慌が発生して世界中の景気が悪くなった。それに対処するためにたくさんのお金が必要になったから、結局金本位制はまた停止された。

太　どうせそうやって停止するんだったら、復活させる必要はなかったんじゃないの。

不換紙幣の時代へ

モ　通貨を発行しすぎてインフレになるという現象は、だいたいどこの国でも経験しているからね。金という実物との結びつきがないと、いつかまたインフレになってしまうという恐怖があったのかもしれない。そして、第二次世界大戦が終わる前年の1944年、アメリカとヨーロッパの主要国が主導して、ブレトンウッズ体制という通貨体制が発足した。これは、アメリカのドルを基軸とした固定為替相場制だ。固定為替相場というのは、各国通貨の交換比率を固定するものだ。例えば、円は1ドル＝360円で固定されていた。

この体制の下では、ドルだけが金との兌換紙幣だった。金1オンス＝35ドルとして交換比率を固定し、さらにドルと他国の通貨の交換比率を固定することによって、通貨の価値を安定させたんだ。戦後、どのくらい世界経済が成長したのか、**図2-2**のグラフで確か

図2-2　世界経済の実質GDPの推移（1820〜2015年）

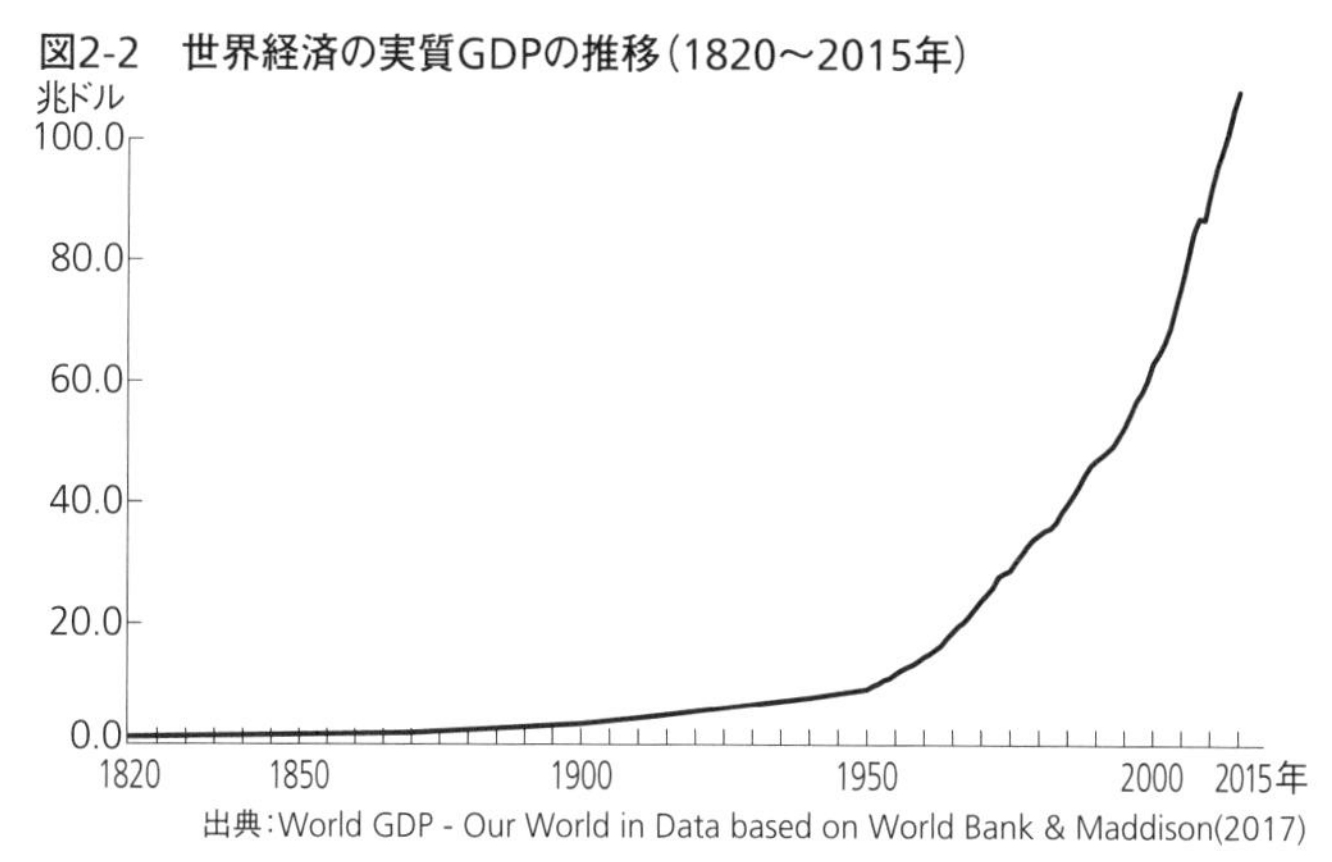

出典：World GDP - Our World in Data based on World Bank & Maddison(2017)

めてみよう。これは1820~2015年の実質GDP（ドルベース）の推移だ。GDPというのは、簡単に言えば「儲け」を全部合わせたものだ。価値の合計と言ってもいい。そして実質値というのは、物価変動の影響を取り除いたものだ。これとは逆に、名目値というのは、物価変動の影響を取り除かない、そのままの数値のことだ。

太　戦後の実質GDPの伸びが凄いね。それまでとは全然違う。これだけ経済成長するということは、それだけ財やサービスがこの世に生み出されて、それが交換されているわけだよね。つまり、取引機会が急激に増えるから、金本位制だと通貨が足りなくなるんじゃないかな。

モ　そのとおりだ。もはや金本位制では、この急激な経済成長に合わせることができなかった。金は希少な金属で、産出量が少ないからね。だから1971年にアメリカは突如ドルと金の兌換を停止すると宣言した。

太　え？　そんなことしたら、みんなドルを手放して、ドルが暴落するんじゃないの？

モ　いや、そうはならなかった。ドルは基軸通貨として、すでに世界中で広く使用されており、代わりになる通貨がなかったからそのまま使われ続けた。

太　なんか拍子抜けするね。頑張って金本位制を維持してきたのに。

モ　結局、一度強固な信頼を獲得すれば、その信頼が崩壊しない限り、通貨は使われ続けるのだろう。自転車にたとえると、わかりやすいかもしれない。誰もが最初は補助輪付きの自転車に乗るが、バランスが取れるようになると補助輪なしで乗れるようになる。

太　金貨が補助輪の役割を果たしていたということだね。信頼を獲得すれば、補助輪なしでも通貨は使われるようになる。

モ　うん。さて、通貨の量が金の保有量に左右されなくなったことにより、通貨量は通貨を発行する通貨当局の管理に委ねられることになった。このように、通貨当局が通貨の発行量を調節する制度を管理通貨制度という。この管理通貨制度を理解するには、借金について理解することが必要だ。次章では、それについて説明しよう。

第3章 借金で通貨が増えていく

借金は現在価値と将来価値の交換

モ 例えば、100万円を金利5％で1年後に返す約束をして借りたとすると、1年後には、100万円に加えて、利息5万円を支払うことになる。利息というのは、お金のレンタル料だと考えればいい。金利というのは、元本に対する利息の割合のことだ。
太郎、君が100万円を金利5％、返済は1年後という約束で借りた場合、君はどうやってお金を返すかな。

太 働いて給料もらって返すと思う。

モ そうだね。つまり、君は「働く」という価値をお金に変換して、借金を返済するわけだ。さて、君のその「働く」という価値は、君がお金を借りた時点では存在しているものかな。

太 存在していないね。借りた後に働いて給料をもらうわけだからね。

モ そうすると、「働く」という価値は、借りた時点から見ると、将来発生する価値ということになるね。

太 そうだね。

モ 結局、君は現在の100万円という価値と、将来の105万円という価値を交換したことにならないかい？

太　そう言われてみるとそうだね。

モ　このように、**借金というのは、現在の価値と将来の価値との交換だ。**将来生まれるであろう価値を渡すのと引き換えに、現在の価値を渡してもらう。物々交換や、普通の売買は、現在存在する価値同士の交換だが、借金の場合、一方が将来発生する価値という点が特徴だ。さて、なんでこんな交換が成り立つのかな?

太　そりゃあ、「お金を増やして返してくれる」って信用するからじゃないの。

モ　そう。それを言い換えると「お金を借りる人が、何かをして将来価値を生み出す」という信用があるからこそ、借金は成り立つ。だから、信用がある限り、お金を借り続けることができるが、信用が途切れればもう借りることはできない。

かつては実物で「借金」をしていた

太　うん。ところで、硬貨や紙幣がない時代は、借金なんてあったの?

モ　あったよ。例えば、穀物の種を貸し付けて、収穫期に利子をつけて返させることが行われていた。これは世界中の農業社会で見られた現象だ。紀元前18世紀に制定されたハンムラビ法典には、大麦の利率が年利約33%と定められていた。つまり、大麦を貸し付けることが行われていたということだ。日本でも、８世紀に施行された律令に、「出挙（すいこ）」という制度が記載されている。これは、春に種籾（たねもみ）を貸して収穫期の秋に利子をつけて返す制度だ。官が貸し付ける公出挙（くすいこ）と、民間の出資者が貸し付ける私出挙があり、両者で利率に違いはあるが、低くても30％、高いと１００％にもなった。

太　利率１００％って、それ、倍にして返すってことだよね。超大変。

モ　うん。公出挙の場合は最高でも年利50％だったが、たくさん利息が取れるので、税金みたいに使われるようになった。しかし、あまりにも金利が高いと、当然借金は返せなくなる。極端な例で考えてみよう。１００万円を年利60％、つまり月利にすると５％で借りて、毎月５万円ずつ返済するとしよう。さて、元本は減るかな。

太　月利５％ということは、利息が毎月５万円発生するってことでしょ。そうすると、毎月５万円しか返さないのなら、全部それが利息に充てられて、元本は全然減らないんじゃないの。

モ　そうだ。まぁ、これは極端な例だけど、あまりにも金利が高いと、元本が全然減らないから、返済までに物凄く長く時間がかかってしまうことは理解できるだろう。

人類はかつて狩猟採集生活を送っていた。これだと自然から生み出された食料を集めるだけだが、やがて農耕・牧畜を営むようになり、自ら自然に働きかけて食料を生産するようになった。主食である穀物は保存にも適していたので、長期間貯蔵できるようになった。そして、権力を握った一部の者に穀物が集中していき、貧富の差が広がるようになる。富める者は自分で畑を耕すよりも人にやらせた方が楽だし、貧しい人は手元に種籾がない、ということで、自然に種を貸し付けるということが始まったのだろう。

「預けっぱなし」だから、預金通貨が増えていく

モ　そして、穀物が硬貨に入れ替わり、今度は硬貨が貸し出されるようになった。この貸し出しを担った職業はいろいろあるが、現在の銀行の前身にあたる役割を果たしたのが両替商という人たちだ。これは、硬貨の両替をすることが仕事だ。違う国同士で取引をするためには、各々の国で使用されている硬貨の交換比率を定め、それを交換する役割を担う人が必要になる。

そして、違う国同士での両替だけではなく、国内での両替も必要になる。例えば、江戸時代は、さっきも説明したとおり三貨制度が採られていて、金・銀・銭を両替する必要があった。

太　両替しようと思ったら、まず両替に応じられるだけの硬貨を貯める必要があるよね。

モ　そう。だから、両替商は硬貨をたくさん保有していた。両替の際に手数料を取るほか、お金を預かったり、貸したりする業務もしていた。今の銀行と同じようなものだ。

特に大坂の両替商は、振手形というものを発行し、これが通貨の代わりを果たしていた。これは要するに硬貨との引換券だと考えればよい。両替商の取引先は、両替商に口座を開設して硬貨を預けていた。振手形というのは、この各取引先口座に預けていた硬貨との交換を約束する文書だ。現実に硬貨を渡す代わりに、この振手形が支払いに充てられていた。実際に預かっている硬貨の6～7倍を発行した両替商もいたという。

太　それって、硬貨をいちいち持ち歩くのは不便だから、たいていの人は引き出しを求めずに預けっぱなしにしているから成り立つものだよね。

モ　そう。**「預けっぱなし」というのが重要だ。**みんなが引き出しにきたら成り立たない。こうやって預かっている硬貨の量をはるかに上回る振手形が発行され、通貨の役割を果たした。つまり、**民間企業が通貨を作り出していたということだ。**そして、これは現代の銀行システムにも当てはまる。

銀行がお金を貸す時に具体的にどのようなことをするか、例えば君が銀行から1000

万円を借りる場合を考えてみよう。まず銀行は君にその銀行の口座を開設させる。そして、その口座に1000万円を入金したという記録を作る。君の預金通帳には、1000万円が入金されたという記録が記載される。簡単に言うと、「銀行が1000万円を貸す」ということは、「1000万円の預金記録を作る」ということだ。

つまり、**貸せば貸すほど預金が増える。**そして、みんなが一気にお金を引き出すわけではないので、本当に保有しているお金よりも、たくさんのお金を貸すことが可能であり、その分預金が増える。こうやって貸し付けによって預金が増えていく仕組みを、信用創造という。太郎、君も何か支払いをする時に、銀行振り込みで済ませることがあるだろう？

太　うん。ネットで買い物した時なんかは、銀行振り込みで済ませることもあるよ。

モ　そのように、預金は通貨のような役割を果たすので、預金通貨と呼ばれている。預金通貨は、銀行が信用創造によって生み出している。江戸時代の両替商と同じく、通貨を民間が生み出しているということだ。

太　じゃあさ、無限に貸し出しできるの？

モ　できないよ。だって、みんなが借りたお金をすべて引き出すわけではないけど、かといっていつまでも全部預けているわけじゃないでしょ。現金として引き出したり、他の銀行へ支払いなどのために送金したりするだろう。
例えば本当に持っているお金の100倍くらい貸し出してしまったら、引き出しや送金の要求に応じることができなくなってしまうよ。それに、あまりに貸しすぎたら、返ってこなくなるお金も多くなるだろう。そうすると、結局、預金や引き出しに応じるための現実のお金も足りなくなって、銀行は破綻してしまう。

太　そうか。貸し出すにも限界があるっていうことね。

モ　そうだ。なお、預金者からの引き出しに備えるため、中央銀行に一定額を預けさせる準備預金制度というものがある。現在は、預金の種類と保有している預金の規模ごとに、0・05〜1・3%の預金準備率が定められている。

また、バーゼル規制というものがあり、貸付金や債券などに対する自己資本の割合が、国際的に活動する銀行では8%以上、と定められている。自己資本というのは要するに返済義務のない自分のお金のことだ。こうした規制があるので、野放図に貸し出しを増やすことはできないようになっている。

そして、銀行が貸し出す大本のお金になるのが、日銀から供給されるマネタリーベースというものだ。具体的には、市中に出回っている日本銀行券、貨幣、そして日銀当座預金のことだ。日本銀行券というのは1万円札などのお札のことで、貨幣というのは100円玉などの硬貨のこと。日銀当座預金とは、銀行が日本銀行に預けているお金のことを指す。

金本位制の時代、このマネタリーベースは、金の保有量の制約を受けた。金との兌換に応じられる程度のお金しか供給できなかったということだ。しかし、今は金本位制ではないから、そのような制約はない。日銀はいくらでもお金を供給することが可能ではある。

日銀がお金を供給する時

太　どういう時に、日銀はお金を供給するの？

モ　まず、紙幣が発行されるのは、民間銀行などが日銀当座預金からお金を引き出す時だ。日銀当座預金というのは、日銀が民間銀行などに対し日銀券を引き渡す債務と言える。そして、日銀当座預金が増えるのは、日銀が民間銀行などにお金を貸すか、または銀行が持つ資産を買い上げる時だ。現在は、通常、日銀当座預金を増やす場合、民間銀行などの持っている国債を買い、その対価として口座の残高を増やしている。国債というのは、国にお金を貸していることを証明する債券のことで、要するに国の借金のことだ。

太　つまり、**何の対価もなくお金が発行されることはない**ということね。

モ　そう。「発行してくれ」と頼んだからといって、発行してくれるわけじゃない。借りるか、または何かを売るかしないと、日銀からお金を得ることはできない。

太　日銀が政府の国債を直接買った場合はどうなるの？

モ　政府が日銀に預けている政府預金（政府預金はマネタリーベースに含まれない）の残高が増えるね。

例えば10億円の公共工事について、政府が日銀に直接国債を買わせて、その対価に10億円を得たとしよう。公共工事をした会社に対する政府の10億円の支払いは、民間銀行を通じて行われる。具体的には、政府預金から各民間銀行などの日銀当座預金に10億円が入る。そして、民間銀行は工事をした会社の預金残高を10億円増やすことによって支払いを完了する。

太　それって、結局10億円分のマネタリーベースが増えたってことね。

モ　そうだ。そして同時にマネーストック（後で説明）も増える。しかし、政府が日銀に直接国債を引き受けさせることは法律で禁じられている。それをやると、政府がお金を発行しすぎてしまい、通貨の量が増えすぎてインフレになるからだ。今までの歴史を振り返ればそれはわかるでしょ。

太　そうだね。お金って発行しすぎると価値が下がってその分物価が上がっちゃうもんね。硬貨の時代や金本位制の時代は素材の制約があったからまだマシだったかもしれないけど、今みたいに不換紙幣だといくらでも発行できちゃうから、明治政府みたいに凄いインフレを引き起こすだろうね。

でもさ、さっき、日銀が民間銀行の国債を買い取って日銀当座預金を増やすって言ってたでしょ。それって結局、日銀が政府から国債を買っているのと同じじゃないの？

モ　やりすぎると、それと同じになってしまう。それについてはまた後で話をしよう。

さて、ここで民間銀行同士のお金のやり取りを説明しよう。例えばA銀行からB銀行へ100万円の送金をする場合、日銀はA銀行の日銀当座預金の残高を100万円減らして、B銀行の日銀当座預金の残高を100万円増やす操作をする。これでA銀行からB銀行へ100万円送金したことになる。

太　日銀当座預金を増減させて、送金しているということね。で、民間銀行ってそういう銀行間送金をたくさんやっているわけでしょ。もし一時的に、送金するための日銀当座預金が足りなくなったらどうするの？

モ　日銀からお金を借りるか、または他の民間銀行から借りることになるが、主に他の銀行から借りて対応している。お金の余っている銀行が、お金の足りない銀行へお金を貸すんだ。

太　へー。銀行同士でもお金の貸し借りをするのね。

買いオペと、売りオペで金利を調節

モ　そう。そして日銀当座預金の量が少なければ、それだけ日銀当座預金が貴重になるから、お金を貸す際の金利も高くなる。他方、日銀当座預金の量が多ければ、日銀当座預金の希少性は低くなるから、金利も低くなる。

こうやって銀行間取引の金利が上下することに合わせて、銀行が会社や個人に貸し出す際の金利も上下する。自分が借りたお金よりは高い金利で貸す必要があるからね。

太　さっき、日銀は民間銀行などの国債を買って日銀当座預金の量を増やすって言ってたよね。逆に言えば、民間銀行などに国債を売れば日銀当座預金の量は減るってことね。そうやって日銀当座預金の量が増減すれば、それに合わせて金利も上下するってこと？

モ　そう。日銀が国債を買って日銀当座預金の残高を増やすことを「買いオペ」、逆に国債を売って日銀当座預金の残高を減らすことを「売りオペ」という。日銀は買いオペと売りオペをうまく使うことで、金利を操作している。なお、昔は日銀が民間銀行に貸し出す

際の金利（公定歩合）を上下させて、金利を操作していた。

太郎、金利が10％の時と、1％の時だったら、どっちの時にお金を借りたいかな。

太　そりゃあ1％の時でしょ。返す時の負担が軽いから。

モ　そうだね。つまり、借金というのは、金利が低ければ低いほどしやすい。したがって、金利が低くなれば、普通は借りたい人が増えるから、貸し出しが増える。

太　貸し出しが増えるということは、預金が増えるということだよね。さっき、貸した分だけ預金記録が増えると言ってたもんね。

モ　そう。つまり、金利が下がると預金通貨の増加ペースが速くなる。逆に、金利を上げれば通貨の増加ペースが落ちる。硬貨や金本位制の時代には、素材の量も通貨量の増加ペースに影響を及ぼしていたが、現在は金利が通貨量の増加ペースに影響を及ぼしている。

また、昔は政府が紙幣を発行していたが、今はどの国も中央銀行があって、そこから紙幣が発行されている。これはさっきも言ったとおり、政府に紙幣発行権を与えると、野放図に紙幣を発行しすぎてしまい、その価値が下がっていくからだ。これまでの歴史を見ればそれはわかるだろう。そして、個人や会社が持っている現金・預金をすべて合わせたものを、マネーストックという。これが現実に世の中に出回っているお金で、物価にも影響を及ぼす。マネーストックが増えるということは、みんなが持っているお金が増えるということだ。みんなが持っているお金が増えるということは、値段を上げてもモノが売れるということだから、物価は上がっていく。

太　マネーストックが増えるのは、貸し出しが増えて、預金がその分増える時だけなの?

モ　マネーストックには外貨預金も含まれるから、何か輸出して対価としてドルなどの外貨を得て、それを預金した場合も増える。後は、政府が借金をして財政支出をした場合も増えるよ。具体的なお金の流れはこうなる。例えば、政府が10兆円分の国債を発行してそれを民間銀行に買ってもらい、10兆円の財政支出をする場合を想定しよう。財政支出というのは、要するに政府がお金を使うことだ。公共事業の代金を支払う場合などを指す。

まず、民間銀行が10兆円分の国債を購入すると、その購入代金10兆円は、民間銀行の日銀当座預金から政府預金に移る。そして、政府はこのお金を財政支出に使う。

さっきも言ったとおり、政府がお金を使う時は、民間銀行を通じて国民にお金が支払われる。つまり、政府が10兆円の財政支出をする時は、政府預金から日銀当座預金にお金がまた戻る形になる。そして、日銀当座預金が10兆円増えて、民間銀行は会社や個人の預金残高を増やすことで政府の支払いを完了させる。つまり、マネーストックが10兆円増える。

太　結局、10兆円が日銀当座預金から政府預金へ行って、また日銀当座預金に返ってきて、そしてマネーストックが10兆円増えるってことね。なんか不思議。

モ　そう。そして、政府はこの10兆円に将来利息をつけて、民間銀行に返す義務を負う。つまり、10兆円＋利息の債務が政府に残る。これは将来的には国民の税金で返すことになる。つまり、返す時には国民から税金を取るから、マネーストックは将来の時点で減ることになる。**マネーストックの減少を先送りにしたともいえる。**

国債ではなく、全部税金で10兆円の財政支出をする場合は、これとは異なる。まず、10兆円が国民から徴収される。つまり、マネーストックが10兆円減る。そして、日銀当座預金から政府預金へ10兆円が移動し、財政支出でまた10兆円が戻ってきて、会社や個人の預金残高が合計で10兆円増える。

太　それ、お金がぐるっと一周して戻ってきただけじゃない？

モ　そう。税金としてお金を集めて、それを配り直しているだけだ。まったく借金しない国家の場合、マネーストックが増えるのは民間の貸し出しが増えるか、海外から外貨を獲得した場合などに限られるだろう。

太　簡単に言えば、**民間が借金するか政府が借金するかしないと、基本的にお金は増えて**

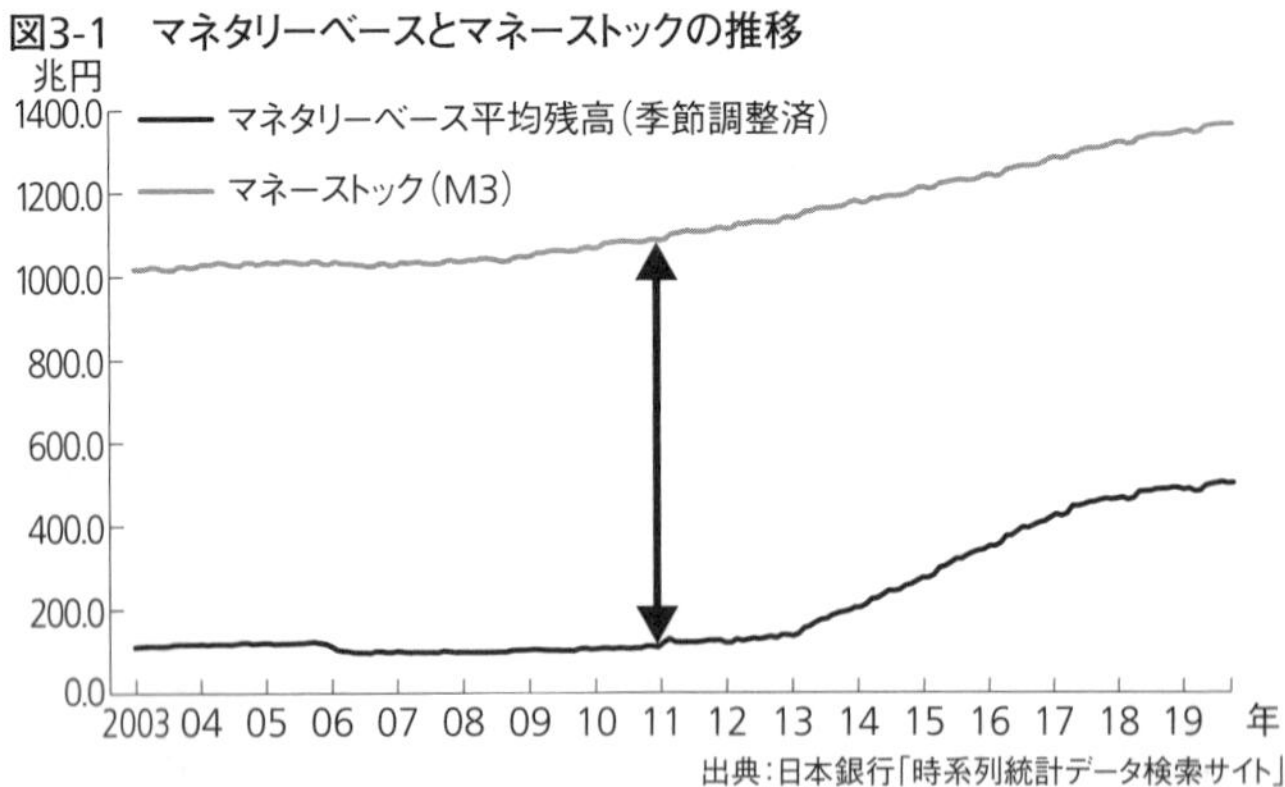

図3-1　マネタリーベースとマネーストックの推移
出典：日本銀行「時系列統計データ検索サイト」

いかないということね。借金でお金が増えていくって、なんだか不思議だね。

モ　そうだね。では具体的にマネタリーベースとマネーストックの関係を**図３－１**のグラフで確認してみよう。マネーストックにはいろいろな種類があるが、代表的な指標であるM３で見てみる。

　図３－１の矢印で示した部分が、信用創造によって作られた通貨だ。これだけ借金で通貨量が膨らんだということだ。よりわかりやすいように、マネーストックをマネタリーベースで割った**図３－２**のグラフも見てみよう。

太　一番多い時で、マネタリーベースの12倍近くも通貨が生み出されていたんだね、凄いな。でも、最近は急に落ちてきて3倍を切っているよ。これなんで？

モ　その理由は後で詳しく説明しよう。この借金で通

図3-2　マネーストック／マネタリーベースの推移

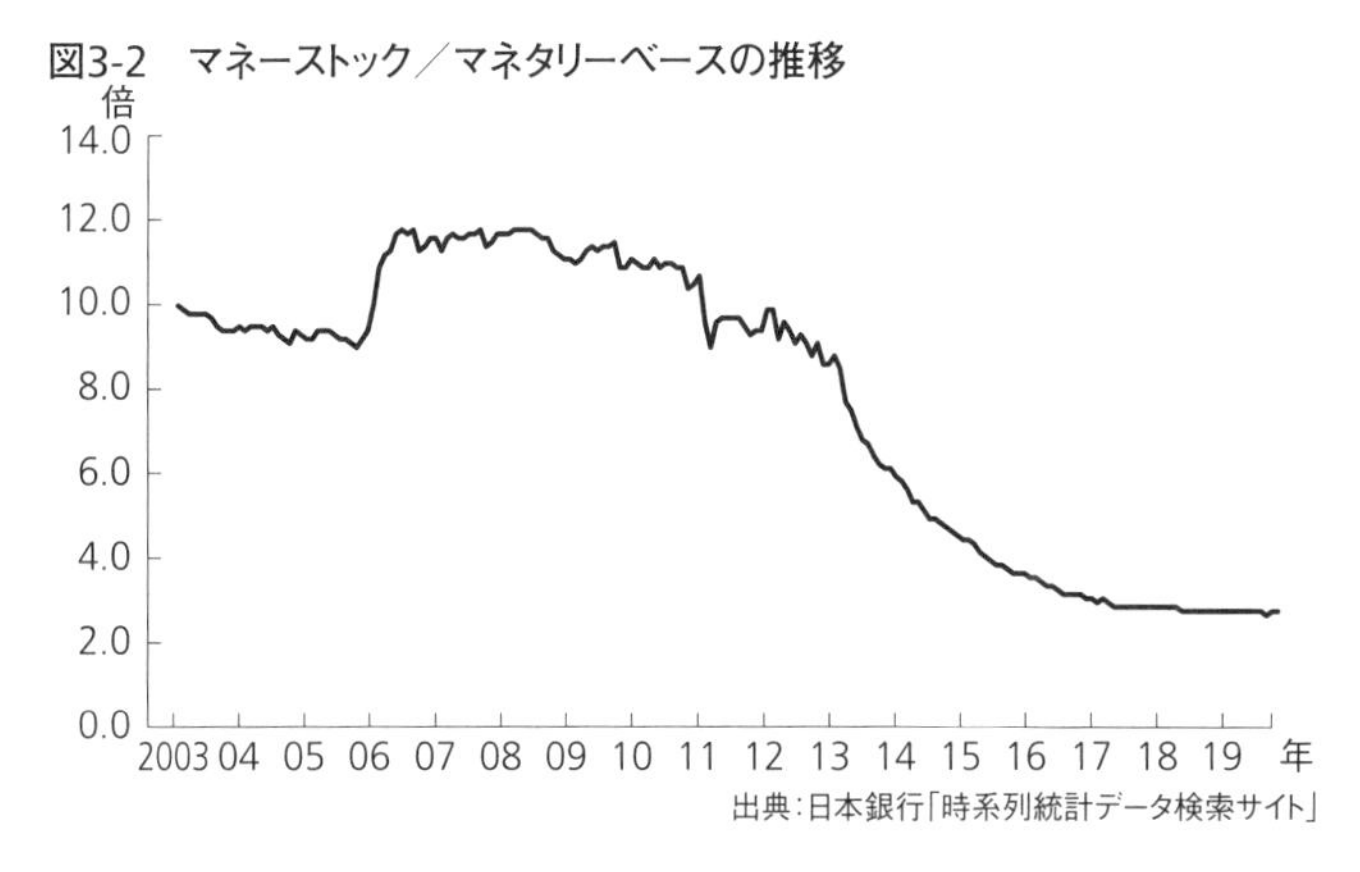

出典：日本銀行「時系列統計データ検索サイト」

貨が増えていくという仕組みを必然的に生み出すのが、「貸しすぎてお金が増えすぎる」という現象だ。

　借金は将来価値と現在価値の交換であり、自分がお金を貸す相手が将来価値を生み出すという「信用」が成り立てば、預金通貨が生み出される。まあ銀行は実際には預金全額に見合うお金は持っていないから「現在の価値」を差し出しているのかどうかは疑問が残るけどね。いずれにせよ、その信用が崩れたら一体どうなるだろうね。例えば、A銀行がB社に対して多額の貸し付けを行っていたとしよう。しかし、B社の経営がうまくいかず、潰れてしまったとする。そして、君がA銀行にお金を預けていたとしよう。君はどうする？

太　銀行がたくさんお金を貸した相手からお金が返ってこないなら、銀行が持っているお金も減ってしまい、自分の預けているお金がちゃんと返ってくるのか不安になるね。だから、預金を引き出して別の銀行に預けようと考えるかもしれない。

モ　そうだね。みんながそう考えて引き出しにくると、銀行としては大変だ。さっきのグラフで見てもわかるとおり、本当は預金よりもはるかに少ないお金しか保有していないからね。最悪の場合、銀行は預金の引き出し要求に応じられなくなってしまう。

そして、A銀行の大口融資先が潰れれば、他の銀行も不安になる。A銀行にお金を貸しても返ってこなくなる可能性が高まるからね。さっきも言ったとおり、銀行は銀行同士で日銀当座預金を介してお金の貸し借りをしているから、A銀行が他の銀行から信用されなくなることは致命傷だ。送金や引き出しのために一時的にお金が不足した場合に、他の銀行からお金を借りることが不可能になる。

こうやって信用がなくなると、送金や引き出しに使うお金が不足し、A銀行は潰れてしまう。「貸しすぎ」は、最後にはこういう結果を招く。その発端となる一つの要因が、金利を下げすぎることだ。日本で起きた具体例で話をしよう。

貸しすぎが招く「バブル」

モ　太郎、君も「バブル」という言葉は聞いたことがあるだろう。

太　あるよ。バブルで日本が一時的に物凄く景気が良くなったんだよね。

モ　そうだ。バブルというのは、ある資産の価格が本来あるべき額よりも異常に上がってしまう現象だ。日本で起きたバブルでは、株と不動産の価格が異常に上昇した。

このバブルが起きるきっかけとなったのが、日銀による公定歩合の引き下げだ。公定歩合というのは、さっきも言ったとおり、日銀が民間銀行へお金を貸す時の金利のことだ。

かつてはこれを上げ下げして、銀行が会社や個人にお金を貸す際の金利を調整していた。これを大きく下げて、お金を借りやすくした。つまり、**通貨の量を増やそうとしたということだ。**

太　なんで公定歩合を下げたの？

モ　「プラザ合意」が原因だ。プラザ合意というのは、1985年9月22日に、先進5カ国（G5）蔵相・中央銀行総裁会議により発表された、為替レート安定化に関する合意のことだ。ニューヨークのプラザホテルで会議が行われたので、プラザ合意という名前になっている。

太　G5って何？

モ　フランス、アメリカ、イギリス、西ドイツ、日本の5つの先進国のことだよ。Group

of Fiveを略してG５と呼んでいる。

太　ふーん。為替レートって何？

モ　通貨の交換比率のことだよ。例えば、１ドル＝１００円という為替レートなら、１ドルを１００円と交換できることを意味する。プラザ合意の前は１ドル＝２４０円くらいだった。

太　それって、円の価値が今より高かったってこと？

モ　逆だよ。今と比べると物凄く安かったんだ。よりわかりやすいように１ドル＝２００円を前提に考えてみよう。この場合、例えば１万円を50ドルと交換できるね。では、１ドル＝１００円だったら、１万円は何ドルと交換かな。

太　１００ドルと交換できるね。同じ１万円なのに、２倍のドルを手に入れることができるわけだな。円の価値が高くなった分、より多くのドルと交換できるようになったのね。見た目の金額が高くなると円安で、逆に低くなると円高なんだな。

モ　そういうことだ。そして、プラザ合意というのは、ドルを安くして、それ以外の先進国の通貨を高くするというものだ。日本とアメリカの関係で言えば、円を高くしてドルを安くすることになる。これを円高ドル安という。

太　なんでそんな合意をしたの？

モ　アメリカの貿易赤字が大きくなっていたからだ。その原因として考えられるのが、「ドルが他国の通貨に対して高すぎる」ということだった。
太郎、例えば人を一人雇うのに、日本では月給20万円、アメリカでは月給2000ドルだったとしよう。1ドル＝200円なら、アメリカでの月給はいくらになるかな？

太　40万円だね。日本の倍。

モ　では1ドル＝50円ならどうだろう。

太　10万円だね。日本の2分の1だ。円が高くなるとアメリカでの人件費が安くなるね。

モ　そうだね。じゃあモノを安く作ろうと思ったら、通貨の高い国と安い国ではどちらが有利だろう？

太　さっきの例から考えると、通貨の安い国だね。通貨が高い国と比べると、人件費が安く済むから。

モ　そのとおりだ。日本の円はドルに対して安く、その分人件費を低く抑えられたので、安い商品をアメリカへ大量に輸出して売ることができた。でも、アメリカ国内で作られた商品はドルが高いせいで、日本人からすると凄く値段が高くなる。だから、日本がアメリカから輸入する商品量は、輸出する量よりもはるかに少なかった。

太　そうなると、アメリカは日本からたくさん商品を輸入して、日本にたくさんお金を払う一方で、自分の商品は日本にあまり買ってもらえないから、払うお金ばっかり増えちゃうね。

モ　そう。だからアメリカの日本に対する貿易収支（輸入と輸出の差額）は、ずっと赤字（マイナス）だった。そのままにしているとアメリカが全然儲からないから、アメリカにとってはまずい状態でしょ？

太　そうだね。それでドルを安くして円を高くしようとしたわけか。ドルを安くすればアメリカの商品を日本人が買いやすくなるもんね。

モ　そう。でも、それまで安い円のおかげで、アメリカで儲けていた日本国内の輸出企業は、急に円高になったら大打撃を受けるんじゃないかと恐れた。例えば、1ドル＝200円の場合、1万ドルの商品を売れば200万円手に入る。しかし、1ドル＝100円だったら、1万ドルは100万円にしかならない。

太　全然儲けが違うね。日本大ピンチじゃん。

モ　そう。物凄い不景気になるかもしれないと恐れた日本銀行は、公定歩合を引き下げることにより、市中金利を下げ、お金を借りやすい状況にして対応した。金利を下げることはアメリカの要望でもあった。金利を下げて日本の景気が良くなれば、アメリカの商品が

図3-3　バブル期前後の公定歩合の推移

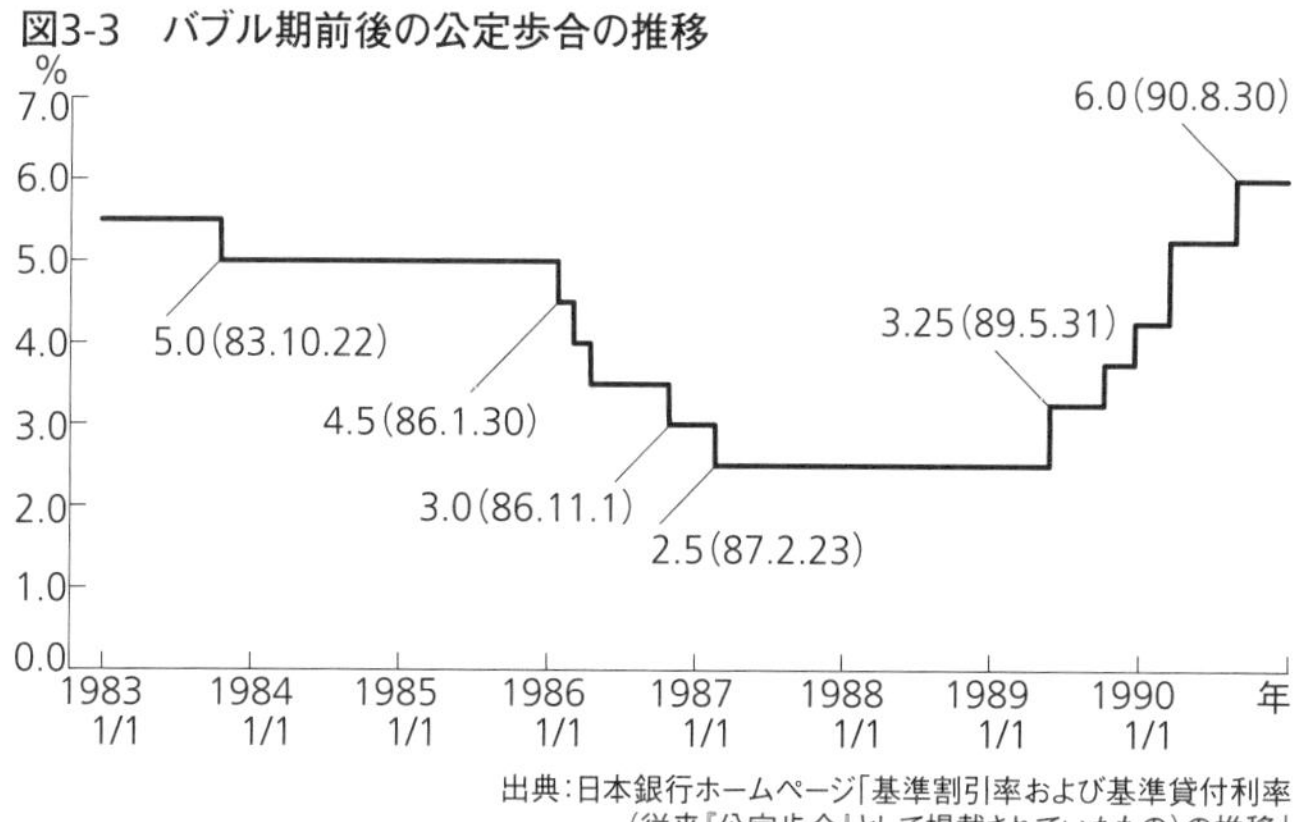

出典：日本銀行ホームページ「基準割引率および基準貸付利率（従来『公定歩合』として掲載されていたもの）の推移」

日本でよく売れるようになるだろうからね。バブル期前後の公定歩合の推移を示した**図３－３**のグラフを見てみよう。

太　１９８６年に２ポイント下げて、１９８７年にさらに０・５ポイント下げて、一番低い時は２・５％になったのね。で、一番低い状態が２年３カ月ぐらい続いて、１９８９年からまた上げ始めたと。80年代に公定歩合を下げてお金を借りやすくして、お金を増やそうとしたのね。なんだか、**結局「困ったらとりあえずお金を増やそう」って発想は、いつの時代のどの国でも同じなのね。**

モ　そうだね。硬貨の時代は主に改鋳を繰り返し、お金の量を増やしてしのごうとしていたが、それは時代が変わっても同じだ。こうやってお金を借りやすくしたら何が起きたか……まずは土地公示価格の

図3-4　バブル期前後の公示価格(全用途)の推移

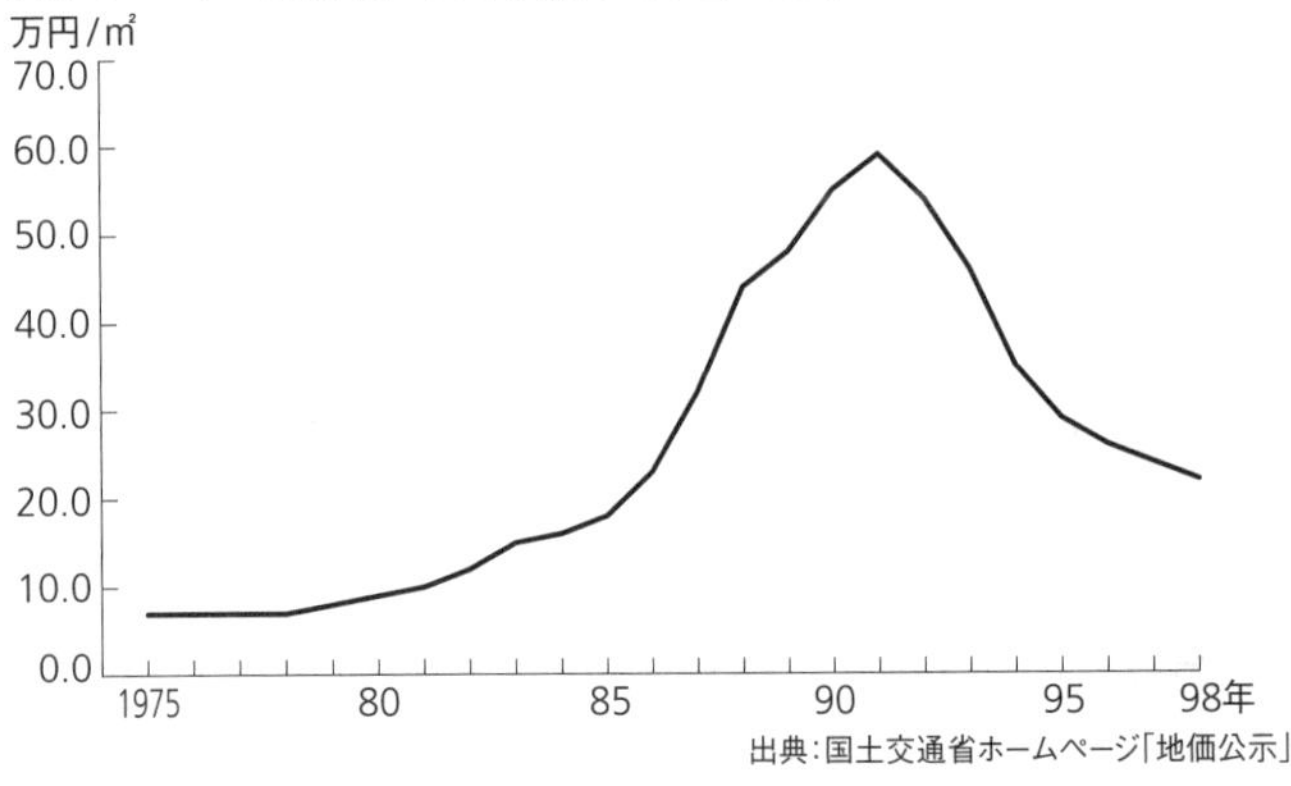

出典:国土交通省ホームページ「地価公示」

推移を示した**図3-4**のグラフを見てみよう。公示価格というのは、地価公示法に基づいて土地鑑定委員会が公表する土地の価格のことだ。

太　なんじゃこりゃ……公定歩合の推移とはまったく逆だね。公定歩合を下げ始めた1986年から、急激に土地の価格が上がっている。なんでこんなことになったのかな。

モ　借りやすくなったお金が、土地転がしに使われたんだ。土地転がしというのは、土地を買い、高くなったら売る行為のことだ。これから買おうとする土地を担保にして、銀行などからお金を借り、値上がりしたらすぐに売る、という行為が横行したんだ。

太　担保って何?

モ　お金を返せなくなった時に備えて差し出す財産などのことだよ。例えば、太郎がある土地をこれから買うとしよう。でも君には財産がない。そこで、銀行からお金を1億円借りるとする。銀行からすれば、お金を返せなくなった時に備えて、何か用意してほしいと君に望むだろう。そこで、君は銀行に対し、お金を返せなくなったら、その土地を売って代金を返済に充てると約束する。これを、「土地を担保に入れる」って表現するんだ。

太　もし僕がお金を返せなくなったとしても、その土地を売れば、銀行は損を小さくできるね。

モ　そのとおりだ。では、もし土地の値段が上がり続けると予想される場合、君が銀行の立場だったらどうする？

太　いざとなったら土地を売ってお金を返してもらえるから、貸しやすくなるかな？

モ　そうだね。通常、銀行が融資する場合は、その土地の時価の7割程度までが目安だ。でも、バブル時代は、みんながみんな「土地の値段が上がる」と予想したから、銀行が貸し出す時の審査も甘くなり、土地の時価を上回るお金がどんどん貸し出されるようになった。貸付額が土地価格の120％になる例もあった。借りる方も、値上がりしたらすぐ転売するから、借金を簡単に返すことができた。そして、また別の土地を担保にしてお金を借り、その土地を買って転売して……ということが延々と繰り返されていった。

結局、お金を借りやすい状況を作ると、みんな考えることは同じさ。借りやすくなったお金で手っ取り早く儲ける方法を選ぶ。そうすると、土地にお金が流れて、どんどん土地の値段が上がっていく。一時は東京23区の土地の値段でアメリカ全土が買えると言われるほどに土地の価格が上がっていった。

手っ取り早く儲けるという意味では、株も一緒さ。借りやすくなったお金が株の売買にも流れていき、株価が急上昇した。日経平均株価の推移を示した**図3-5**のグラフを見てみよう。

太　すげ〜。ピークで4万円近く行ってる。今と全然違うじゃん。土地と似たような上がり方をしているね。

モ　そうだ。このような異常な株高になると、「株が上がる」ということを前提にした行動がとられる。例えば、証券会社などでは「にぎり」と呼ばれる行為をして、企業に投資信託商品を売ることが横行した。「にぎり」というのは、利回り（儲け）を保証することだ。要するに顧客に損が出ないようにすることだよ。「にぎり」をすることによって顧客から株式売買を丸投げしてもらっていたんだ。

そして、投資信託というのは、投資の専門家にお金を預けて運用してもらう商品のこと

図3-5　バブル期前後の日経平均株価終値（年次）の推移

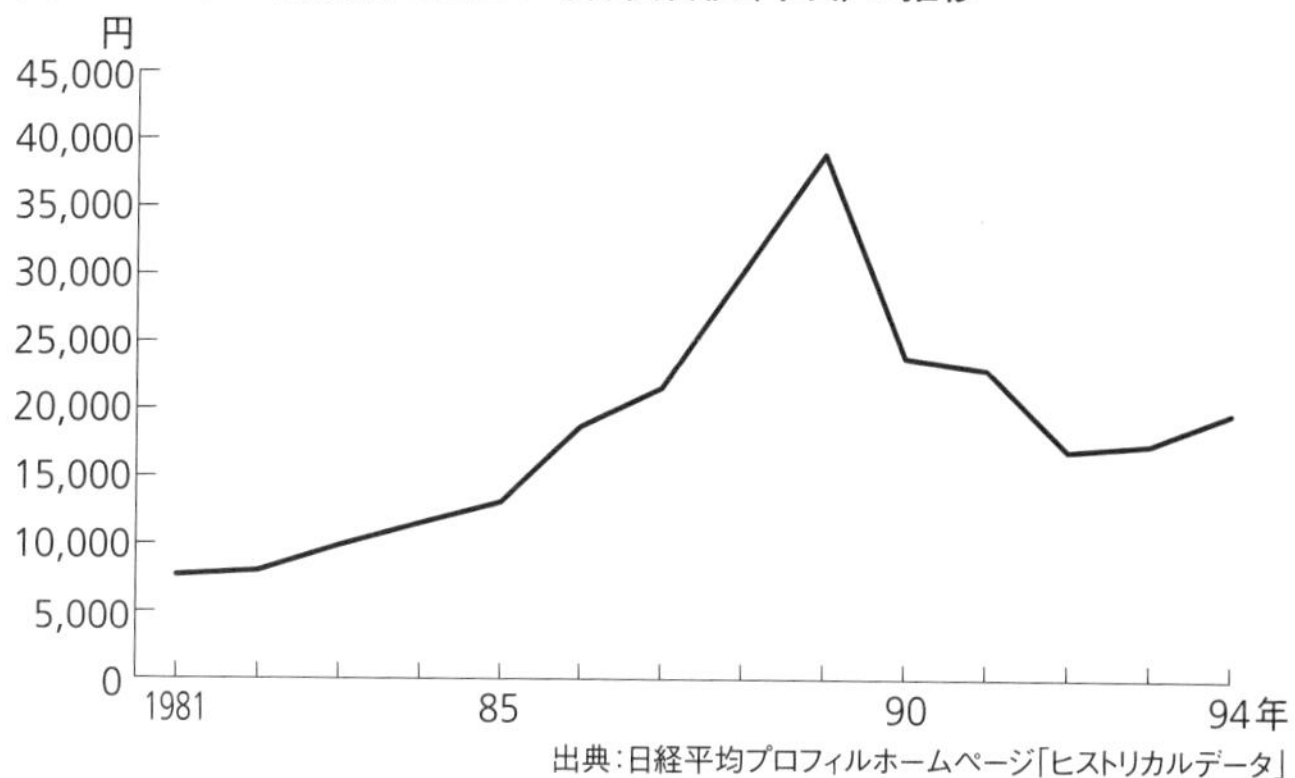

出典：日経平均プロフィルホームページ「ヒストリカルデータ」

だ。平たく言えば、専門家に株式売買を丸投げするということだね。

　バブル時代は、このように土地や株で儲けることが「財務テクノロジー」、略して「財テク」などともてはやされ、様々な企業が本業だけじゃなく財テクに精を出して大きな儲けを出していた。みんながたくさん儲かったから、法人税収や所得税収も伸びた。さらに、１９８９年には消費税が導入され、税収増につながった。その結果、財政も一時的に改善し、歳出と税収の差が縮まり、国債の発行額も減少した。なお、消費税（売上税）は１９８７年にも導入されかけたが、国民の強い反対にあって頓挫している。

太　そのみんなが儲かっている状態って、土地や株の値段が下がったら一巻の終わりじゃん。

モ　そのとおりだ。こうやって資産価格が上がりすぎるのは明らかに異常だ。しかし、その渦中にいる間は、ほとんどの人が異常だと思わない。このような現象は人類の歴史において何度も発生している。例えば、オランダで1630年代に発生したチューリップバブルは、チューリップの球根の値段が急激に上昇した。チューリップの球根を買って転売する行為が横行し、どんどん価格が上がっていったんだ。しかし、バブルに共通するのは、上がりすぎた価格は必ず下がるということだ。日本のバブルも、株については1989年をピークに下降へ転じた。しかし、それでも土地の値段は下がらなかった。日本は土地が少ないが需要は大きいから、価格は絶対に下がらないという「土地神話」が生まれた。

太　そんなに土地の価格が上がったら、逆に普通の人が買えなくなって困るんじゃないの？

モ　そのとおりだ。あまりにも土地の値段が上がりすぎて、転売目的ではなく、普通に土地を買いたいと思う人にとっては手の届かない価格になってしまった。そこで、日銀は1989年から公定歩合を引き上げていき、1990年には、6％にまで引き上げられた。さらに、旧大蔵省（現財務省）は、1990年3月27日、各金融機関に対し、不動産向け融資の伸び率を、総貸出の伸び率以下に抑えるという行政指導（総量規制）を行った。つまり、土地のための貸出量を抑えようとしたんだ。これらの施策の結果、土地の値段は急激に下がっていき、バブル景気は終わりを告げた。バブル景気は1986年12月から1991年2月まで続いたが、日本経済はその反動に襲われることになる。

太　公定歩合の引き上げとか総量規制をしなければ、バブル景気はずっと続いていたんじゃないの？

モ　それはどうだろうね。さっきも言ったけど、バブル現象は世界中で観測されていて、必ずはじけるという点は共通しているからね。引き締めを行わなくても、どこかの時点ではじけていただろう。

バブルの崩壊によって、たくさんの借金が返済困難になった。返済困難になった貸付金のことを不良債権という。不良債権だらけになったら、銀行の経営はどうなるかな？

太　そりゃ苦しくなるよね。新しい貸し付けなんかする余裕はなくなると思う。

モ　そのとおりだ。そして、多くの企業は銀行からお金を借りて何とか経営をやりくりしているが、銀行がお金を貸さなくなったらどうなるだろうね。

太　潰れちゃうね。

モ　そうだ。不良債権がたくさんあると、銀行がお金を貸さなくなり、企業にお金が回らなくなる。そして、倒産する企業も増えていく。経済を人の体にたとえた場合、お金は血液で、銀行は血液を送り出す心臓だ。不良債権が増えるということは、心臓の動きが悪くなるのと同じなんだ。

太　不良債権ってどうすればいいの？

モ　返済できないから、最終的には諦めるしかない。ただ、そうなると銀行の決算において、その不良債権分の大きな損失が出ることになる。銀行の経営者からすれば、それは避けたいところだ。株主から批判されるし、不安に思った預金者が取り付け騒ぎを起こしかねない。そこで、不良債権処理は後回しにされた。例えば、もう回収が見込めない会社に追加で貸し付けをするような行為が行われた。これを追い貸しという。

太　お金を返せない状態の会社に、なんでまた貸すの？

モ　お金を貸し続ける限りは、その会社は潰れない。潰れない限り、銀行にも表面上は損失が出ない。そして、もし景気が回復して、その会社の業績も回復すれば、借金の返済も可能になり、そもそも不良債権ではなくなる。そこには楽観的な見方があった。土地も株もそのうちまた上がって、借金を返せるようになると思ったんだ。

不良債権をまともに処理すると、銀行に莫大（ばくだい）な損害が出て、経済が大ダメージを受けかねない。それを防ぐためには、国が税金を投入して銀行の資金繰りを助ける必要がある。

これを公的資金注入という。出血多量の患者に輸血をするようなものだ。しかし、バブル時代に土地転がしで散々おいしい思いをした銀行に血税を投入したら、国民の大きな反発を受けるだろう。というわけで、銀行も国も、不良債権処理を後回しにして何とか経済が好転してくれるのを期待することになった。

太　延命しておけば、そのうち復活すると考えたのね。大怪我（おおけが）して手術しなきゃいけないのに、包帯だけ巻いてごまかしたようなもんだね。

モ　そうだ。その上、銀行はバブル時代に株もたくさん買っていたから、その値段が大きく下がったことによる損失も被っていた。

また、証券会社の中には「にぎり」をしていたせいで、株の暴落で顧客が被った損失を引き受けるはめになったところもあった。そうした証券会社は、その損失を子会社の損失につけかえる「飛ばし」をやって、表面上は損失が出ていないように装った。

太　そんなその場しのぎを、ずっと続けることはできないよね。

膨大なお金が返ってこなかったので、金融機関が次々に破綻

モ　その後回しがついに限界を迎え、１９９７年11月３日に準大手証券会社の三洋証券、同月17日に北海道拓殖銀行、その1週間後に四大証券の一角だった山一證券が次々と破綻していった。この年、アジア通貨危機という、タイを中心としたアジアの通貨が暴落するという事態が発生し、アジア各国の経済が悪化した。また、日本国内では消費税が増税されて消費が減退した上、政府が緊縮財政を行い、使うお金を絞っていた。こうした要素が重なった結果、経済が悪化し、後回しが限界を迎えて金融機関の破綻が続いた。

ただ、こういった要因が重ならなかったとしても、いずれ限界を迎えただろうけどね。不良債権をごまかし続けることは不可能だから。

太　1カ月で金融機関が3つも潰れたら大パニックになるね。

モ　そう。金融機関はお互いに借金をしているから、一つ潰れるだけでも大変なことになる。それが一気に3つだからね。この混乱は1998年も続き、同年10月23日には日本長期信用銀行が、同年12月13日には日本債券信用銀行が破綻した。いずれも名門と言われる日本を代表するような銀行だった。それ以外にもたくさん破綻している。こうやって金融機関が次々に破綻してお金が回らなくなる状況を金融危機という。ここで破綻した銀行数の推移を見てみよう。**図3-6**のグラフだ。

太　1998年度と1999年度は2年連続で5行も潰れたのか。一つ潰れるだけで大変

図3-6　バブル崩壊後の破綻銀行数の推移

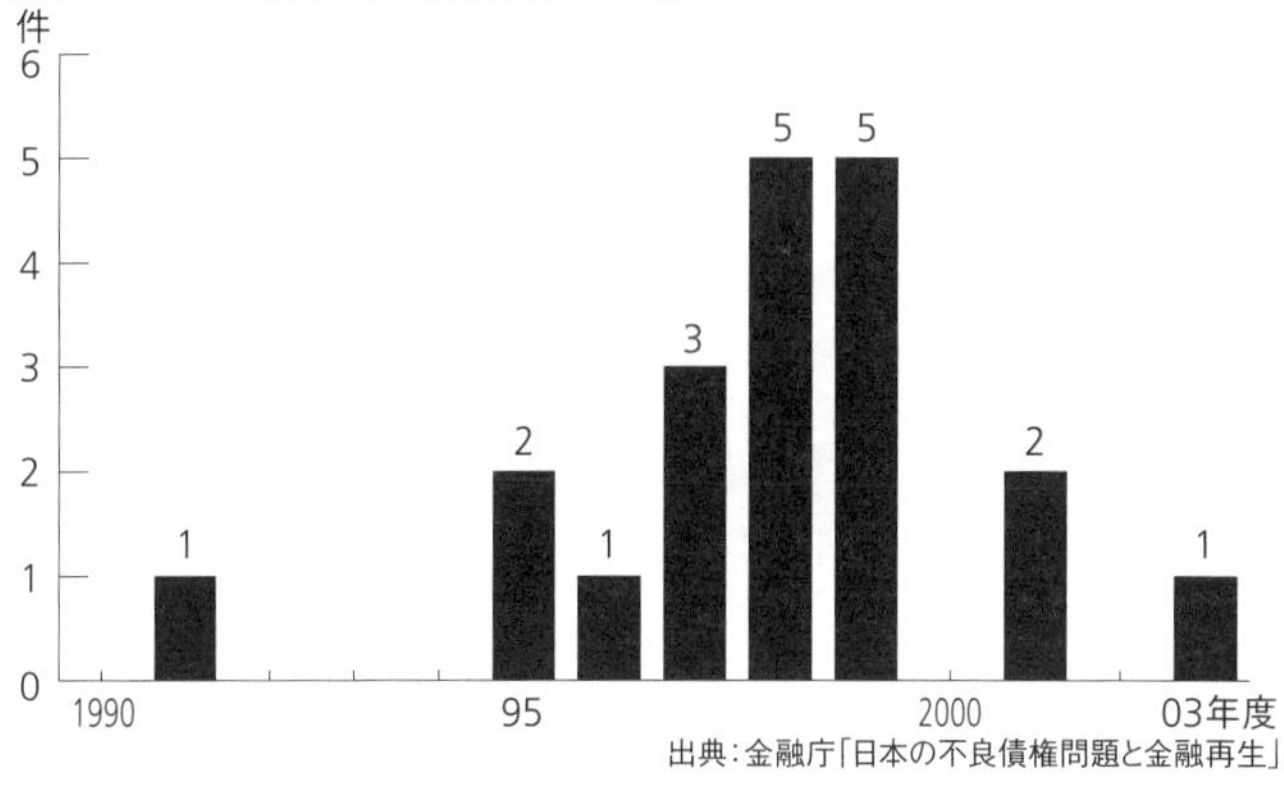

出典：金融庁「日本の不良債権問題と金融再生」

なのに。そして1990～2003年度の間に20行も潰れたんだね。バブル後遺症の破壊力って凄いな……。

モ　次は不良債権処分損の推移を示した**図3－7**のグラフを見てみよう。左軸が各年度、右軸が累計だ。

太　1995年度にいったん跳ね上がって13兆円を超え、翌年度いったん落ちて、そこから2年度連続で13兆円を超えて、1998年度がピークになってるね。で、2000年代の中盤くらいで沈静化してきている。現在までの累計だと100兆円を超えるのね。それだけのお金が返ってこなかったということか。

モ　そう。結局、政府は莫大な公的資金を注入して金融機関を救済するはめになった。もっと早期の段階で不良債権を処理していれば、より被害は少なくすんだかもしれない。こうやって金融危機に襲われた影響で、お金の貸し付けも当然減少した。銀行の貸付金残高を

図3-7　不良債権処分損の推移

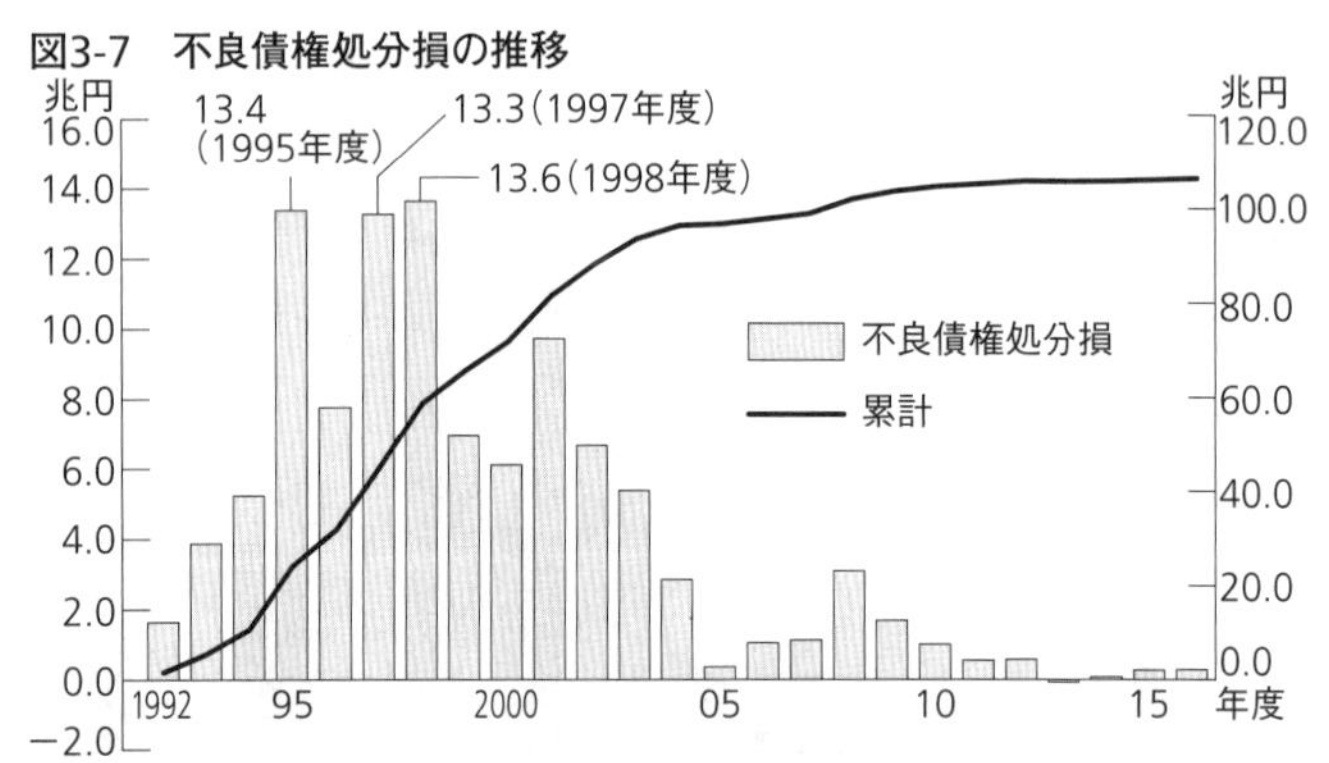

左側縦軸の目盛りが各年度の不良債権処分損、右側縦軸の目盛りが累計を表す。

出典：金融庁ホームページ「平成31年3月期における金融再生法開示債権の状況等（ポイント）」

図3-8　バブル期前後の国内銀行貸付金残高の推移

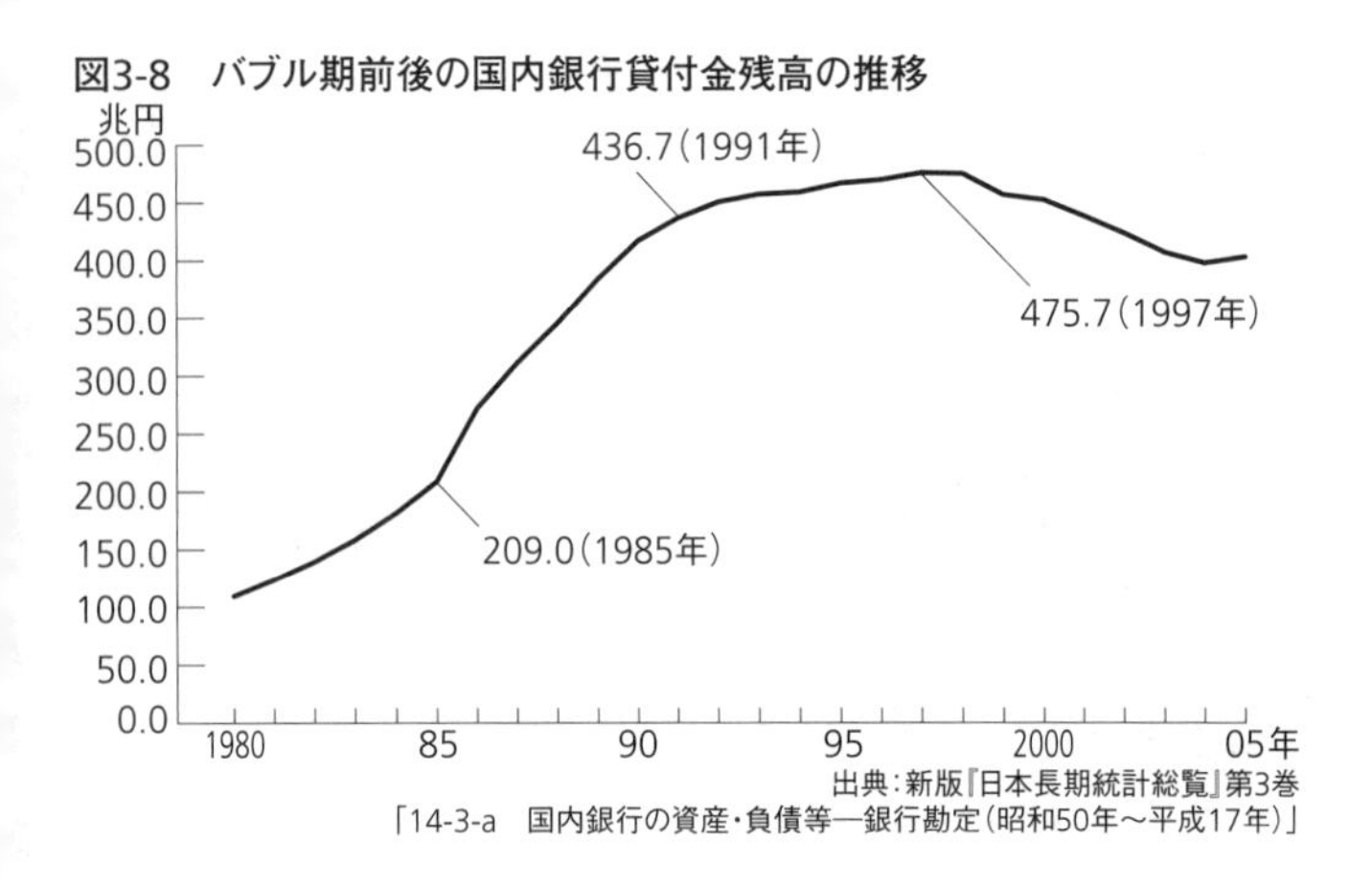

出典：新版『日本長期統計総覧』第3巻
「14-3-a　国内銀行の資産・負債等―銀行勘定（昭和50年～平成17年）」

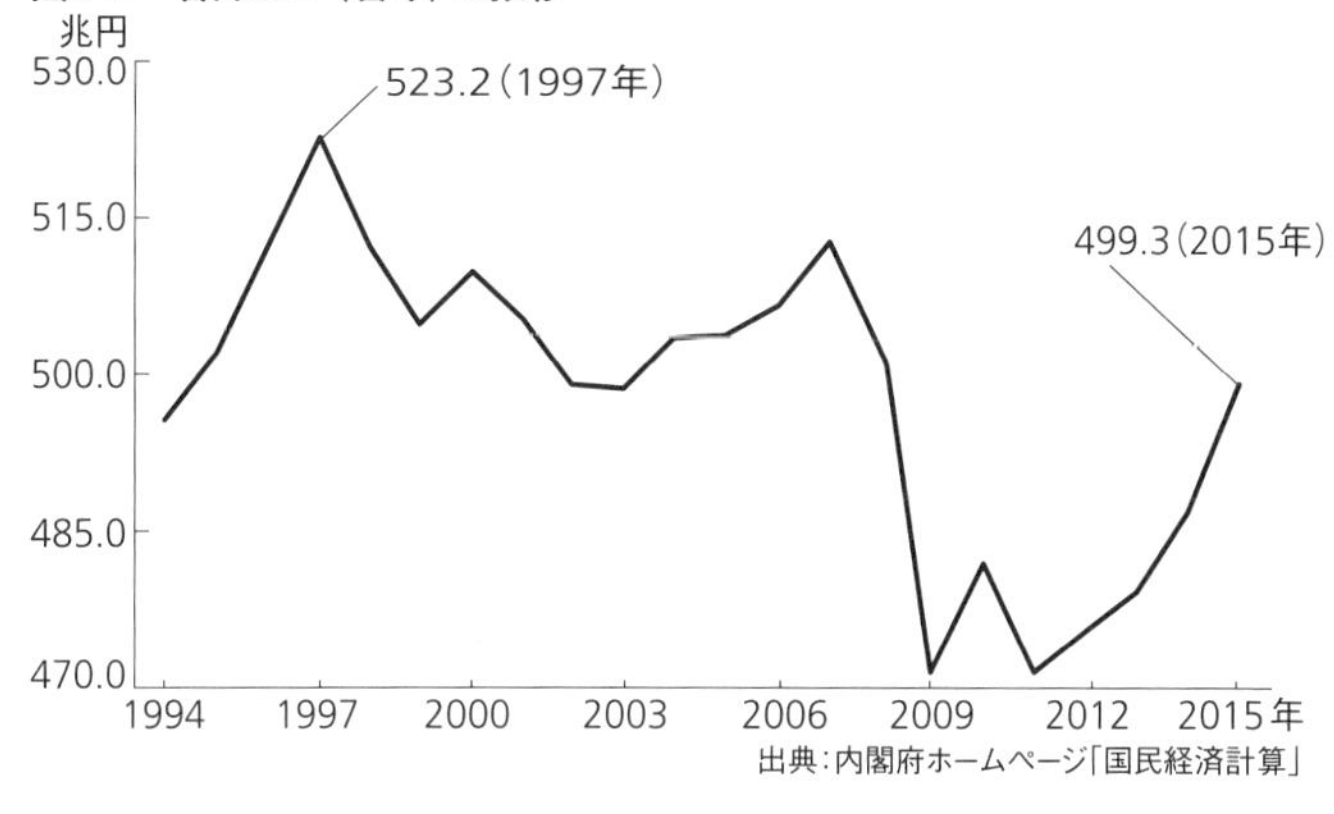

図3-9　名目GDP（暦年）の推移

見てみよう。**図3－8**のグラフだ。

太　バブル期の貸付金残高の伸びが凄いな……1985年は209兆円だったのに、1991年には436・7兆円まで伸びたのね。倍以上じゃん。で、そこから横ばいが続いて、1997年に475・7兆円のピークを記録してから、減少に転じたと。減少に転じた時期は銀行破綻のピーク時と重なるね。

モ　そう。1997年をピークに落ちていったのは名目GDPも同じだ。暦年名目GDPの推移を示した**図3－9**のグラフを見てみよう。

太　ほんとだ。1997年がピークで、2015年になってもそのピーク時に全然届かない数字になってるね。

モ　次に消費者物価指数、名目賃金、実質賃金の推移を示した**図3－10**のグラフを見てみよう。なお、実質賃金というのは、物価を考慮した賃金のことだ。計算

図3-10　名目賃金・実質賃金・消費者物価指数の推移

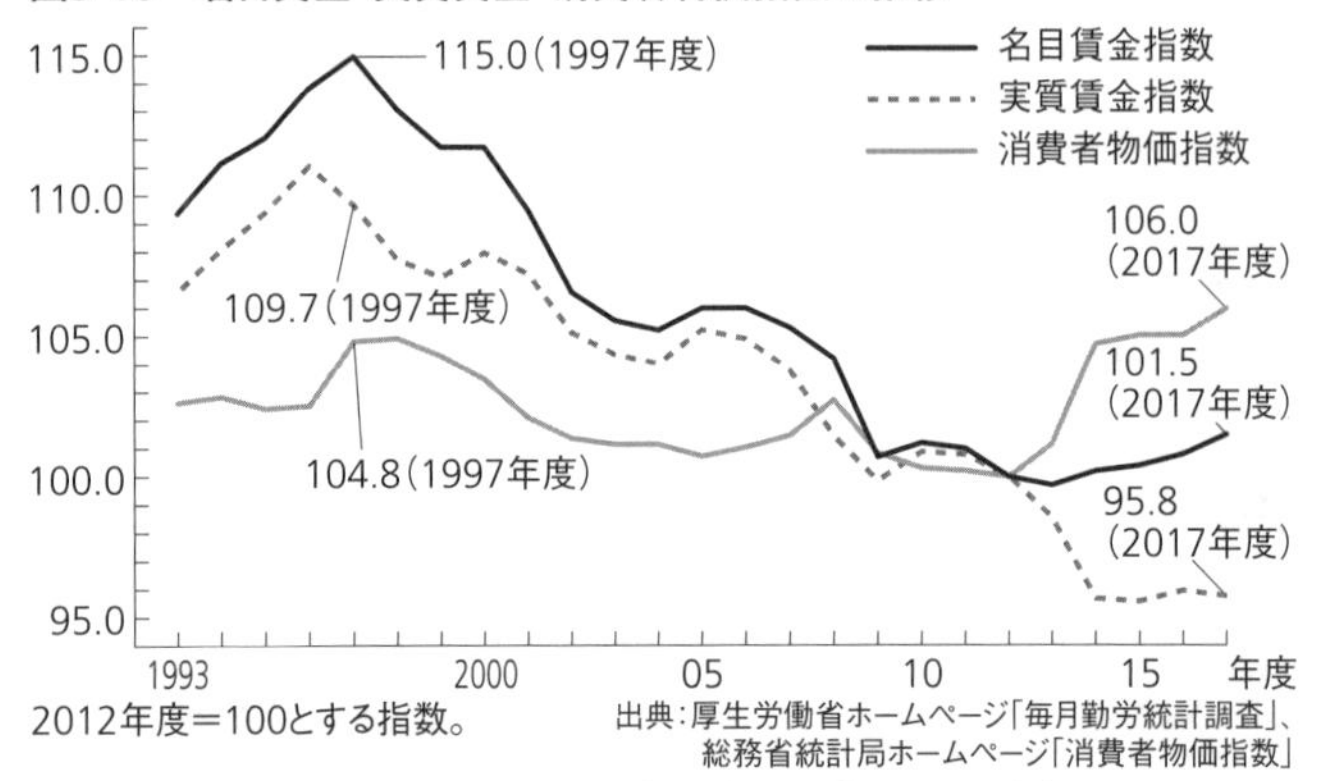

2012年度＝100とする指数。

出典：厚生労働省ホームページ「毎月勤労統計調査」、総務省統計局ホームページ「消費者物価指数」

※統計不正が発覚したため、2012年以降のデータが修正されて公表されている。しかし、2004〜2011年の分について、厚労省はデータを破棄したとして修正していない。このように、最新のデータは修正の有無に違いがあり、不連続となっているので、やむを得ず修正前のデータをそのまま用いている。

式は、「名目賃金指数÷消費者物価指数×100」。つまり、物価が上がってもそれ以上に賃金が上がらなければ、実質賃金は下がってしまう。本当に自分の賃金が上がったかどうかを判断するには、実質賃金を見なければならない。

太　名目賃金のピークは1997年度で、翌年度から基本的に落ち続けているね。実質賃金のピークは1996年度か。で、消費者物価指数は1998年度に一度ピークを記録した後、2005年度まで基本的に落ち続けているね。で、最近になってなんか急上昇してる。これなんで？

モ　最近になって急上昇した原因は消費税増税とアベノミクスという経済政策によるもの

だ。これは後で説明しよう。ちなみに、１９９７年度は消費税の増税があった。だから消費者物価指数がグイっと上がっている。名目賃金の伸びが物価の伸びを下回ったので、１９９７年度の実質賃金は前年より下がっている。実質賃金が下がれば当然、消費も落ち込む。これは金融危機による景気の冷え込みに、さらに追い打ちをかける結果になっただろう。

太　まとめると、１９９７年に銀行貸付金残高、名目ＧＤＰ、名目賃金がピークを迎えた後、それらが下降に転じたわけね。で、物価もそれに従って下がっていったと。

モ　そう。結局、バブルによって貸しすぎたお金が返ってこなくなったところへ、景気を悪化させる要因が重なり、１９９７年の11月頃から大型の金融機関の破綻が相次ぎ、銀行がお金を貸しづらい状態になった。銀行がお金を貸さなくなるということは、新しく生み出される預金通貨が減るということだ。当然、お金が行き渡らなくなるから、景気がどんどん悪くなり、名目ＧＤＰが下がっていったわけだ。

重要なのは「価値」を生み出すこと

景気が悪くなれば給料も下がっていく。給料が下がった場合、それに合わせてモノの値段も下げないと売れない。だから消費者物価指数も下がっていく……ということになる。

こうやって、日本は1997年を境に、物価がどんどん下がっていくデフレになった。

その後、1999年から2000年にかけて「ITバブル」と呼ばれる、インターネット関連企業を中心とした実需投資や株式の高騰が起き、景気が良くなった時期があった。2000年の名目GDPが上向いているのはその影響だろう。しかし、このバブルも結局すぐにはじけて、名目GDPの下降は続き、物価も下がっていった。

太郎、ここで借金が将来価値と現在価値の交換だということを、今一度思い出す必要がある。借金で価値を生み出し、それを通貨に換えて返す、というサイクルが成立しないと、結局はバブル崩壊みたいな現象を生み出すことになる。バブルの時代は、株や不動産が値上がりする、つまり「値上がり分の価値が生まれる」という信頼があったから、貸し出しが増え、マネーストックが増えた。しかし、その信頼が崩れたから、今度は貸し出しが減り、お金が生み出されなくなってしまった。

重要なのは、現実に貸したお金を上回る価値が、この世に生み出されるかどうかだ。それがなければ、貸し付けと返済のサイクルが崩れて銀行の貸出機能が失われ、新しいお金が生み出されなくなる。このように、「お金を貸しすぎて返ってこなくなり、銀行が破綻する」という現象は世界中で発生している。**図3-11**を見てごらん。

図3-11　銀行危機の地域比較（1945〜2008年）

地域またはグループ	銀行危機中の期間が1945年（または独立年）〜2008年に占める比率（%）	銀行危機の1国当たり平均発生件数
アフリカ	12.3	1.3
アジア	12.4	1.8
ヨーロッパ	7.1	1.4
中南米	9.7	2.0
アルゼンチン＋ブラジル＋メキシコ	13.5	3.0
北米	8.6	1.5
大洋州	7.0	1.5
先進国グループ	7.0	1.4
新興国グループ	10.8	1.7

（注）先進国グループには、日本、北米、大洋州および下記以外の欧州各国を含む。新興国グループには、アフリカ、日本を除くアジア、中南米および欧州新興国（ハンガリー、ポーランド、ルーマニア、ロシア、トルコ）を含む。

出典：『国家は破綻する――金融危機の800年』（カーメン・M・ラインハート、ケネス・S・ロゴフ著／村井章子訳／日経BP社）を基に作成。

太　どの地域でもまんべんなく発生しているね。先進国グループでは、銀行危機中の期間が1945〜2008年に占める比率が7％あり、新興国グループでは10・8％もある。アルゼンチンとブラジルとメキシコは平均すると3件ずつ銀行危機が発生していて、特に多いね。

リーマンショックも「貸しすぎ」が原因

モ　そう。だから「貸しすぎ」は危険なんだ。貸しすぎを防ぐために、バーゼル規制をはじめとする様々な規制が設けられている。例えば、あのリーマンショックも、端的に言えば「貸しすぎ」が原因だ。それは日本のバブルと同じさ。

　バブルを発生させた要因が、「サブプライムローン」という住宅ローンだ。サブプライムというのは、優良客でない層のことを指す。要するに、お金を貸しても返ってこない危険性の高い人たちに対する住宅ローンのことだ。

太　なんでそんな危なっかしい人たちに、お金を貸したの？

モ　サブプライムローンが証券化されてほかの金融商品と組み合わされ、たくさん売れたからだ。

太　全然意味がわからない。

モ　そうだね。これは非常にややこしい。まず「証券」というのは、ざっくり言えば「それを持っていると定期的にお金がもらえる券」のことだ。例えば、株券はそれを持っていると、会社が儲けたお金から配当がもらえる。国債もそうだ。国債を持っていれば定期的に、元金の一部と利息というお金がもらえる。

太　じゃあサブプライムローン証券は、それを持っていると、住宅ローンの元金の一部と利息の支払いを定期的に受けられる券ということかな。

モ　そう。そして、その大本になっているのが、サブプライム層に対する住宅ローンだ。サブプライム層に対してお金を貸し付けた住宅ローン会社は、元本と利息というお金をもらう権利を持っている。この「お金をもらう権利」を証券という形にして売り出したのが、サブプライムローン証券だ。このサブプライムローン証券は、一つの住宅ローンだけじゃなくて、ほかの住宅ローンや、それ以外の金融商品ともいろいろと組み合わせて販売された。こうやっていろいろ組み合わせることにより、「リスクの低い証券」と評価されたんだ。そして、利回りが高く、儲かる商品だった。

太　仮に元になる住宅ローン債務者が一人返せなくなったとしても、ほかでカバーできるからリスクが低いということか。でも、そもそも返済能力の低い人たちに対する貸し付けをたくさん組み合わせたところで、リスクは低くならない気がするけど。

モ　そう。振り返ればそのとおりなんだが、当時はほとんどの人が疑問に思わなかった。そういった証券を格付けする会社が、サブプライムローン証券に高い評価をつけたからだ。

太　なんかそれ詐欺みたい……そうやって「将来価値が発生する」って思わせたわけだよね。

モ　サブプライムローン証券は大人気になりよく売れた。こうなると、住宅ローン会社としては、とにかくたくさん住宅ローンを組んでそれを証券化し、売れば儲かることになる。

太　そうなると「貸しすぎ」の状態になるね。住宅の価格がどんどん上がっちゃうんじゃないの？

モ　そのとおり。サブプライムローンの証券化という仕組みにより、お金が借りやすくなり、住宅がどんどん売れた。そして、売れれば売れるほど住宅の価格は上がっていく。

もし自分のお金で返済ができなくなったとしても、住宅価格が上がっていく状況であれば、売ってしまえばその代金で返済できる。サブプライムローン証券が安全とみなされていたのは、住宅価格が上昇し続けている状況が前提にあったからだ。

太 日本のバブルと同じだね。本当は発生するはずのない将来価値の存在をみんなが信じて、どんどんお金が貸し出され、その分お金が増えたわけだね。

モ そう。その増えたお金が不動産に向かい、不動産価格が異常に高騰したという点はまったく同じだ。日本の土地転がしのように、住宅ローンを組んで土地を買い、高くなってから転売するという行為も発生した。だが、バブルは絶対にはじける。2007年の夏頃から、アメリカの住宅価格が下がり始め、借金を返せない人がどんどん増えていった。

太 じゃあ、サブプライムローン証券を持っている人は配当を受けられなくなるね。

モ そうだ。だから大人気だったサブプライムローン証券の価格は暴落し、その関連金融商品も暴落した。そして、それらの商品売買に関係していたアメリカの金融機関は、軒並み大損害を受けた。その影響は世界に波及し、大不況が訪れた。貸し出し機能が損なわれて新しく生み出されるお金が少なくなってしまったからね。

この大不況の波は、日本も直撃した。日本はアメリカにたくさん商品を輸出しているから、アメリカの景気が悪くなれば当然日本の景気も悪くなる。さっき見た名目GDPの推移を見ても、2008年から急激に下降しているのがわかるでしょ。

太　図3－11の銀行危機の表を見てもわかるけど、日本やアメリカだけじゃなくて、世界中で同じような現象が繰り返し繰り返し起きているんだね。なんか、人間て進歩しないのかな。

結局、人間は同じことを繰り返す

モ　図3－11の出典元である書籍（『国家は破綻する――金融危機の800年』日経BP社）の著者カーメン・M・ラインハートとケネス・S・ロゴフはこう言っているよ。

過去800年間に起きた危機の細部に分け入り、データの山をつぶさに調べた末に、私たちはこう考えるようになった。金融危機直前の絶頂期に投資家たちが聞かされてきた助言は、「今回はちがう」という認識に基づいていた、ということである。その代償は大きかった。「昔のルールはもう当てはまらない」という主張は熱狂的に受け入れられ、金融のプロが、さらには政府の指導者が、われわれは前よりうまくやれる、われわれは賢くなった、われわれは過去の誤りから学んだ、と言い始める。そのたびに人々は自分で自分を納得させた。過去のブームはほぼ決まって悲劇的な暴落につながったものだが、今回は大丈夫だ。なぜなら現在の経済は、健全なファンダメンタルズや構造改革や技術革新やよい政策に支えられているのだから、と。

太　人間の本能的なものなのかもしれないね。みんな目先の利益を優先させて、ありもしない将来の価値があると信じ込み、お金を貸す。それで生み出されたお金が一時的な繁栄を生むけど、結局借りたお金を上回る価値を生み出すことができず、お金を返せなくなって後でしっぺ返しがくると。

モ　うん。これは止められないかもしれない。人類の歴史が続く限り、通貨の膨張と破綻を繰り返し続けるのかもしれない。みんなお金儲けがしたいからね。

仮想通貨は信用創造がない

モ　ところで太郎、このバブルの発生と崩壊は、信用創造という仕組みが大きく影響していることはわかるだろう。本当に持っているお金以上のお金を貸し出し、お金が増えすぎることでバブルは発生する。ところが、仮想通貨はこの仕組みを変える可能性がある。

仮想通貨というのは、硬貨や紙幣のような実体はなく、単にデータとして存在しているだけの通貨だ。このデータは、同じものが複数のサーバーに記録されている。なお、サーバーというのは、情報の倉庫と郵便局を兼ねるような存在だと思えばよい。機械としての仕組みはパソコンとほぼ同じで、性能と役割が違う。

代表的な仮想通貨であるビットコインについて見てみよう。ビットコインのやり取りは、ブロックチェーンというデータベースに記録される。ブロックチェーンというのは、和訳すると「分散型台帳技術」と呼ばれる。要するに、ビットコインのやり取りを記録した台帳が、複数のサーバーに記録されていると考えればよい。これとは対照的に、例えば銀行の預金データは、銀行が管理しているサーバーにしか保存されていない。

太 銀行とは違って、複数の人が同じ内容の取引台帳をサーバーに保存しているということね。

モ そう。ブロックチェーンというのは、ブロックと呼ばれるデータの単位を生成し、チェーンのように連結していく仕組みになっている。ビットコインの送金をした人は、金額や受取人の情報をマイナー（採掘者）と呼ばれる人たちに送る。マイナーはその情報をブロックという形にまとめ、ブロックチェーンの末尾に追加する。ブロックチェーンには、ビットコインの誕生から現在までのすべての取引が記録されている。

しかし、こうやって新しいブロックを生成して追加するには、システムから課される計算量の大きな問題を解く必要がある。世界中のマイナーたちが競ってこの問題を解き、一番早く解いた人がブロックを追加できる。この際、報酬として、そのマイナーに対し、ビットコインが発行される。この一連の計算処理をマイニング（採掘）という。

マイニングの名前の由来は、鉱山で金や銀を掘る行為に似ているからだ。金や銀を掘るのと同じように、マイナーたちはマイニングを行うことにより、ビットコインという報酬を得ている。つまり、「ビットコイン取引の膨大な計算処理」をマイナーにやってもらう対価としてビットコインが付与されているということだ。マイニングを行うには、超高性能のコンピューターが必要だから、誰でもマイナーになれるわけではない。

太　「取引の計算処理」と「ビットコイン」が交換されているということね。無限に発行されるの？

モ　いや、プログラム上、発行量の上限は決まっている。現在すでに8割超が発行されていると言われているが、あるタイミングで1回に発行される額が半分になる時期がある。これを半減期という。この半減期があるので、ビットコインの発行が止まるまでには、あと120年はかかると言われている。

太　なんだか、本当に金や銀と似ているね。金や銀も存在する量は、あらかじめ決まっているもんね。

モ　そのとおりだ。仮想通貨の大きな特徴は、中央銀行が発行する通貨と異なり、誰かの意思で勝手に発行量を決められないという点だ。だから、今までの通貨と異なり、「**発行量が増えすぎることが原因で、通貨の価値が落ちる**」ということがない。

太　なんか不思議だね。それって本当に、ただ単純にみんなが「価値がある」って信じこんでいるだけだよね。

モ　そうだね。ただ、本質的には現代の通貨の仕組みと同じだよ。さっきも説明したとおり、現代の通貨の主役は預金通貨と言ってよいが、預金通貨はみんなが「銀行にお金がある」って信じているから成り立つ通貨だからね。本当は預金全額の引き出しに見合ったお金を銀行は持っていないんだから。

硬貨の時代は、貴重な金属が含まれていたから、硬貨そのものに素材としての価値もあった。兌換紙幣は、その硬貨と交換できるから、その価値を信用された。しかし、不換紙幣はただの紙だ。これが通貨として成立するには、みんなが「価値がある」と信じることが必要だ。

そして、その現実にある紙幣よりもはるかに量が多い預金通貨も同じだ。通貨が信頼のみで成り立つのであれば、もはや実物として存在する必要もなく、単にデータがあればよい。**仮想通貨は、「信頼のみで成り立つ」という通貨の本質を表している**と言ってよいだろう。しかし、仮想通貨は今までの通貨と大きく違う点がある。太郎、仮想通貨で信用創造はできると思うかい？

太　できないんじゃないかな。だってお金の移動があったら、ブロックチェーンに「お金が移動した」っていう記録が全部残るんでしょ。例えばAさんがBさんに１００ビットコイン貸したら、それがブロックチェーンに残るわけだよね。

普通の通貨だったら、貸しても預金記録が残るだけで、引き出されたり他の銀行へ送金されたりしない限り、**お金の移動は起きない**。だから、実際に持っているお金よりもはるかにたくさんのお金を貸すことができる。でも、仮想通貨では、**お金を移動させればその記録が残ってしまうから、持っている量を超えるお金を貸すことができない。**

モ　そのとおりだ。ブロックチェーン上でお金の移動が記録されてしまうため、現実に存在する以上のお金を貸すことができず、信用創造ができない。だから、その点でもお金の量が急激に増えることはない。しかし、もう一つ大きな特徴がある。例えばビットコインならビットコイン自体が増えすぎないようなシステムになっているが、「仮想通貨の種類それ自体」が増えすぎないようにする仕組みはない。だから、仮想通貨が濫立してしまっている。現在、仮想通貨は2000種類以上あると言われている。

太　え？　そんなにあるの？　もうわけわかんなくなるじゃん……。

モ　そう。そして、価格が変動しやすい。例えば2017年12月8日には1ビットコイン＝235万円を超え、史上最高額を記録したが、2018年1月には100万円台を割り、あっという間に半額以下の価値になってしまった。

太　なんか、危ないね……。

モ　うん。そしてプログラム上、発行額がどんどん先細りしていくから、マイニングに参加するマイナーたちも減っていくんじゃないかな。そうすると、取引の計算処理がスムーズにいかなくなって使い勝手が悪くなるかもしれない。そうなると価格が大幅に下がっていくだろう。このように仮想通貨は、それ自体の発行量が増えすぎないようにする工夫があるが、短期的に価格の上下が大きすぎるし、長い目で見た時にもリスクがある。さらに、種類が多すぎる。

太　たくさん種類があるのって、なんか今までの通貨の歴史と同じだね。江戸時代も各藩が藩札を発行していたし、大坂の両替商は振手形を発行していた。さらに明治維新後、まだ日本銀行ができる前は、各銀行が勝手に銀行券を発行してたし。

モ　そう。みんな考えることは同じで、歴史は繰り返すと言えるだろう。自分が作り出した通貨が信用されて流通すれば、大きな通貨発行益を得ることができるからね。

ただ、あまりにも通貨の種類が増えすぎると、特に各国にとっては、自国の通貨政策にも悪影響を及ぼす恐れがあるから、いつまでもその状態を放置しておくことはないだろう。例えば中国は、２０１９年４月に仮想通貨のマイニングを禁止する方針を発表している。同年11月にその方針を撤回したが、今後また禁止すると言い出すかもしれない。

さて、銀行危機は銀行が民間企業に貸し出しをしすぎることによって生じるが、今度は、銀行が国にお金を貸しすぎるとどうなるのかを見てみよう。

第4章　国債と通貨の関係

図4-1　2017（平成29）年度「貸借対照表」　（単位：10億円）

	2017年度末		2017年度末
〈資産の部〉		〈負債の部〉	
現金・預金	47,860	未払金等	12,002
有価証券	118,518	賞与引当金	326
未収金等	10,911	政府短期証券	76,988
前払費用	5,474	公債	966,899
貸付金	112,810	借入金	31,443
運用寄託金	111,465	預託金	6,506
貸倒引当金	▲ 1,623	責任準備金	9,136
有形固定資産	182,453	公的年金預り金	120,110
国有財産		退職給付引当金	6,697
（公共用財産を除く）	30,306	その他の負債	8,768
公共用財産	150,267	負債合計	1,238,875
物品	1,855		
その他固定資産	25		
無形固定資産	281		
出資金	74,801	〈資産・負債差額の部〉	
その他の資産	7,564	資産・負債差額	▲ 568,362
資産合計	670,514	負債及び資産・負債差額合計	670,514

出典：財務省「平成29年度　国の財務書類（一般会計・特別会計）の概要（決算）」

政府の負債の8割を占めるのが国債

モ　まずは日本政府の2017（平成29）年度貸借対照表を見てみよう。**図4-1**の表だ。

　貸借対照表とは左側に持っている資産、右側に負債と純資産を書いた表のことだ。負債というのは、いずれ誰かに払わなければならないお金のことさ。代表的なのは、他人から借りたお金だね。

　さらに「純資産」というのは、要するに自分のお金だと思えばよい。負債と違って返さなくてよい。日本政府の場合、負債の額が資産を上回っており、純資産はない。

太　2017年度末の資産合計は670兆5140億円、負債合計が1238兆8750億円ね。負債の方が資産よりもはるかに多いね。

モ　うん。負債の中で約8割を占めるのが公債残

図4-2　2017（平成29）年度「公債残高の内訳」

建設国債	274.6兆円　（+1.3兆円）
特例国債	555.3兆円（+23.0兆円）
財投債	94.5兆円　（▲1.7兆円）
その他	42.7兆円　（+1.0兆円） （復興債5.5兆円含む）
（国の内部での保有公債） 相殺消去額	▲0.3兆円　（+0.0兆円）
合計	966.9兆円（+23.6兆円）

（注）括弧内は前年度からの増減額。

出典：財務省「平成29年度　国の財務書類（一般会計・特別会計）の概要（決算）」

高の「966兆8990億円」だ。さらに、公債残高の内訳が**図4-2**の表だ。大きく分けると4種類ある。なお、ここで公債と呼んでいるのは、国債のことだ。

建設国債は道路や橋、建物の建設など、いわゆる公共事業に使うお金を調達するために発行する国債だ。これで造られた道路や橋などが、「有形固定資産」として、さっき見た国の貸借対照表の資産の部に計上される。

次は最もたくさん発行されている特例国債だ。特例国債とは、公共事業以外の歳出に充てる資金を調達するために発行される国債だ。赤字国債とも呼ばれ、これで調達したお金は年金・医療などの社会保障費などに充てられる。建設国債と異なり、貸借対照表の資産の部に何か残るわけではない。

さらに、財投債というのは、財投機関と呼ばれる機関に貸し付けるお金を調達するために発行されるものだ。財投機関には、学生に奨学金を貸している日本学生支援機構、中小企業にお金を貸している日本政策金融公庫などがある。これは、国の信用を使ってお金を借りることにより、民間の金融機関だけだとお金が回らないような分野にも、低い金利でお金が行きわたるようにするために発行されている。この財投債を発行して調達したお金は、財投機関に貸し出され、貸借対照表の資産の部においては「貸付金」として計上される。

太　建設国債は有形固定資産に、財投債は貸付金に姿を変えて国の資産として残るけど、特例国債はなんにも残らないということね。

最も大事な「60年償還ルール」

モ　そう。ここで非常に重要なのが、建設国債及び特例国債に適用されている「60年償還ルール」というものだ。これは、建設国債と特例国債について、60年間借り換えを繰り返して完済するというルールだ。最もポピュラーな10年国債の例で考えてみよう。ややこしいので利息は省くよ。6００円の10年国債を発行したとする。10年後、国はそのうちの1００円だけ返して、残りは5００円の借換債を発行して借り換える。さらに10年たつと1００円を返して、残る4００円を借り換える……これを繰り返して、60年で完済している。財務省の説明図を見てみよう。**図4-3**の表だ。

図4-3　借換債による公債償還の仕組み「60年償還ルール」

	建設・特例国債	借換債［償還財源に充てるため特別会計の公債金収入に計上］					
公債発行額・償還額	建設・特例国債 600発行	償還額 600（現金償還 100／借換債 500）	償還額 500（100／400）	償還額 400（100／300）	償還額 300（100／200）	償還額 200（100／100）	償還額 100（100）
		10年後	20年後	30年後	40年後	50年後	60年後
残高	600	500	400	300	200	100	0

■ 借換債発行額

出典：財務省「債務管理リポート2017」

太　10年国債だと、10年ごとに6分の1ずつ返していくってことね。こんなにゆっくり返しているから借金が溜（た）まっちゃうんじゃないの？　元金が全然減らないよね。それに、これずっと利息が発生するよね。レンタルDVD屋にたとえれば、ずっとDVDを借りっぱなしでいるような状態でしょ。レンタル料がずっと発生しちゃうじゃん。

モ　そのとおりだ。この点について、旧大蔵省のOBである米澤潤一氏が興味深い分析をしている。米澤氏は、2015年度末までの普通国債残高（前倒しで発行した借換債の額を除く）763兆円のうち、利息の支払いのせいで発生した借金が335兆円を占めていると分析している。約44%が利息の支払いのためにした借金ということだ。

太　利息のせいで増えた分だけで借金の半分近いのね。

なんで60年もかけて返すルールができたの？

欠けてしまった「2つの前提」

モ　最初は建設国債にだけ、そのルールが採用されていた。建設国債を使って造った道路や建物は、だいたい60年ぐらい使えるだろうから、借金も60年かけて返せばいいという発想だった。利益が60年続くから、負担も60年かけて分散していいということだ。特例国債にはこの考えは当てはまらないのだが、単に返済できないので特例国債にまでこのルールが適用されてしまっている。60年償還ルールが最初に導入されたのは1967年、日本が高度経済成長の真っただ中にあった時だ。経済成長にしたがって税収は増えるし、物価も上がっていく時代だった。**つまり、借金の負担がどんどん軽くなっていく時代だった。**でも、今は違う。実質・名目GDPの成長率と建設国債、特例国債発行額の5年平均の推移をまとめた図4－4のグラフを見てみよう。

太　60年償還ルールが導入された1967年度が含まれる5年間は、日本の歴史上最も名目・実質GDP成長率が高かった時代なんだね。名目GDP成長率は17・4％、実質GDPは10・9％もある。他方、**直近2011～15年度の平均成長率なんて、1％にすら届か**

図4-4　GDP成長率・国債発行額（5年平均）の推移

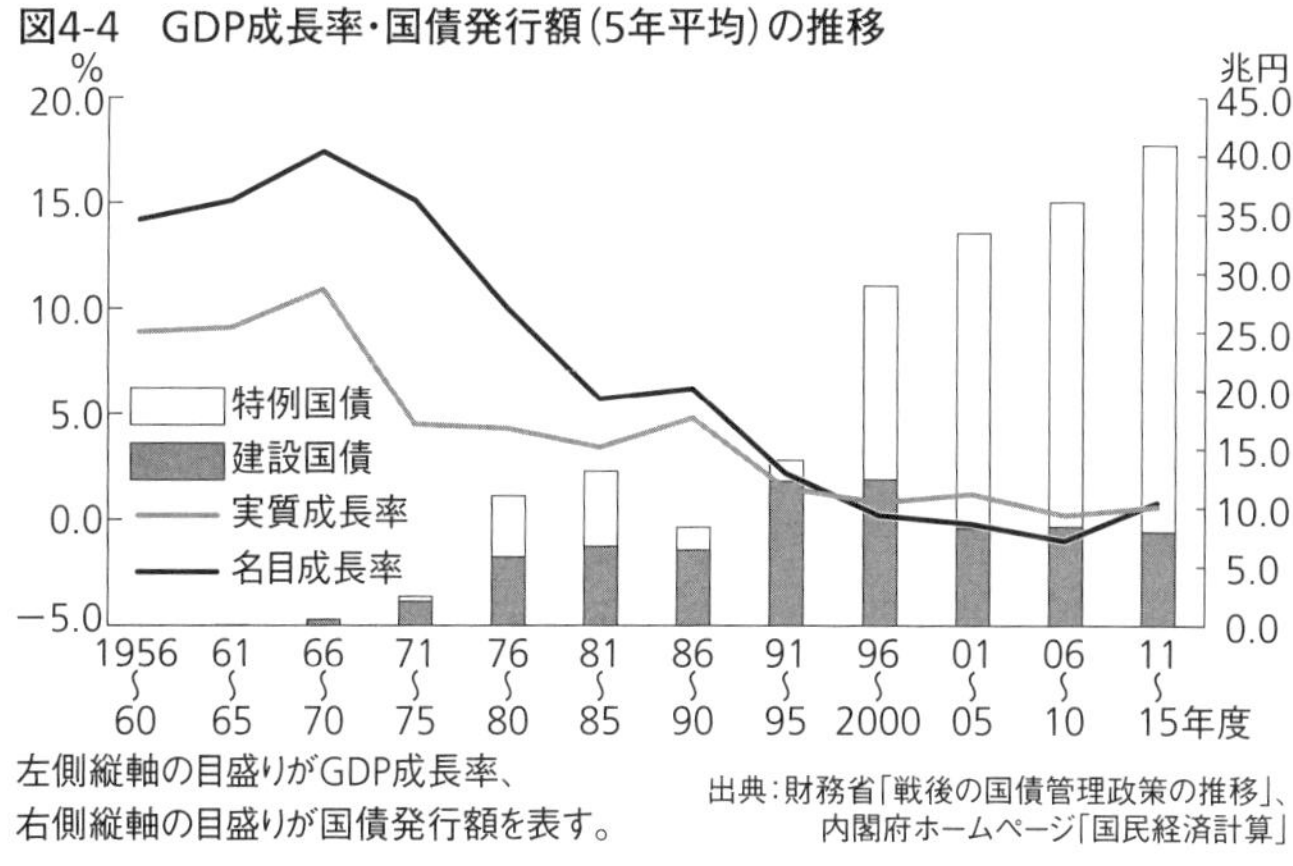

左側縦軸の目盛りがGDP成長率、
右側縦軸の目盛りが国債発行額を表す。

出典：財務省「戦後の国債管理政策の推移」、
内閣府ホームページ「国民経済計算」

ない。そして、下がる成長率と反比例するように、建設国債と特例国債の発行額が増えている。成長できない分を借金で補っているように見えるね。

モ　そうだ。今の60年償還ルールには、導入当初の1967年度に存在していた**「2つの前提」が欠けているんだ**。つまり、**①60年償還ルールが適用されるのは建設国債のみ、②経済成長で将来の借金負担は軽くなる、という2点だ。**この前提がもはや存在しないにもかかわらず、単にその場しのぎで60年償還ルールがずっと適用され続けている。このルールを導入した人だって、まさかこんな形で使われ続けるなんて思っていなかっただろう。

ちなみに、このルールの下では、建設・特例国債について、毎年元本返済に充てられる額は、前年度の期首における**建設・特例国債総額の1・6%だけ**

図4-5　建設国債・特例国債・借換債発行額の推移

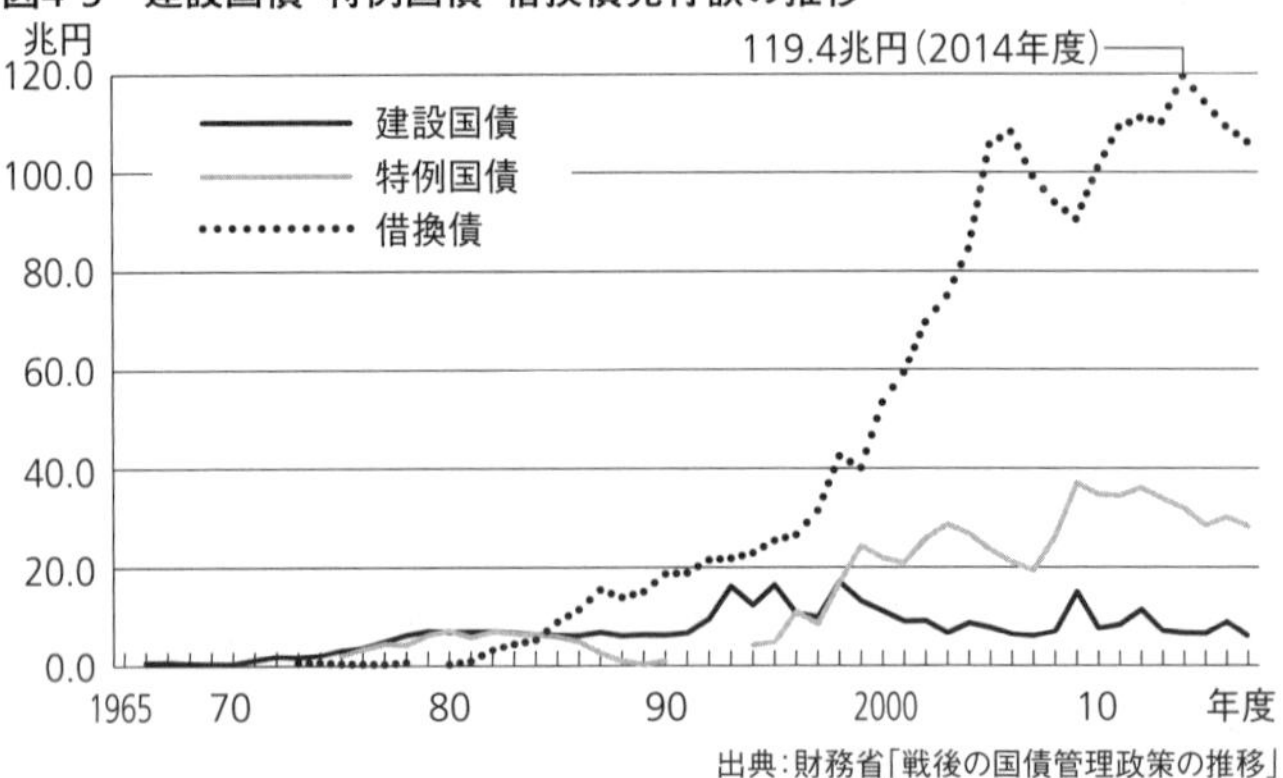

だ。なぜ1・6％なのかと言うと、1を60で割るとだいたい1・6％になるからだ。つまり、1・6％ずつ元本を返していくと、60年ぐらいで返済が終わる（厳密に言うと、微妙に足りない）。

太　建設・特例国債の元本については、毎年総額の1・6％しか返さないのか……気が遠くなる話だね。

モ　うん。そして、この60年間繰り返す借り換えのために発行されるのが借換債だ。建設・特例国債と借換債の発行額の推移を示した**図4－5**のグラフを見てみよう。

太　借換債の発行額が突出しているね。一番多い2014年度で約120兆円も発行されている。2010年度以降ずーっと100兆円を超えているね。

モ　そう。次に借換債も含めた、すべての国債発行額の推移を示した**図4－6**のグラフを見てみよう。

図4-6　国債発行総額の推移

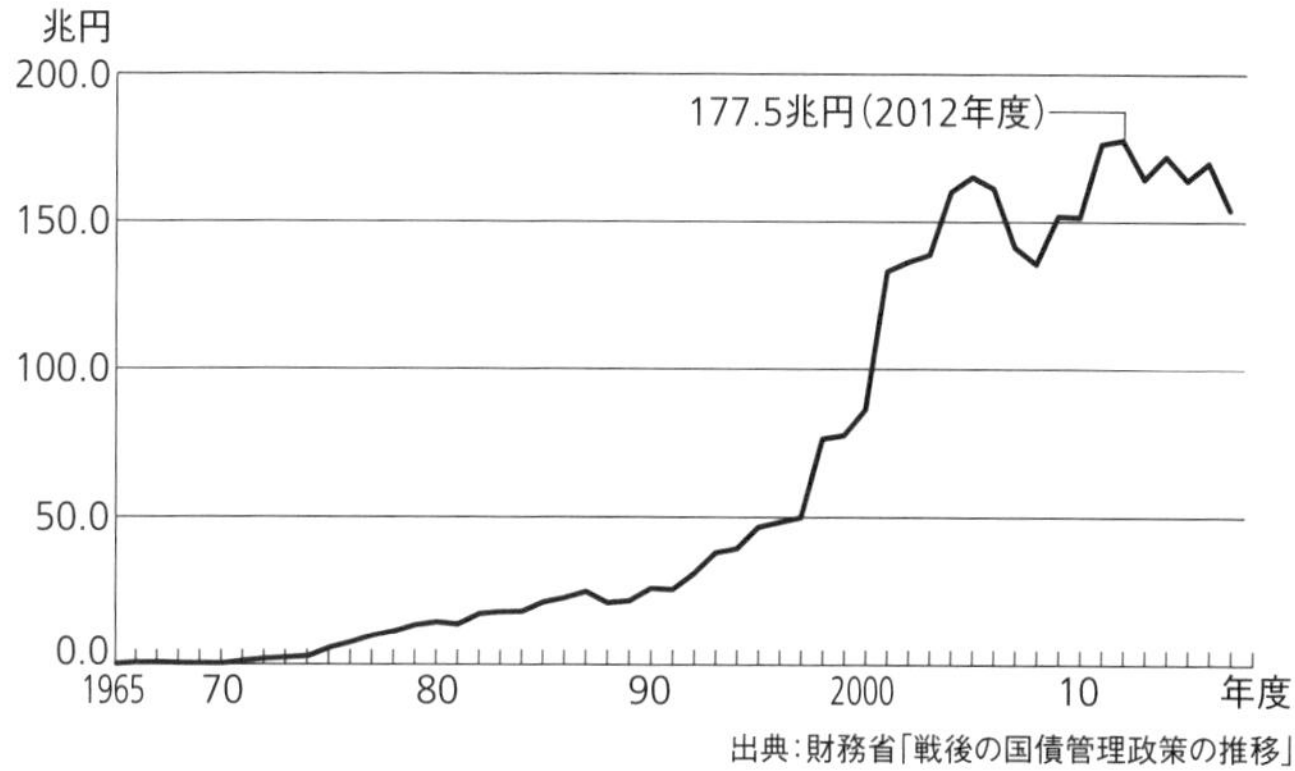

出典：財務省「戦後の国債管理政策の推移」

太　一番多い時で180兆円近く発行されているのね。こんなの、よく持つね。どういう仕組みでこんな発行額を維持できるの。

国債発行の仕組み

モ　じゃあ次に国債発行の仕組みを見てみよう。ここで、話を単純化するために、償還期限（お金を返すまでの期限）が1年間の国債を前提に考えてみよう。

国は、この国債を例えば「額面100円、表面利率1%」という形で売りに出す。それに対し、国債を欲しい投資家（銀行や保険会社など）が購入価格を入札していく。そして、入札価格の高い方から国債が割り当てられていく。例えば、99円で落札できれば、99円を支払って「額面100円、表面利率1%」の国債を入手できる。国には99円が入る。

太　へ〜。元本100円で買うってわけでもないのね。

モ　そう。例えば102円で落札されるような場合もある。

太　ウソでしょ。元本と利息を合わせて101円なんだから、102円で入札したら1円損するじゃん。そんなアホな投資家いないでしょ。

モ　それがそうでもない。そういう異常現象がつい最近起きた。それは後で説明しよう。

さて、額面100円、利息1%、償還期限1年の国債を99円で購入できたら、最終的にいくら儲かる？

太　99円で購入して、最終的に101円返ってくるんだから、2円儲かるね。

モ　そう。その「儲かったお金」の「投入金額に対する割合」を「利回り」というんだ。この例で言うと、利回りは2円÷99円≒約2%ということになる。

太　自分が払ったお金が何%増えるかってことね。

モ　そう。利回りが2%だったら、投入したお金が2%増えて返ってくるということだ。では、仮に額面100円、利息1%、償還期限1年の国債を80円で落札できたら、どうなる？

太　21円も儲かるね。利回りは約26%か。購入価格が安くなればなるほど、「額面＋利息」

との差額が大きくなって儲けが大きくなるということだね。

モ　そう。そこが最も重要な点だ。つまり、国債は購入する時の価格が安くなればなるほど、その分儲けは増える。最終的に戻ってくるお金との差額が増えるからね。つまり、利回りが上がるということだ。逆に、購入する時の価格が高くなればなるほど、最終的に戻ってくるお金との差額が少なくなって儲けは減り、利回りは下がる。

太　価格が下がると利回りが上がり、価格が上がると利回りが下がるのね。国債の価格と利回りは逆に動くということか。どういう時に国債の価格が下がるの？

モ　例えば、国の借金返済能力が危うくなった時だ。国債を買っても本当に償還されるかどうかわからなくなるので人気がなくなり、価格が下がる。その分利回りは上昇する。

太　ハイリスク・ハイリターンになるということか。

モ　そう。そこが一番重要な点だからよく覚えておいて。さて、国債は国債を発行する「発行市場」と、発行された国債を転売する「流通市場」がある。

太　流通市場は、国債の償還を待たずに現金化したい投資家なんかが転売するわけ？

モ　そう。国債の償還期限は最短2カ月から最長40年まであるけど、償還前に現金が必要になることもあるからね。そして、流通市場における新発10年国債の利回りが、「長期金

図4-7　長期金利(年平均)の推移

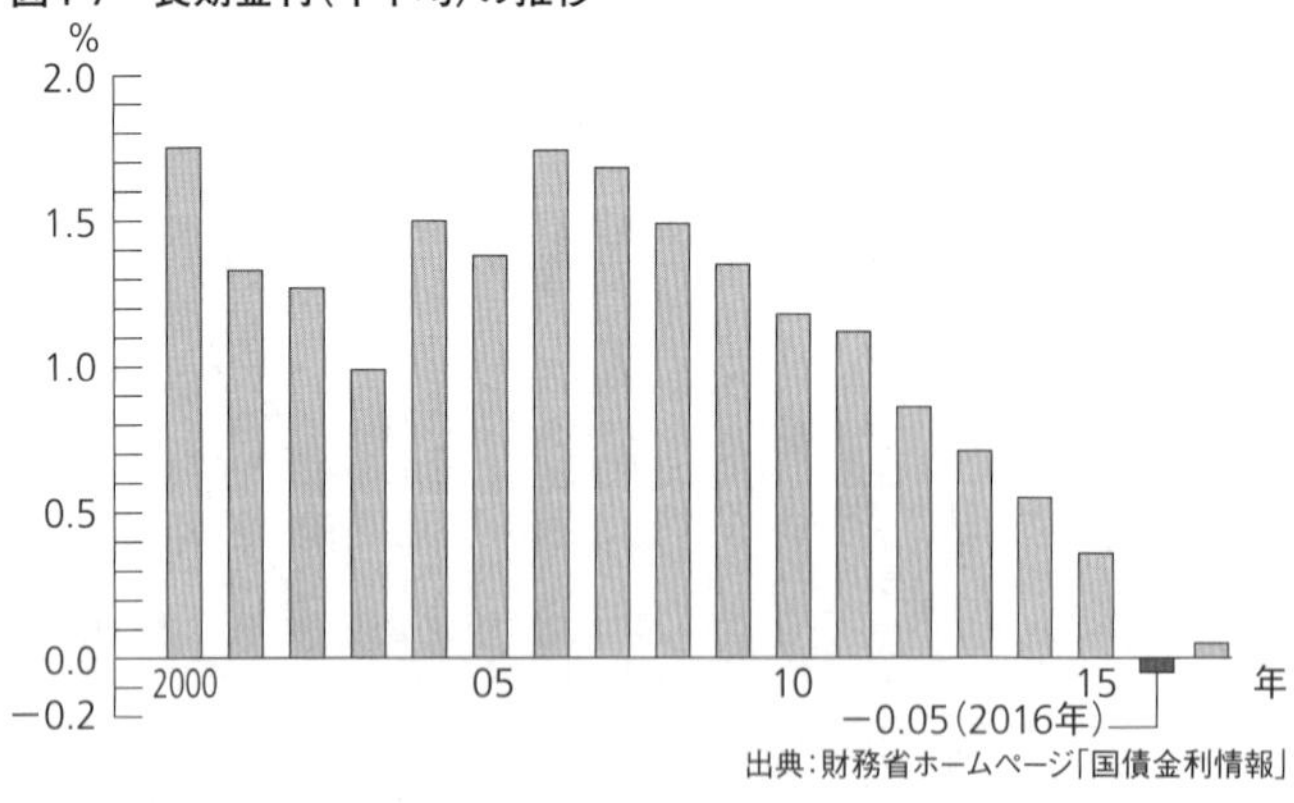

出典:財務省ホームページ「国債金利情報」

利」と呼ばれて、代表的な金利の指標になっている。この長期金利が、銀行などが民間企業にお金を貸す際の金利なんかにも影響する。長期金利が上下すれば、だいたいそれに合わせて銀行などの貸出金利も上下する。ニュースで「金利が上がる」とか話をしている時は、「長期金利」のことを意味していると言っていい。では、その長期金利の推移を示した**図4-7**のグラフを見てみよう。

太　ずっと下落傾向なんだね。あれ？　2016年はマイナスになってるよ。投資したお金が増えるどころか減っちゃうって意味だよね。これウソでしょ。そんなアホな投資家いないよ。

モ　それがいるんだよ。日銀が国債を買いまくっているせいで、こんな現象が起きている。日銀の国債爆買いについては第5章で詳しく説明する。なお、201

図4-8　10年国債の表面利率・応募者平均利回りの推移

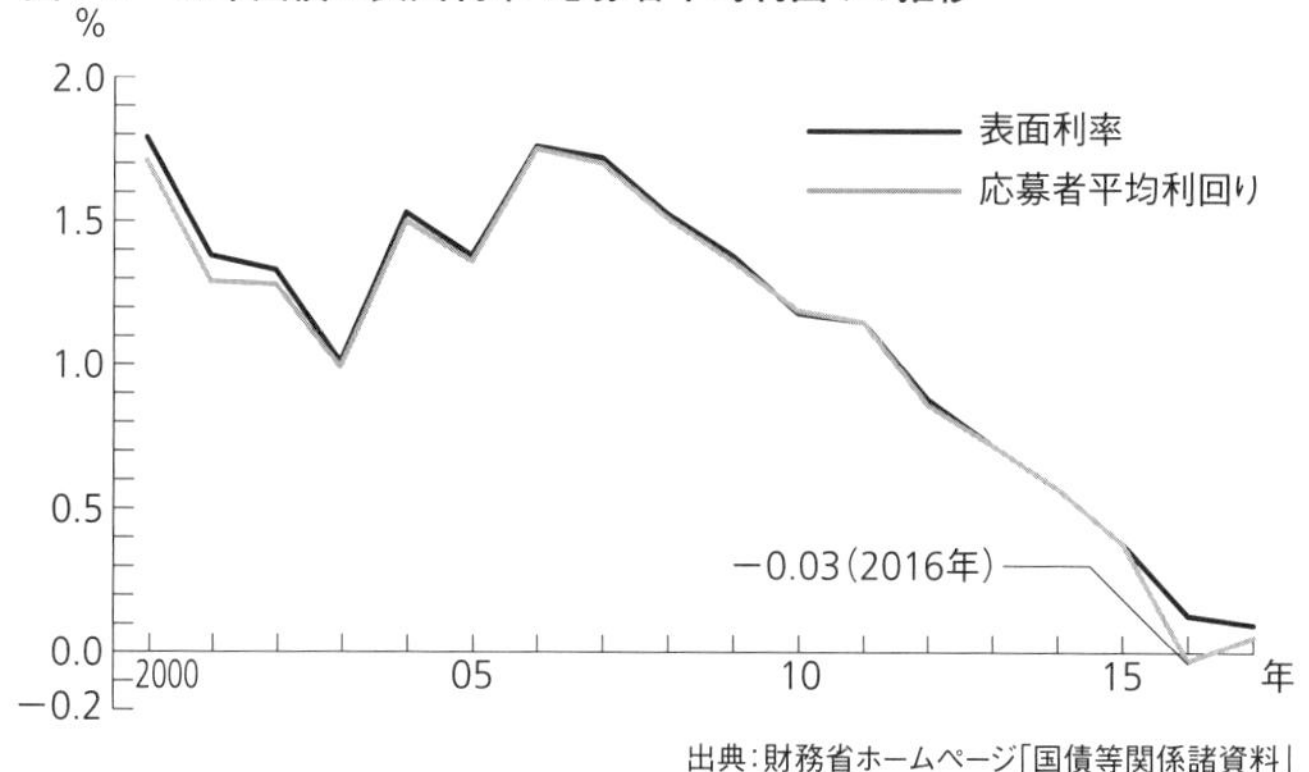

出典：財務省ホームページ「国債等関係諸資料」

7年に長期金利が少し上がっているのは、日銀が国債買入れのペースを落としたからだ。こうやって金利が異常に下がっているということは、逆に言うと国債の値段が異常に上がっていることを意味している。異常な現象は発行市場でも起きている。発行市場での表面利率と、応募者平均利回りの推移を示した**図4-8**のグラフを見てごらん。なお、応募者平均利回りというのは、国債を落札した人が得る平均的利回りのことだ。

太　あ……2016年の応募者平均利回りもマイナスになっている。これ、額面と利息を足した額よりも高い額で国債を落札しているってことだよね。損するじゃん。

モ　そう。ここで2015〜16年にフォーカスした**図4-9**のグラフを見てみよう。これは発行日ごとの表面利率と応募者平均利回りを示すものだ。

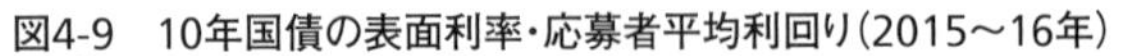
図4-9　10年国債の表面利率・応募者平均利回り（2015～16年）

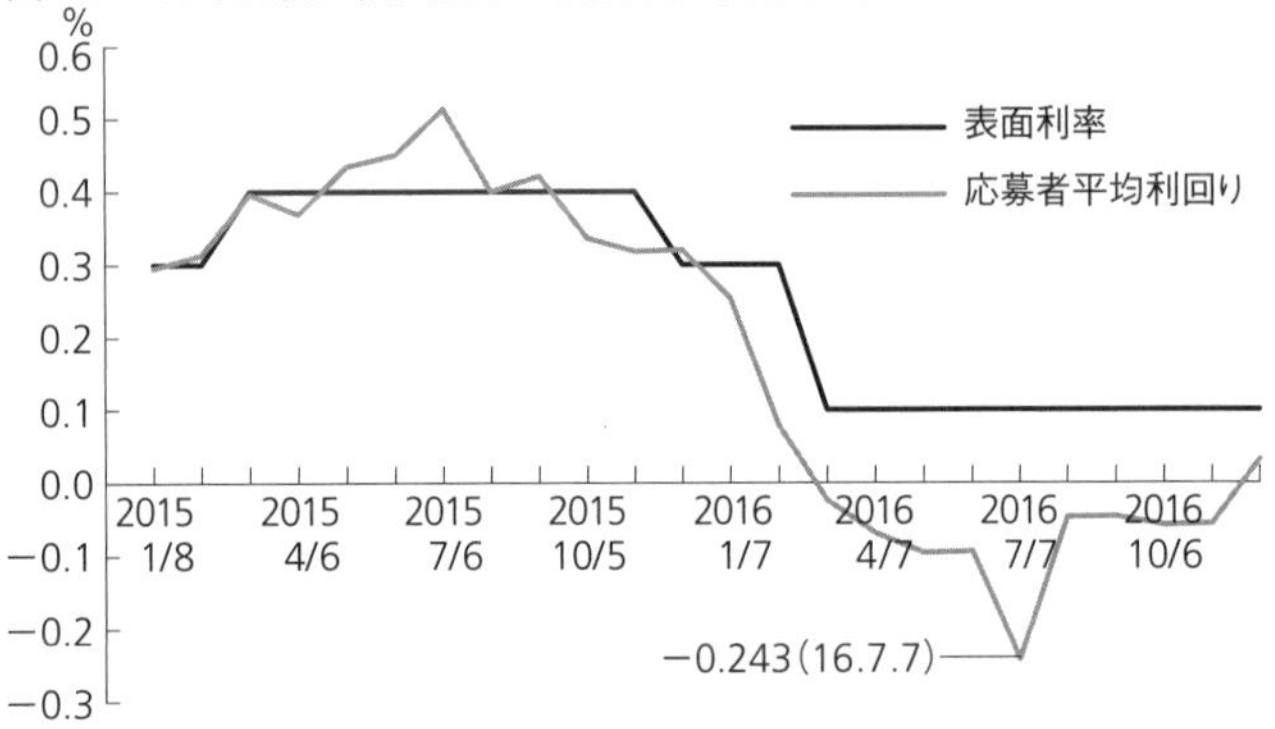

出典：財務省ホームページ「国債等関係諸資料」

太　表面利率は０・１％で下げ止まりしているね。さすがに表面利率はマイナスにならないんだな。だけど応募者平均利回りは下がり続けて、一番低い時はマイナス０・２４３％まで下がっている。こんなの損するだけじゃん。

モ　そう。どうしてこんな現象が起きると思う？

太　さっき、日銀が流通市場で国債を買いまくっているって言ってたよね。損するような値段で国債を買っても、もっと高い値段で日銀に転売できるからかな？

モ　それが一番大きな理由だろう。話を単純化して償還期限１年の国債で考えてみよう。額面１００円、利息１円の国債を１０２円で購入して、それを１０３円で日銀に売るような現象が起きているということだ。

太　日銀は満期まで国債を持っていても、損をすることになるね。

表面利率と長期金利は連動する

モ　そう。さて、何かのきっかけで長期金利、つまり流通市場における金利が上がった場合を想定してみよう。例えば、残存期間1年、額面100円、表面利率1％の国債の価格が暴落（つまり、利回りが急上昇）して、80円になったとしよう。利回りはいくらになるかな。

太　前にも同じ計算したけど、最終的に返ってくるお金の額が101円、それを80円で買えるんだから、儲けは21円だよね。そうすると、利回りは約26％だね。

モ　うん。さて、流通市場がそんな状態の時に、新しく償還期限1年の国債を額面100円、表面利率1％で発行するとしよう。君ならいくらで入札する？

太　高くても80円だね。だって流通市場で残存期間、額面、表面利率が同じ債券が80円で買えるんだから。それ以上の額は出す気にならない。

モ　そうだよね。でもそうすると、国としては、調達しようとする100円に20円足りない結果になる。つまり調達できるお金の額が減ってしまうということだ。それだとやっていけないね。さてどうすればよいだろう？

太　う～ん。あ！　表面利率を上げて、流通市場の利回り以上になるようにすればいいんじゃない？　例えば表面利率を26％にするとか。

モ　そうだね。それを１００円で落札すれば、利回りは26％だ。流通市場の債券と同等以上に儲かることになるから買い手がつくだろう。つまり、目的の１００円で買ってもらえるということだ。

太　そうか。流通利回りと同じような表面利率にしないと、目的の金額を調達できなくなっちゃうということだね。

モ　そのとおり。新発10年国債の表面利率と長期金利の推移を示した**図４-10**のグラフを見てごらん。

太　ほぼ同じ動きをしているね。２０１６年だけ差がついているけど。

モ　長期金利が日銀の爆買いの影響でマイナスになってしまったからね。表面利率をマイナスにすることはさすがにできない。だから差が開いている。それ以外はほぼ同じだ。さて、日銀が爆買いを止めたら何が起きるか予想できるかな？

太　大口の買い手がいなくなるから、国債の値段が暴落するんじゃないの。

モ　そうだね。では、国債の値段が暴落すると、表面利率はどうなるかな。

太　国債が暴落したら流通市場の金利が跳ね上がるだろうから、それに合わせて発行市場での表面利率も上がるだろうね。そうすると……日本が払わなければいけない利息が増え

図4-10　表面利率・長期金利の推移

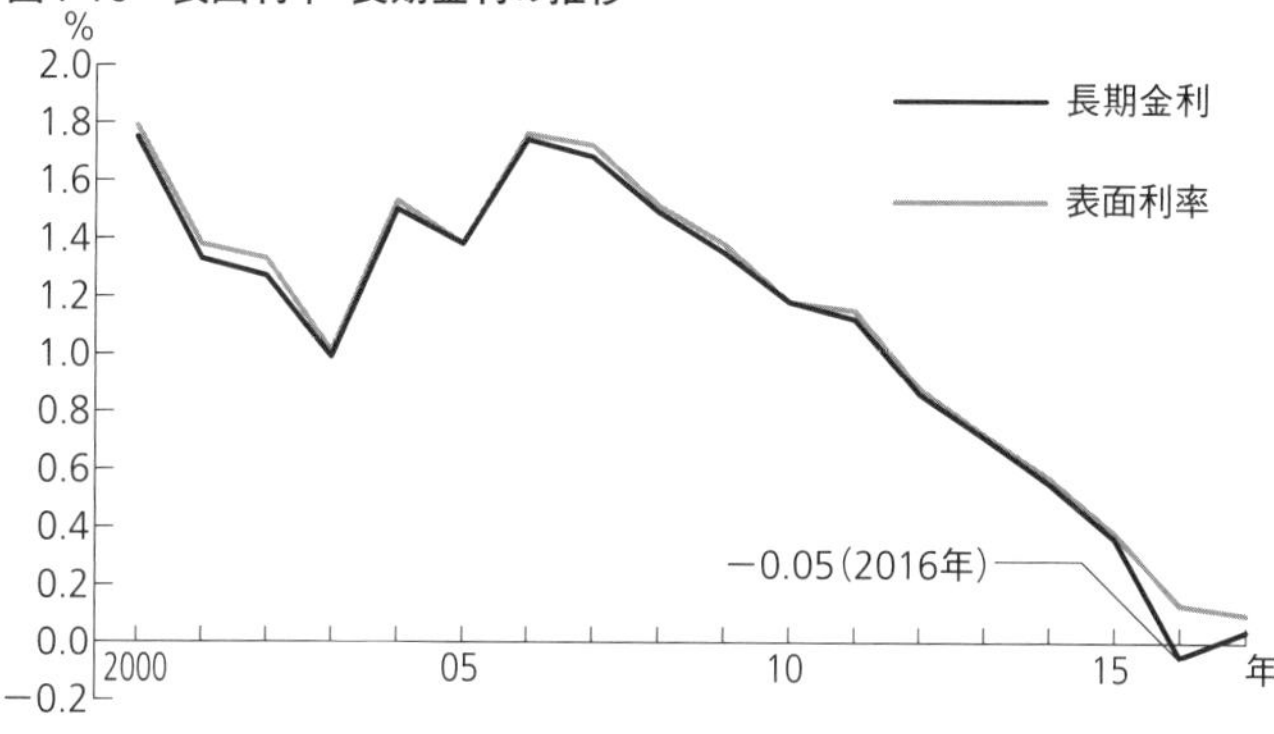

出典：財務省ホームページ「国債金利情報」「国債等関係諸資料」

るということか。

モ　そのとおり。今は金利が低い状態だから利払費も少なくて済むけど、金利が跳ね上がったら利払費が増えてとんでもないことになる。ここで、国の利払費と金利の推移を示した**図４－11**のグラフを見てみよう。

太　金利が一貫して低くなっているね。そのおかげで、公債残高は超伸びているのに、利払費が横ばいになってる。

金利が急騰したらオシマイ

モ　そう。図４－11のグラフで見ると、公債残高は約900兆円。金利が１％上がるだけで大事件だ。金利が上がると、**古い国債が新しい金利の借換債にどんどん入れ替わっていき、そのうち全部が新しい金利の国債になる。**財務省によると、今の国債の平均償還期限

図4-11　利払費と金利の推移

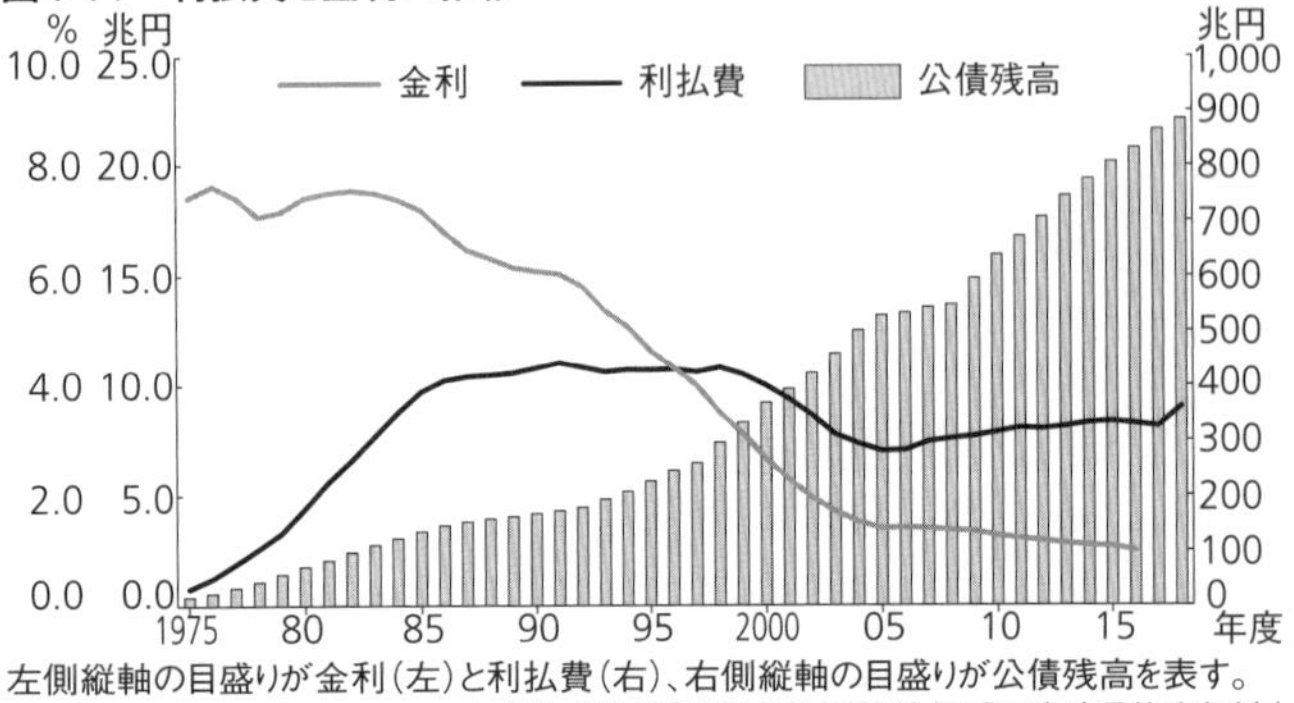

左側縦軸の目盛りが金利(左)と利払費(右)、右側縦軸の目盛りが公債残高を表す。
(注)和暦を西暦に修正。　　出典:財務省「我が国の財政事情(平成30年度予算政府案)」

が９年くらいと言われているから、９年あればかなりの部分が新しい金利に入れ替わるだろう。そうすると利払費がとんでもないことになる。例えば、残高９００兆円を前提に、全部の国債の金利が今より１%上がったとすると、９兆円利払費が増える。

太　そりゃあとんでもない事態だ……元本がただでさえ特大なのに、利払費まで増えたら到底払えないね。なんで今は、利率がこんなに低い水準になってるの？

モ　２０１３年以降は日銀による国債爆買いの影響が大きいが、それ以前は金融機関にとって有力な投資先がなかったからだ。日本の経済成長が頭打ちになり、お金を借りたいという需要が減ってしまった。かといって、金融機関はお金をそのまま持っていても増えないから、どこかに投資しないといけない。そこで、とりあえず国債に投資しておこう、国なら潰れないから

図4-12　2019（令和元）年度「一般会計歳出」

（単位：億円）

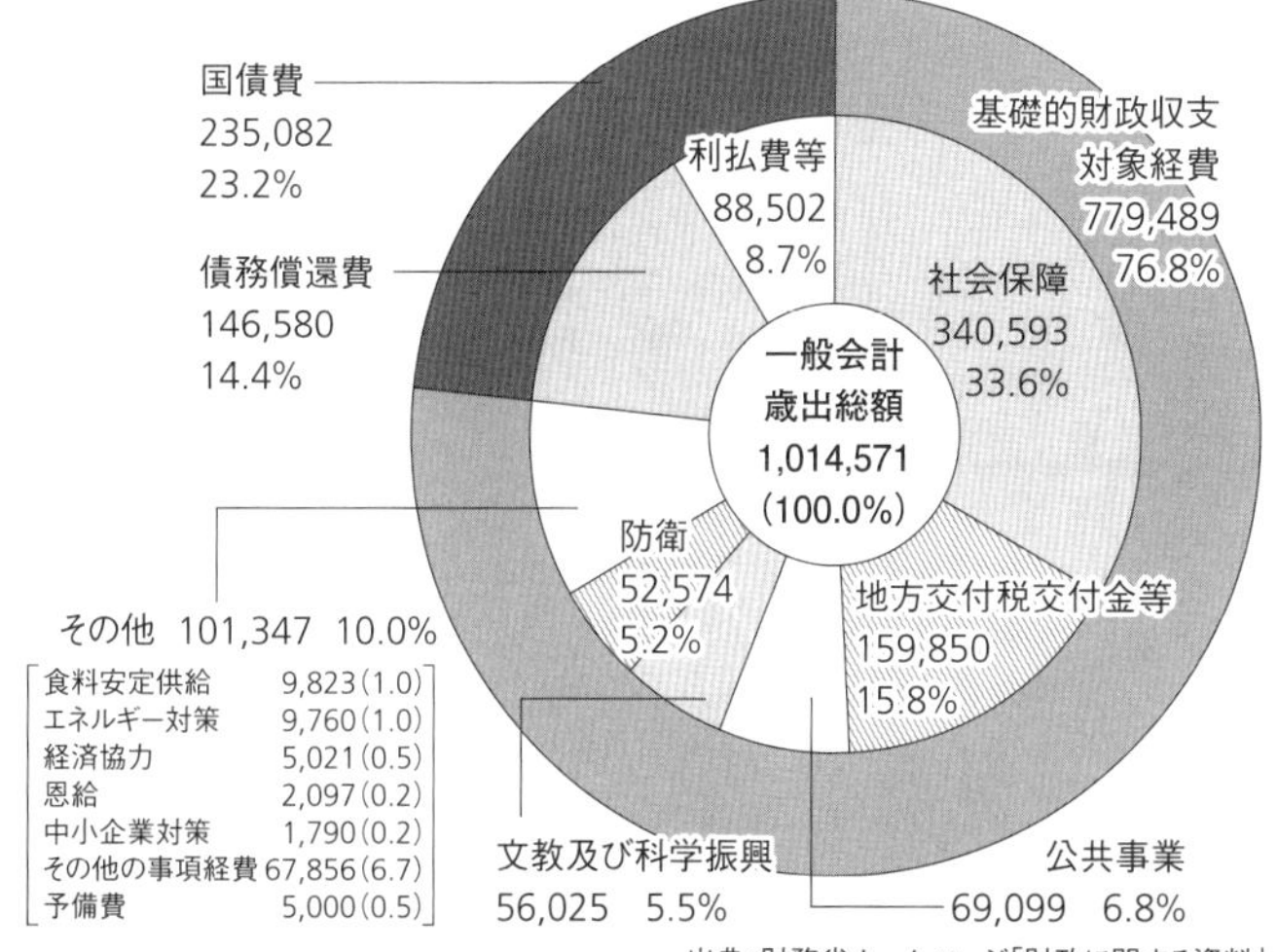

出典：財務省ホームページ「財政に関する資料」

(注1) 臨時・特別の措置2兆280億円を含む。
(注2) 計数については、それぞれ四捨五入によっているので、端数において合計とは合致しないものがある。
(注3) 一般歳出*における社会保障関係費の割合は55.0%。
*「一般歳出」(=「基礎的財政収支対象経費」から「地方交付税交付金等」を除いたもの)は、619,639(61.1%)。

図4-13　2019（令和元）年度「一般会計歳入」

（単位：億円）

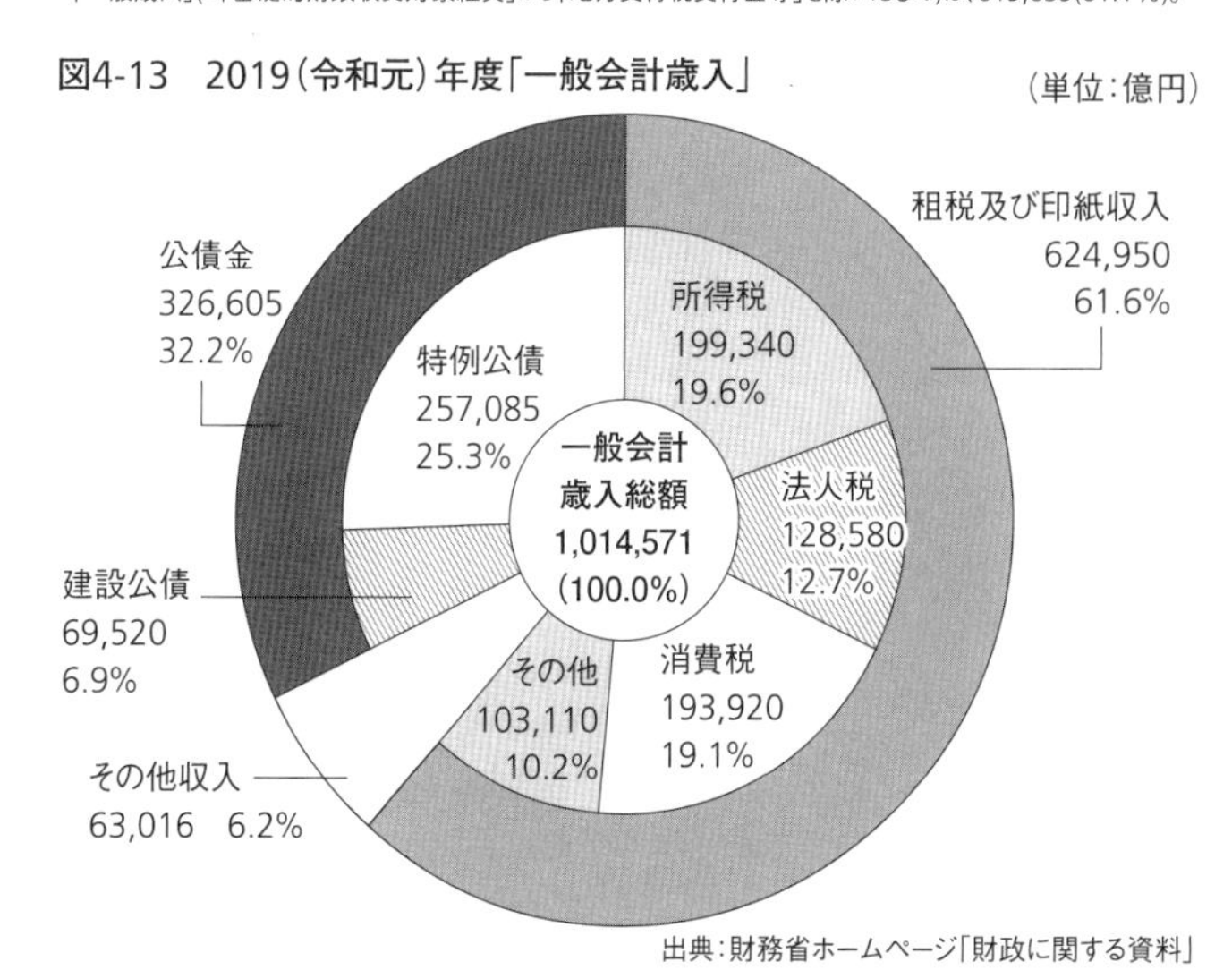

出典：財務省ホームページ「財政に関する資料」

安心だろう、とみんなが考えて国債がたくさん購入された。たくさん購入されるということは、人気があるということだから、当然値段は上がり、その反面、金利は下がっていく。

ここで、2019(令和元)年度の一般会計予算を見てみよう。一般会計というのは、政府の「メインの財布」だと思えばよい。まずは歳出から。**図4-12**のグラフだ。

このうち、借金返済の費用である「国債費」を除いた分が、基礎的財政収支対象経費と呼ばれる。この費用が、基本的にその1年で国がやろうとすることを賄う費用になる。これが約78兆円ある。次に、歳入の方を見てみよう。**図4-13**のグラフだ。

歳入101兆4571億円のうち、借金(公債金)を除く収入は68兆7966億円だ。

太　そうすると、仮にその収入を全部基礎的財政収支対象経費約78兆円に充てたとしても、約9兆円足りないね。

モ　その前提だと、国債費はどうやって払っていると思う?

太　借金で払っているよね。新しい借金で古い借金の元本と利息を払っている。

地獄の金利上昇スパイラル

モ　そうだ。だから金利が上がって利払費が増えた場合も、結局全部借金で払うはめになる。つまり、金利が上がるということは、日本の借金が増えるということだ。では、日本の借金が増えたら、日本の借金返済能力に対する信頼はどうなるだろう。

太　当然下がるよね。借金って、増えれば増えるほど返すのが難しくなるもん。

モ　そうだね。そうすると、国債の人気が下がって、国債価格が下がり、その反面、金利が上がることになる。さて、金利が上がるということはどういうことかな。

太　さっき君が言ったとおり、国債費を払うための借金がさらに増えるということだね。そうするとさらに返済能力に対する信頼が下がって、金利が上がっちゃうね。そうなると、さらに借金が増えて……あれ、止まらないんじゃないのこれ……。

モ　そう。つまり、**金利上昇→借金増大→日本財政の信頼低下→金利上昇→借金増大→日本財政の信頼低下→金利上昇……という地獄のスパイラルが発生する可能性がある。**だから、金利が上がるというのは日本財政にとって大事件なんだ。

　最初は少しの上昇でも、それがこの地獄のスパイラルに至ってしまった場合、どんどん金利が上がっていく恐れがある。そうやって市場に不安が広がった場合、国債がどんどん売られてしまうだろう。そのままだと、いずれ新規発行国債が売れ残る「未達」が起きる。それはつまり借り換えができないということだから、償還日に約束どおりのお金を払えないデフォルト（債務不履行）になってしまうだろう。

太　いざとなったら日銀に国債を買ってもらえば、デフォルトは避けられるんじゃないの？

モ　そのとおり。しかし、それで形式的にデフォルトを避けられたとしても、今度は円の価値が下がってしまう。具体的には、為替市場において円の価値が大きく下がってしまうだろう。

管理通貨制度は、「通貨が増えすぎない」という信頼の上に成り立っている

金本位制の時代とは異なり、管理通貨制を採る今では、中央銀行が適切に発行量を調節しないと、通貨が増えすぎてその価値が落ちてしまう。つまり、**現代の通貨制度は「通貨が増えすぎない」という信頼の上に成り立っていると言ってよい。**ところが、中央銀行が政府の発行する国債を直接引き受けたら、間違いなく通貨の発行量は増えすぎて、通貨の価値が下がる。それは歴史が証明している。そしてそれが急激な物価上昇を引き起こす。

なんで直接引受をするとインフレになってしまうのか、具体的に考えてみよう。前章でも言ったとおり、政府支出を全部税金で賄えば、いったんマネーストックが税金の分減る。

しかし、それがまた政府支出で戻ってくるから、結局財政支出によってマネーストックは増えない。ところが、中央銀行に国債の直接引受をさせて財政支出を行うと、確実にマネーストックが増える（なおマネタリーベースも増える）。「徴税でいったんマネーストックが減る」ということがないからだ。マネーストックが増えるということは、みんなが持っているお金が増えるということだ。それは物価上昇をもたらす。そしてここから先が重要だが、物価が上昇すると、政府支出もその分増やさなければならない。

例えば物価が2倍になったのに、政府支出の額が以前のままだったら、全然お金が足りなくなるだろう。しかし、上昇した物価に合わせて政府支出を増やせば、その分またマネーストックが増え、物価が上昇する。

太　つまり、支出増やす↓物価上がる↓上がった物価に合わせて支出増やす↓物価上がる↓上がった物価に合わせて支出増やす↓物価上がる……という無限ループが発生するわけね。

モ　そう。だから、どの国も中央銀行による国債の直接引受を禁止している。当然、為替市場に参加している投資家たちはこの仕組みを理解しているから、直接引受なんてやったら、**みんな将来の通貨急増を予想し、円売りに走るだろう。**そうすると円が暴落して円安が進む。**みんなが同じことを考えれば、実際にそのようになってしまう。**円が安くなれば、その分輸入品の価格が上がるから、物価が急上昇する。

もし手の付けられないような極端なインフレになった場合、それは自国通貨建ての借金を踏み倒すのと一緒だ。物価が10倍になれば借金は10分の1、100倍になれば100分の1になるのと同じだからね。そうすると、政府は莫大な債務を一気に圧縮できる一方、国民は一生懸命貯めたお金を没収されるのと同じになる。**これは極端な増税をして税を取られるのと変わらない。だから、インフレは「インフレ税」などと呼ばれている。**

太　そうか。お金がちゃんと返ってくるとしても、インフレが進んでそのお金の価値が10分の1とか100分の1になっていたら、確かに踏み倒されたのと同じだね。それ、実質的に見ればデフォルトじゃん。

モ　そう。債務が膨らみすぎて借金の返済サイクルが維持できなくなった場合、**最終的にはその国の通貨の暴落という形で、自国通貨建て債務が事実上踏み倒される現象が起きる。**

この債務が大きく膨らむ要因の一つとして、戦争が挙げられる。短期間に膨大な借金が積み上がるからね。しかし、今は戦争の代わりに、社会保障費が原因で膨大な借金が積み上がっている。政府債務の対GDP比の推移を示した、**図4-14**のグラフを見てみよう。

図4-14　我が国の政府債務残高の名目GDP等に対する推移

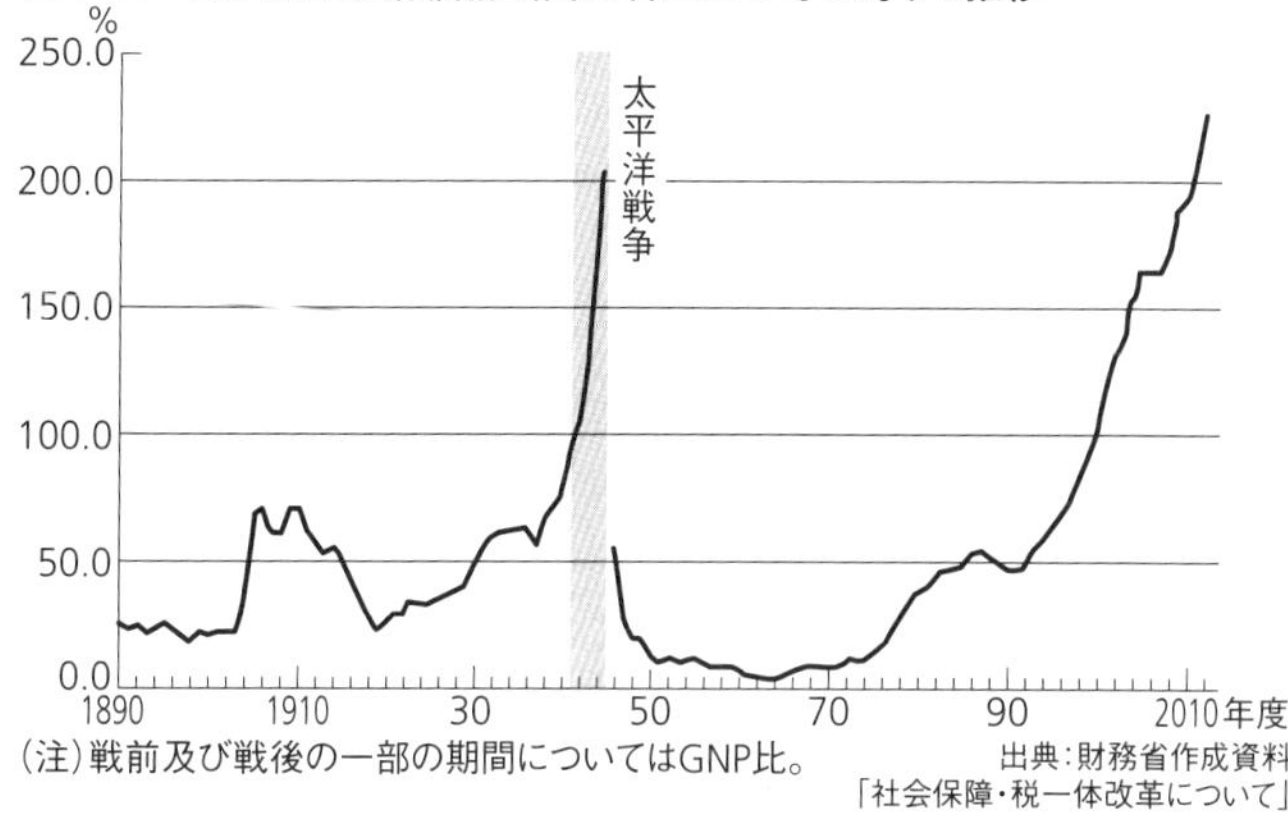

太　太平洋戦争末期は200%を超えていたけど、今もすでに200%を超えているのね。

モ　そうだ。そして、戦後急激に政府債務残高対GDP比が落ちているのがわかるだろう。これは激しいインフレが原因だ。戦争中に日銀に直接引受をさせ、戦争直後もそれを続けたことで通貨が市中に過剰供給された。さらに、復興需要に対応するための、復興金融金庫からの貸し出しがそれに拍車をかけた。この金庫は要するに日銀から直接借金をして、戦後の復興資金を貸し出していたんだ。その貸出金が市中に出回って、お金が溢(あふ)れかえるような状態になった。ここで終戦時の1945年を100とした卸売物価指数を見てみよう。**図4-15**のグラフだ。

太　1951年には指数が1万ポイント近くまで上がってるじゃん。これ、1945年と比べて物価が

図4-15　戦前戦後卸売物価指数

1945年＝100とする指数。

出典：新版『日本長期統計総覧』第4巻「17-1　戦前基準総合卸売物価指数ー総平均（明治33年～昭和60年）」

１００倍くらいになっているってことだよね。

モ　そうだ。この現象について、戦争が終わって極端なモノ不足になり、供給に対して需要が増えすぎたことが主な原因と主張する人もいるが、それだけではない。モノの需要と供給によって、物価が上下することは確かだが、**このような「異常なインフレ」はそれとは別だ。**「通貨の過剰供給」という要素を無視したらこの現象は説明できない。

その証拠に、１９５１年あたりから急に物価の上昇が止まっているでしょ。これは、１９４９年２月から「ドッジ・ライン」と呼ばれる財政金融引き締め政策を行って、**市中へ新たに供給される通貨を急激に絞ったからだ。**特に復興債の引き受けを禁じたことが大きかった。しかし、その代わりに新しいお金が供給されなくなった。すると、今度はお金が全然足りなくなって景気が悪化し、失業が増えた。このように、**通貨供給を絞ってインフレを鎮圧した後に訪れる不況を、「安定恐慌」という。**安定恐慌は、極端なインフレに襲われた国がそこから脱出する際に共通して見られる現象だ。

この安定恐慌に耐えなければ通貨は安定せず、その先の経済成長は望めない。しかし、政治家は目先の人気取りを優先して、通貨を大量供給してその場しのぎをすることを選んでしまう。極端なインフレは、通貨の過剰供給を止めれば急激に沈静化するが、この安定恐慌を恐れて、簡単にはそれを実行できない。

太　でもさ、そんな極端なインフレが起きるのって、やっぱり戦争の時だけなんじゃないの。

戦争以外でも極端なインフレは何度も発生している

モ　いや、違うよ。1800〜2008年の間における、中南米諸国の最高インフレ率とその年などをまとめた**図4－16**の表を見てみよう。

太　年率1万%を超えているのが、1985年のボリビアと1987年のニカラグアか。ほかにもペルーは1990年に7481・7%、アルゼンチンは1989年に3079・

図4-16　19世紀以降の最高インフレ率（中南米）

国名	対象期間開始年	高インフレ期間の比率（%）		ハイパーインフレ発生件数	最高インフレ率（年率）	最高インフレを記録した年
		20%以上	40%以上			
アルゼンチン	1800	24.6	15.5	4	3,079.5	1989
ボリビア	1937	38.6	20.0	2	11,749.6	1985
ブラジル	1800	28.0	17.9	6	2,947.7	1990
チリ	1800	19.8	5.8	0	469.9	1973
コロンビア	1864	23.8	1.4	0	53.6	1882
コスタリカ	1937	12.9	1.4	0	90.1	1982
ドミニカ共和国	1943	17.2	9.4	0	51.5	2004
エクアドル	1939	36.8	14.7	0	96.1	2000
エルサルバドル	1938	8.7	0.0	0	31.9	1986
グアテマラ	1938	8.7	1.4	0	41.0	1990
ホンジュラス	1937	8.6	0.0	0	34.0	1991
メキシコ	1800	42.5	35.7	0	131.8	1987
ニカラグア	1938	30.4	17.4	6	13,109.5	1987
パナマ	1949	0.0	0.0	0	16.3	1974
パラグアイ	1949	32.8	4.5	0	139.1	1952
ペルー	1800	15.5	10.7	3	7,481.7	1990
ウルグアイ	1871	26.5	19.1	0	112.5	1990
ベネズエラ	1832	10.3	3.4	0	99.9	1996

出典：『国家は破綻する——金融危機の800年』（カーメン・M・ラインハート、ケネス・S・ロゴフ著／村井章子訳／日経BP社）を基に作成。

5%、ブラジルは1990年に2947・7%。1980年代以降だけでも、こんなに極端なインフレが発生しているのね。

モ　うん。この表では年率500%以上の極端なインフレをハイパーインフレとしている。100%のインフレで物価が2倍になることを意味するから、500%だと物価が6倍になるということだ。100円のジュースが600円になる計算だね。その発生件数を見ると、対象期間内でアルゼンチンが4件、ボリビアが2件、ブラジルが6件、ニカラグアが6件、ペルーが3件もある。

最も高いインフレ率を記録した年は、戦争なんて起きてない。これは簡単に言えば、お金を借りすぎてそれを返せなくなったからだ。

外国からの借り入れも極めて多かったが、国内での自国通貨による借り入れもしていた。「返せないんじゃないか」と思われると、まずその国の通貨の価値が為替市場において下がり、輸入物価が上昇するのでインフレが発生する。それを何とか乗り切るために通貨の供給量を増やすと、余計に悪化する。この表はやや古い。つい最近の事例で言えば、この表においてハイパーインフレを起こしていないベネズエラが、猛烈なインフレに襲われている。IMF（国際通貨基金）の予測では、2019年内にインフレ率が1000万％に達するとも言われた。本当に正確なインフレ率はもはや誰にもわからないだろう。もちろん、ベネズエラでも戦争なんて起きていない。

ベネズエラの悲劇

モ　どうしてベネズエラがこんな状態になったのかと言うと、原油価格の下落がまず挙げられる。ベネズエラの外貨収入の95％は原油が占めており、ベネズエラ経済は原油によって支えられているといってよかった。ところが、この原油価格が大きく下落したことにより、原油によって得られる収入が大きく減った。

しかし、収入減少には価格以外も影響していた。ベネズエラでは1990年代に積極的に外資系企業が参入し、石油開発に最新の技術が取り入れられ、それが収入の増加につながっていた。ところが、「富裕層が外国石油資本と結びついて特権を得ている」とする批判が高まり、それを追い風にウゴ・チャベスが大統領になって以降、原油利益の多くを「ミシオン」と呼ばれる貧困者対策などの社会事業の原資に回すようになった。また、外資系企業に対しては、国営公社が6割以上の権益を持つよう2006年から再交渉を義務付け、外資系企業の資産を事実上接収した。

こうやって原油利益の多くが社会事業に回された結果、既存油田のメンテナンスや新規開発のための投資が原油収入の0・1%にまで減った。また、外資系企業が行っていた油田開発や重質油（比重が大きく粘りけの強い原油）のアップグレード技術も国営化によって止まってしまった（後にロシアや中国からの投資を受け入れた）。こうして原油生産量はピーク時の3分の1にまで減ってしまった。

つまり、価格が下落したことに加え、将来への投資にお金を回さなかったから、生産量も減ってしまったんだ。これで、国の経済を支える原油収入が大きく落ち込んでしまった。しかし、こんな状態になっても国民からの支持は得たいから、お金をばらまくことはやめたくない。そこで、単に通貨を刷ってばらまくことを続けるうちに、信じられないようなインフレを起こした。

太　通貨って、結局「価値」の交換物なんだよね。ベネズエラの場合、国が生み出す価値の大半を占めていたのは原油だった。原油が通貨に姿を変え、国民生活を支えていた。

しかし、その原油の価格、生産量が共に大きく落ち込み、生み出す価値が少なくなってしまった。それなのに、通貨の量だけを増やしてしまったから、通貨1単位と交換できる価値が落ちていき、極端なインフレを招いたということだね。

モ　そうだ。結局、**価値を増やせないのに、通貨だけ増やしてごまかそうとするとこういう現象が起きる。**財政難に陥った政府が、そうした行為に走ることは歴史上何度も繰り返されてきた。だから、国家財政に対する信頼が下がった場合、その国の国債と通貨の価値が暴落すると市場が予想し、現実に暴落して急激なインフレが起きる。そのインフレを通貨の供給増大という手段で乗り切ろうとすると、余計にインフレが悪化して、地獄のスパイラルが発生する。

株価だって、会社の経営が傾くと落ちるでしょ。通貨も同じだよ。その国の財政が危ないと思われたら、突然急落する。人の信用でのみ成り立っているからね。信用がなくなれば信じられないような落ち方をする。

最近の例で言うと２０１９年8月12日、アルゼンチン・ペソは一時15%安の1ドル＝53ペソと過去最安値を更新し、アルゼンチンが発行している１００年債はニューヨーク市場で一時27%も落ちた。これは、大統領選挙の予備選において、野党候補のアルベルト・フェルナンデス元首相が、予想外の大差をつけて首位に立ったからだ。

フェルナンデス氏は簡単に言えば、財政支出を増やして社会保障を充実させる政策を掲げている。要するに、彼が本当に当選すれば、財政が悪化する可能性が高い。それはつまり通貨の下落を意味するから、不安になった市場が、アルゼンチン通貨と国債を売りに走ったんだ。

太　アルゼンチンって、何度も通貨暴落を繰り返しているのに、同じようなことするのね。

モ　そうだね。結局財政の仕組みはわかりにくくて、多くの国民は理解できない。だから、「お金をたくさん使って皆さんの生活を楽にします」と言われたら、信じてしまう人が多いのだろう。**それは結局通貨の暴落を招いて、逆に国民生活を苦しくさせるだけなんだけどね。**何度も通貨暴落で苦しんでいるアルゼンチンですら、バラマキを公言して財政を確実に不安定にさせるであろう指導者を支持してしまう。

　では次に、現在日本が行っている金融政策について見てみよう。

第5章　アベノミクスが円を殺す

異次元の金融緩和

モ　現在、安倍晋三政権は「アベノミクス」と呼ばれる経済政策を実行している。これは、①大胆な金融政策、②機動的な財政政策、③民間投資を喚起する成長戦略という「3本の矢」を柱としているが、事実上は①の大胆な金融政策に尽きると言っていい。大胆な金融政策というのは、日銀が民間銀行などから大量に国債を購入し、お金を大量供給することだ。「異次元の金融緩和」と言われている。ピーク時には年80兆円のペースでマネタリーベースが増加するよう買入れをしてきたが、今は少しペースが落ちている。さっきも言ったとおり、日銀は民間銀行との間で国債を売買することによってマネタリーベースを調整し、それを利用して金利を上げ下げしている。マネタリーベースが増えれば、お金の希少価値が下がり、金利も下がる。逆に減れば、お金の希少価値が上がり、金利も上がる。

太　金利が下がれば、借金しやすくなる。借金が増えるということは、預金通貨が増えるということだよね。逆に、金利が上がれば、借金がしにくくなり、預金通貨の増える速度が落ちる。

モ　そう。そして、預金通貨が増えれば、みんなの持っているお金が増えるということだから、物価が上がりやすくなる。逆に、預金通貨が増えなければ、みんなの持っているお金が増えず、物価は上がりにくくなる。

太郎、例えば君が1000万円を銀行から借りて何か商売を始めたとしよう。翌年、物価が2倍になっていたら、君の借金の負担はどうなるかな。

太　物価が2倍になれば、単純に考えて僕が売る商品の値段も倍になるから、返済は楽になるんじゃないの。

モ　そうだ。物価が上がれば借金の返済は楽になる。例えば物価が10％上がれば、実質的に言って金利が10％下がるのと同じなんだ。このように、物価を考慮した金利のことを実質金利という。実質金利の計算式は次のとおりだ。「実質金利＝名目金利－予想物価上昇率」。なお、名目金利というのは見たままの金利のことだ。

太　じゃあ名目金利が2％で、予想物価上昇率が3％だったら、実質金利はマイナス1％ということだね。返す時には実質的に減っているということか。

モ　そう。今まで見てきたとおり、日本はバブル崩壊と、その後に生じた金融危機の影響を受けてずっと景気が悪い状態だった。そこで、景気を良くしようとしてどんどん金利を下げていって、ほとんどゼロに近い状態になってしまい、それ以上下げられなくなった。

ところが「大規模な金融緩和をして予想物価上昇率を上げれば、実質金利はマイナスにできる」と提唱する人たちが現れた。このように、積極的な金融緩和をして物価を上げていけば景気が上がると提唱する人たちは、「リフレ派」と言われている。「リフレ」というのは「リフレーション（再膨張）」の略だ。

太　名目金利は、さすがにゼロ以下にできないよね。貸した方が損することになるから。でも物価上昇を考慮して実質的に考えれば、マイナスにできるということね。

だけどそれってちょっと考えるとおかしくない？　貸す方も馬鹿じゃないんだから、物価が上昇するって予想したら、名目金利を上げて、実質金利がマイナスにならないようにするんじゃないの？

モ　そのとおりだ。だから、この発想は根本的に間違っていると言えるんだが、とにかく開始された。世界中が驚くような異次元の規模でね。日銀は当初「2年で前年比2％の物価上昇を目指す（消費増税の影響を除く）」と宣言していた。注意すべきなのは「開始から2％」じゃなくて「前年比2％」が目標ということだ。つまり、毎年前年と比べて2％ずつ物価が伸びていくことを狙っていた。狙いどおりいけば、次の2つの現象が起きると考えられていた。

①実質金利がマイナスになるので、お金を借りやすくなり、世の中にお金が大量に行き

図5-1　日米マネタリーベース対名目GDP比の推移

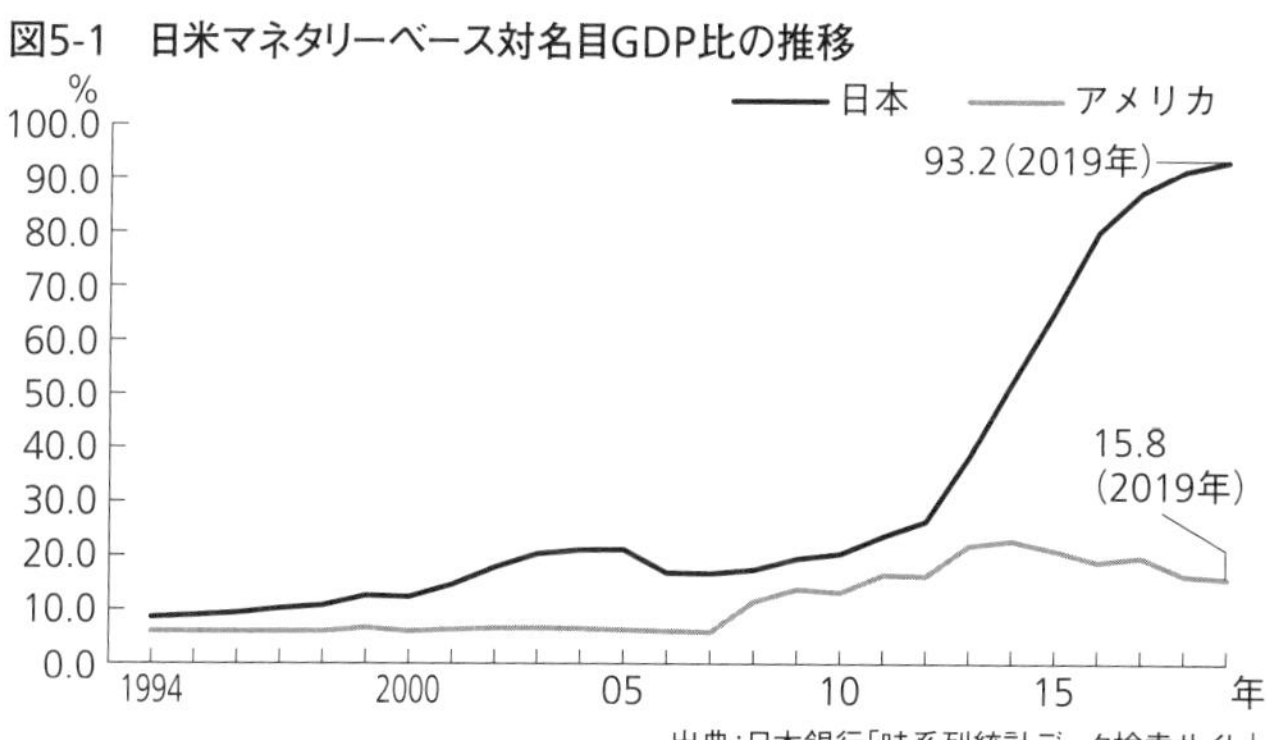

出典：日本銀行「時系列統計データ検索サイト」、
Federal Reserve Bank of St. Louis「St. Louis Adjusted Monetary Base」、
内閣府ホームページ「国民経済計算」、IMF「World Economic Outlook Database」

渡る。そうすると、インフレになり、景気が良くなる。
②モノの値段が上がる前にみんな買おうとするので、消費も活性化する。

こうやって目論見どおり物価が上昇して消費も活性化すれば、経済成長できて、国の借金負担も軽くなると考えられていたんだ。金融緩和はアメリカもやっているが、日本のそれはアメリカとは比べものにならない。マネタリーベースの対名目GDP比を示した**図5-1**のグラフを見てみよう。

太　全然比較にならないね。日本はもう90%を超えているけど、アメリカは20%ぐらいで止まっている。こんなにやって結果はどうなったの？

史上空前の空振り

モ　大失敗した。ここでマネタリーベースとマネーストックの推移を見てみよう。第3章では実数で比較したけど、マネタリーベースとマネーストックでは、金額が大きく違うので、実数よりも指数で比較した方がわかりやすい。アベノミクス開始前の2012年を100とした指数で見てみよう。**図5-2**のグラフだ。

太　マネタリーベースだけ3倍以上に伸びているけど、マネーストックの方は傾きが全然変わってないね。貸し出しが、たいして増えなかったってことだね。思いっきり空振りしているね。

モ　そうだ。すでに説明したとおり、銀行が貸せば貸すほどその分預金通貨が増えて、マネーストックが増大していく。つまり、「お金を借りたい」という需要がなければマネーストックは増えない。この異次元の金融緩和実行前の段階において、金利をほぼゼロにしても貸し出しが伸びていなかったのは、結局「お金を借りたい」という需要がなかったということだ。

　需要のないところへ、マネタリーベースという「お金の素（もと）」をいくら増やしたとしても、貸し出しが増えるわけじゃない。人気のない商品の在庫を無理やり増やしたようなものだ。

太　そもそも人気がないんだから、その在庫を増やしたって結果は同じだよね。なんか間抜けだね。物価は上がったのかな？

図5-2　マネタリーベースとマネーストックの推移

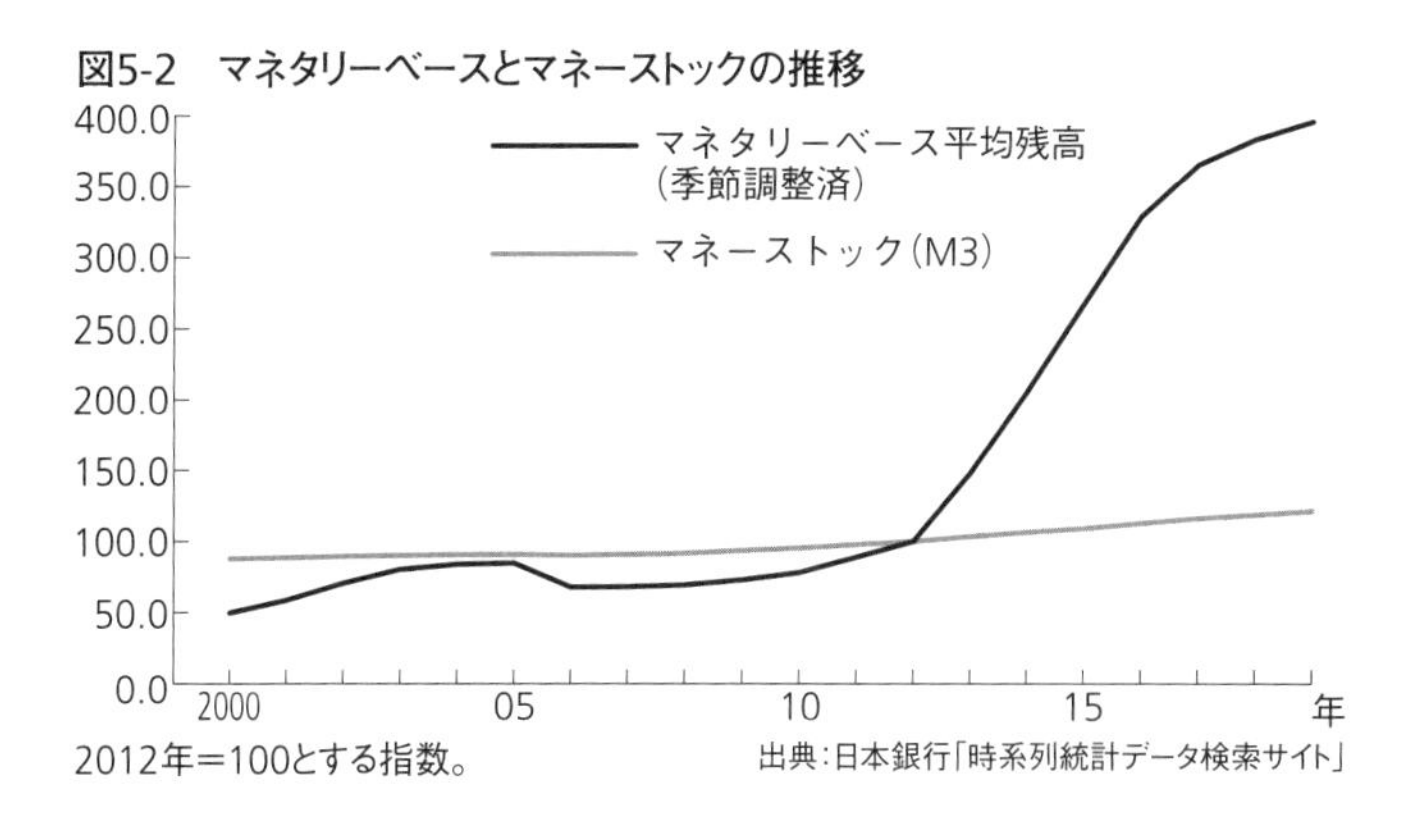

2012年＝100とする指数。　出典：日本銀行「時系列統計データ検索サイト」

為替相場、原油価格、賃金が物価に影響する

モ　マネーストック増による物価上昇は起きなかったと言えるが、増税と円安による物価上昇は起きた。アベノミクス開始前と比べると、２０１８年までに６・６％上昇している。まず、増税については、２０１４年４月に消費税率が３％上がったけど、これによる物価上昇は、日銀の試算によると２％だ。そこへ、異次元の金融緩和により、「円が安くなる」と思った投資家が円売りに走ったことで、円安による物価上昇が加わった。今まで見てきたとおり、普通は通貨の供給を増やせばその通貨の価値は下がるからね。投資家たちが円安を予想したのは当然だろう。

異次元の金融緩和前は１ドル＝80円程度だったのが、ピーク時で１ドル＝１２０円を超えた。これだけ円が安くなれば、輸入品の値段が高くなり、物価は上がる。６・６％の物価上昇のうち、増税による２％を除く部分は、この円

図5-3　消費者物価指数（持家の帰属家賃を除く総合）の推移

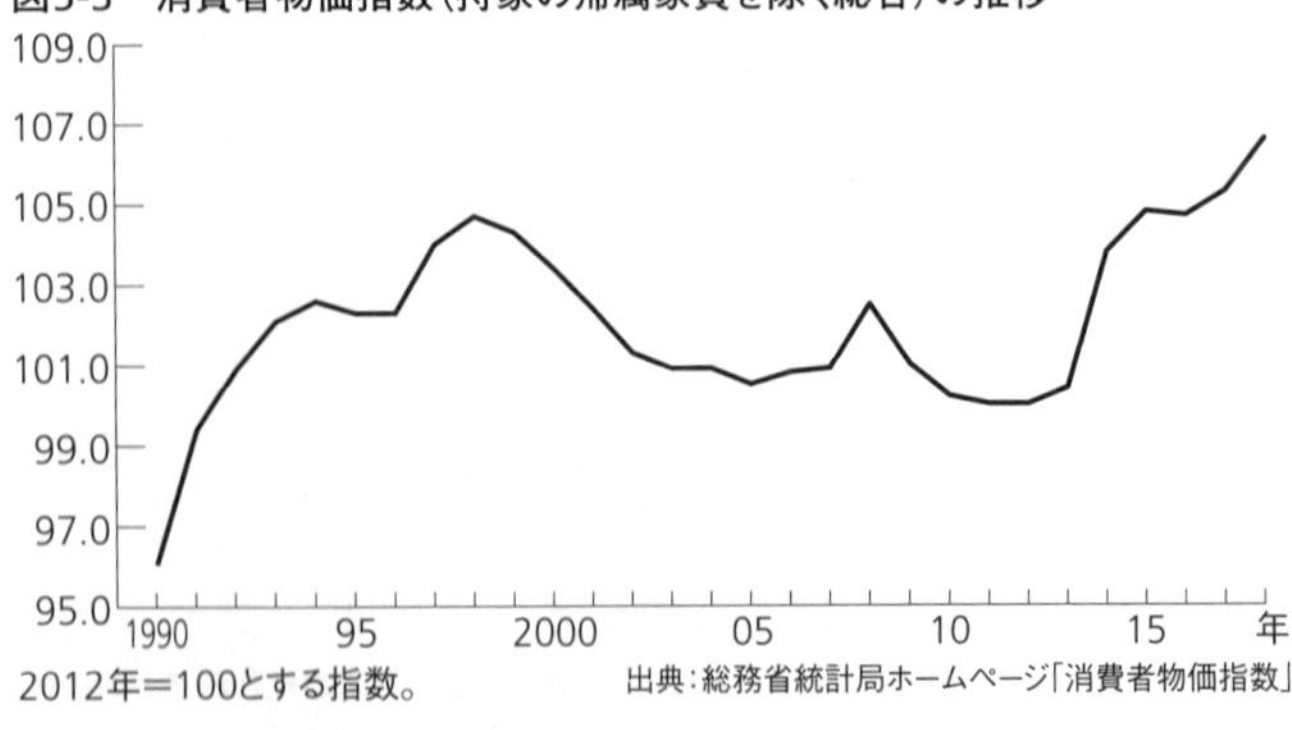

2012年＝100とする指数。
出典：総務省統計局ホームページ「消費者物価指数」

安による影響が最も大きいだろう。
　ただ、ここで見逃してはならないのが、原油価格の下落の影響だ。２０１４～15年にかけて、原油価格が暴落した。原油は輸送燃料に使われるほか、様々な商品の原材料になるから、原油価格の暴落は物価の下落につながる。原油価格の下落があったから、物価の上昇もある程度抑え込まれた。これをグラフで確認してみよう。まずは消費者物価指数の推移を示した**図５－３**のグラフを見てごらん。

太　２０１４年から、めちゃくちゃな上がり方してるね……。

モ　日銀の「前年比２％」という目標が達成されていないという報道が盛んにされているせいで、「物価は上がっていない」と勘違いしている人が多いけど、そうではない。円安と増税を含めればこんなに上がっている。

太　２０１５年までは上がり続けて、２０１６年はいったん下がっているね。これはどうしてだろう。

図5-4　ドル円相場の推移

出典：日本銀行「時系列統計データ検索サイト」

モ　為替相場が円高に振れたのと、原油安が続いたからだ。次にドル円相場の推移を見てみよう。**図5－4**のグラフだ。

太　ほんとだ。２０１６年にいったん大きく円高に振れているね。そのあと２０１７年には１１０円前後に戻り、後はその状態で推移している。

モ　そうだ。次は原油価格の推移を示した**図5－5**のグラフを見てみよう。

太　アベノミクス前は1バレル＝１００ドルを超えることもあったのに、２０１５年12月には1バレル＝37・19ドルにまで下がっている。**原油価格が半分以下になっちゃったってことね。これは大暴落だね。**

その下落傾向は２０１６年になっても続き、同年2月には１バレル＝30・32ドルまで落ちてる。その後、２０１７年にはだんだん上がり始めて、２０１

図5-5　原油価格の推移

出典：U.S. Energy Information Administration（EIA）
「Cushing, OK WTI Spot Price FOB（Dollars per Barrel）」

8年には1バレル＝70ドルを超えるあたりまで一時期回復しているね。

モ　そう。つまり、円安は2015年まで進行したが、同時に原油安が起き、物価の上昇を抑えた。そして、2016年には円高が進行し、原油安も継続したので、前年よりも物価が落ちた。ところが、2017年からはまた円安傾向となり、原油価格も上がり始めたので、また物価が上がった、ということだ。特に2018年は前年と比較して1・2%も物価が上がっている。

ただ、ここで忘れてはいけないのは、原油価格が戻ってきたといっても、高い時で1バレル＝70ドル程度にすぎず、アベノミクス前の1バレル＝100ドル超には遠く及ばないということだ。だから、**もしアベノミクス開始前の原油相場のままだったら、物**

図5-6　名目賃金・実質賃金・消費者物価指数の推移

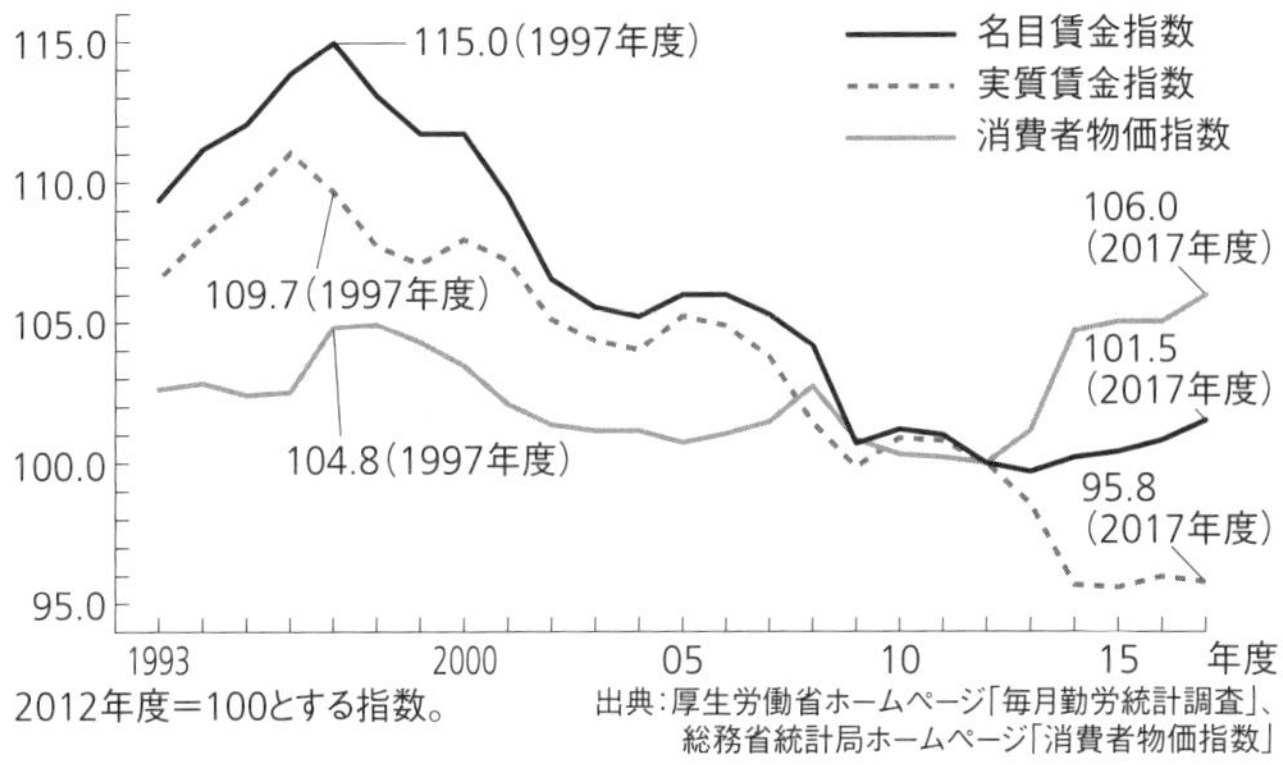

※統計不正が発覚したため、2012年以降のデータが修正されて公表されている。しかし、2004〜2011年の分について、厚労省はデータを破棄したとして修正していない。このように、最新のデータは修正の有無に違いがあり、不連続となっているので、やむを得ず修正前のデータをそのまま用いている。

価はもっと上昇していただろう。

太　原油と為替が、物価に大きく影響するということね。

モ　そう。そしてもう一つ、賃金も物価に影響すると言うべきだろう。賃金と物価の推移を見てみよう。**図5-6**のグラフだ。

　ここで見たままの賃金のことを名目賃金といい、物価を考慮した賃金のことを実質賃金という。例えば給料が2倍になっても、物価も2倍になってしまえば、実質的に見て給料が上がったとは言えない。このように、物価を考慮した賃金を実質賃金という。計算式は「名目賃金指数÷消費者物価指数×100」だ。だから、名目賃金が上がらずに物価だけ上がってしまうと、実質賃金は大きく落ちることになる。なお、このデータは年度データだ。金融危機が起きた1997年度をピークにして、名目賃金が下がっていき、同じタイミングで物価も落ちていったのがわかるだろう。

太　そうだね。落ち始めるタイミングがほとんど同じだね。みんなの給料が下がったら、商品の値段も下げないと売れないから、当然だね。

モ　うん。名目賃金がピークだった1997年度が115・0で、アベノミクス開始前の2012年度は100まで落ちているから、15ポイントも賃金が落ちている。他方、同じ期間の間に、物価は104・8から100になっているから、約5ポイント落ちたということだ。

太　で、アベノミクス開始後は物価だけ急に上がってるね。2012〜17年度だと6ポイントも物価が上がっている一方、名目賃金は1・5ポイントしか上がっていない。だから実質賃金が4・2ポイントも落ちている。これじゃ意味ないね。

モ　ここで高度経済成長期の賃金と物価の推移を示した、**図5-7**のグラフを見てみよう。賃金については総合的な数字がないので、代表的な産業である製造業で見ることにする。

太　物価は2倍以上になっているけど、名目賃金が7倍以上になっているから、実質賃金は3倍以上になっている。これだと、みんなも豊かになったことを実感できるだろうね。

図5-7　高度経済成長期の名目・実質賃金指数（製造業）及び消費者物価指数の推移

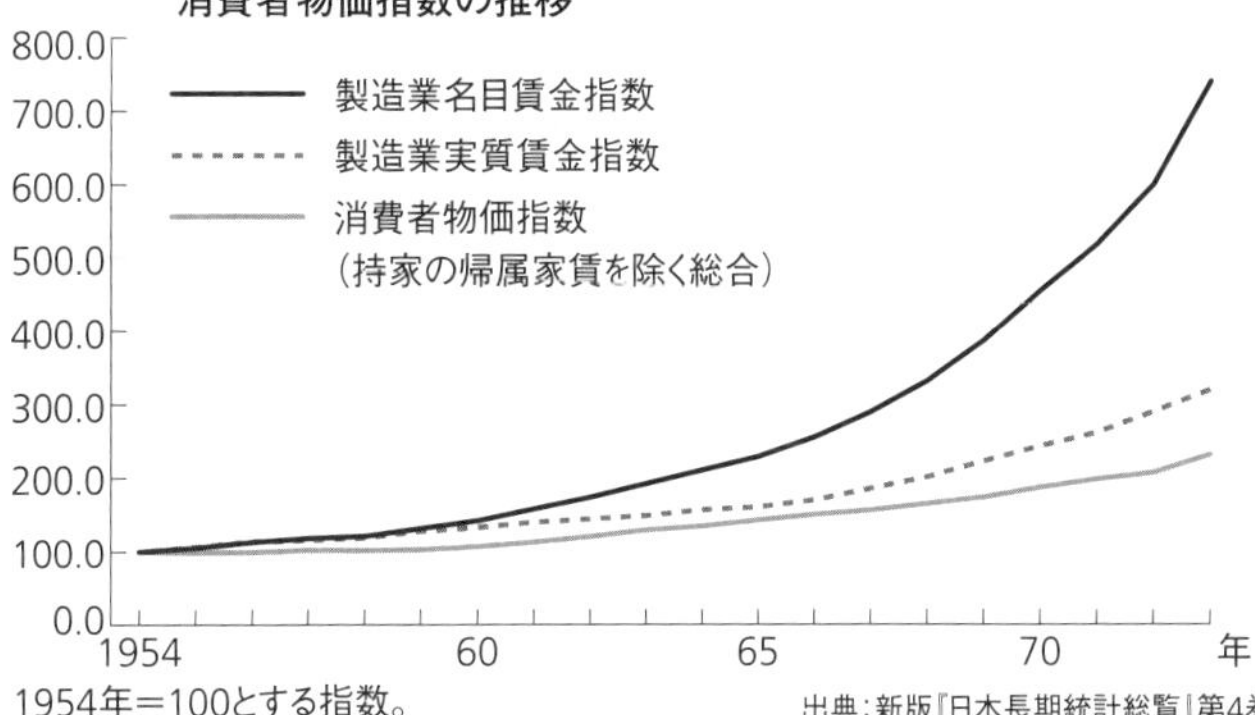

1954年＝100とする指数。

出典：新版『日本長期統計総覧』第4巻「19-48-a　産業別名目賃金指数（現金給与総額）（事業所規模30人以上）（昭和27年～平成15年）」、総務省統計局ホームページ「消費者物価指数」

モ　そうだ。だいたい賃金上昇分の3分の1ぐらいの規模で、物価上昇が起きている。他方、図5－6で見た近年の物価推移だと、賃金下降分の3分の1ぐらいの規模で物価の低下が起きている。ここだけ見れば、賃金の3分の1ぐらいの規模で、物価が上下している。いずれにせよ、賃金・為替・原油の3つが大きく物価に影響することがわかっただろう。これに加え、その時々の天候不順による作物の成育不良なども物価に影響する。**いろいろな要素が混じり合って物価に影響しているということだ。ただ単に商品に対する需要と供給で物価が決まるわけではない。**

世界一異常な日本の国債市場

モ　ここで話を元に戻そう。マネタリーベースを

図5-8　各年度国債買入総額の推移

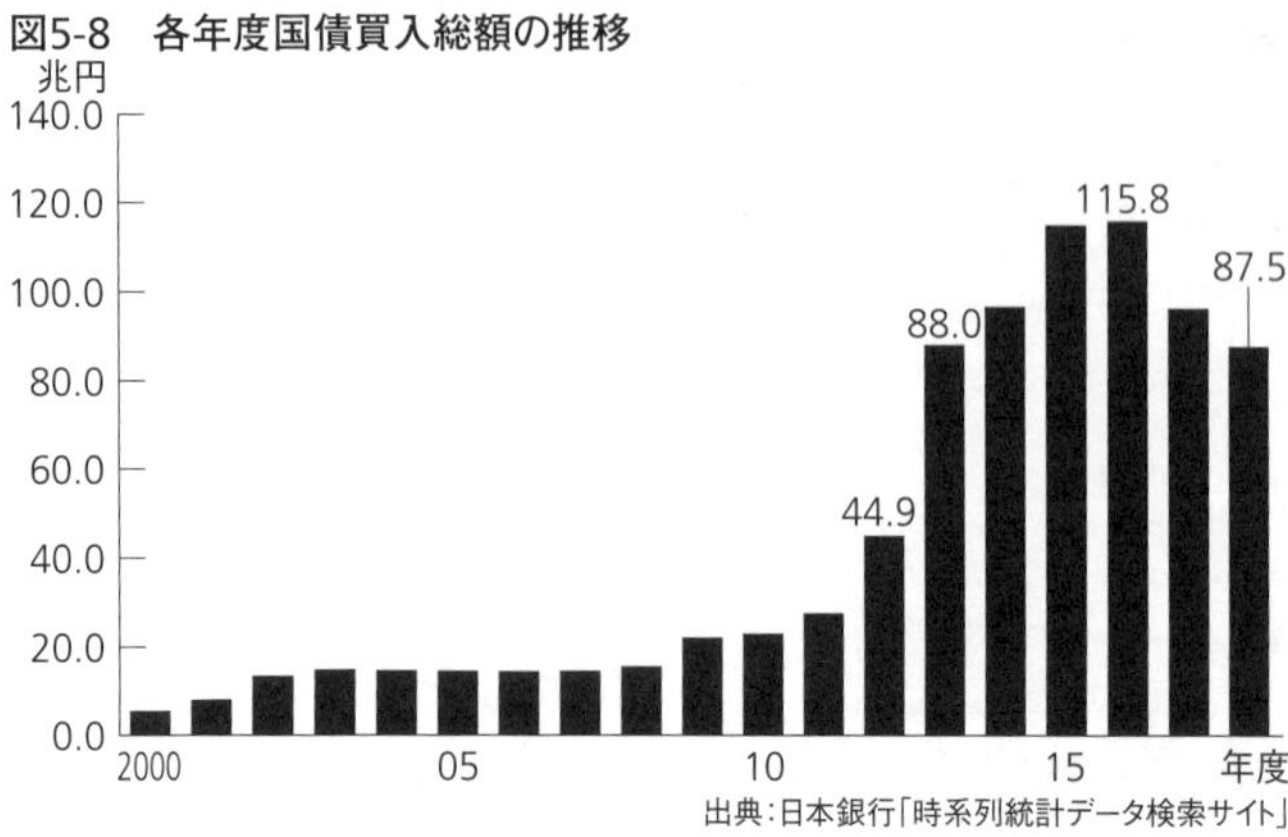

出典：日本銀行「時系列統計データ検索サイト」

異常なペースで増やしたことにより、投資家に円安を予想させ、実際円安が急激に進んだ。円の価値はドルに対して、アベノミクス前と比較するとピーク時で3分の2程度にまで落ちた。ただ、これほど急激に落ちたものの、同時に原油安が起きたことにより、物価上昇は抑えこまれた。これに加え、貸し出しが思ったほど伸びなかったため、マネーストックの増加ペースは変わらず、「マネーストック上昇による物価上昇」も起きなかった。だから、日銀の掲げる「（消費税増税の影響を除いて）前年比2％の物価上昇」はいまだに達成できていない。当初は「2年で2％」と言っていたのが、7年経っても実現できていない。

しかし、その間国債を買い続けたことで、日本の国債市場は大きく歪んでしまった。まずは日銀がどれくらい国債を買っているのか、国債買入総額の推移を見

図5-9　国債償還総額の推移

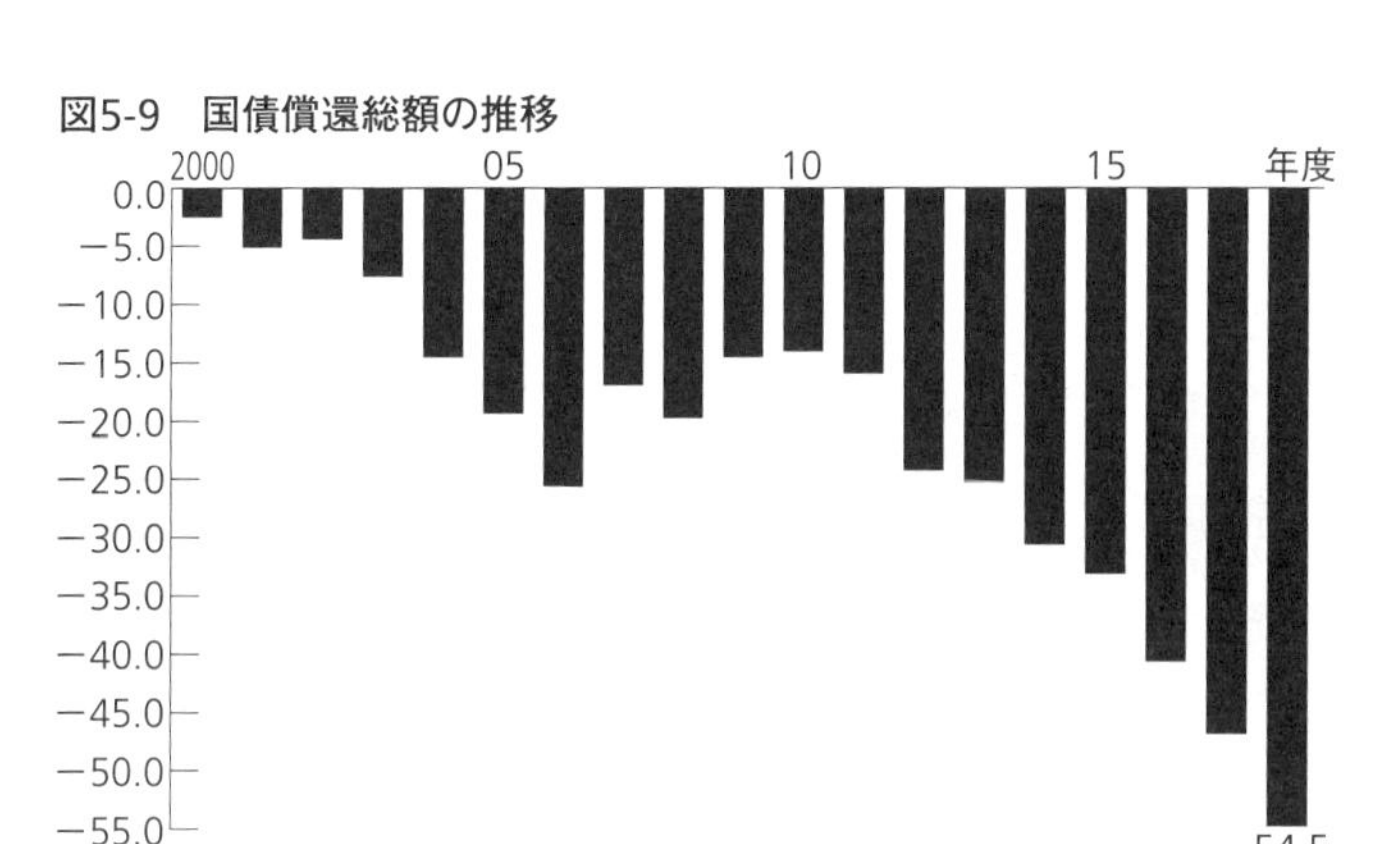

出典：日本銀行「時系列統計データ検索サイト」

てみよう。**図5-8**のグラフだ。

太　ピークで年間115・8兆円。あれ？　年間80兆円のペースじゃなかったの？

モ　日銀が持っている国債のうち、一部は毎年度償還期限を迎えるからね。放っておくとその分が減ってしまう。だから、償還期限を迎えて減る分まで合わせて買わないと、国債残高を80兆円増やすことはできない。日銀保有国債のうち、償還された国債の推移を示した**図5-9**のグラフを見てみよう。

太　直近だと、2018年度で54・5兆円も償還を迎えたのね。これ、償還分を日銀が買わなかったらどうなるの？

モ　マネタリーベースが減る。具体的に考えてみよう。例えば、日銀の保有国債のうち、50兆円が償還されるとする。政府はこの50兆円をどうやって調達するのか

図5-10　各年度国債純増額の推移

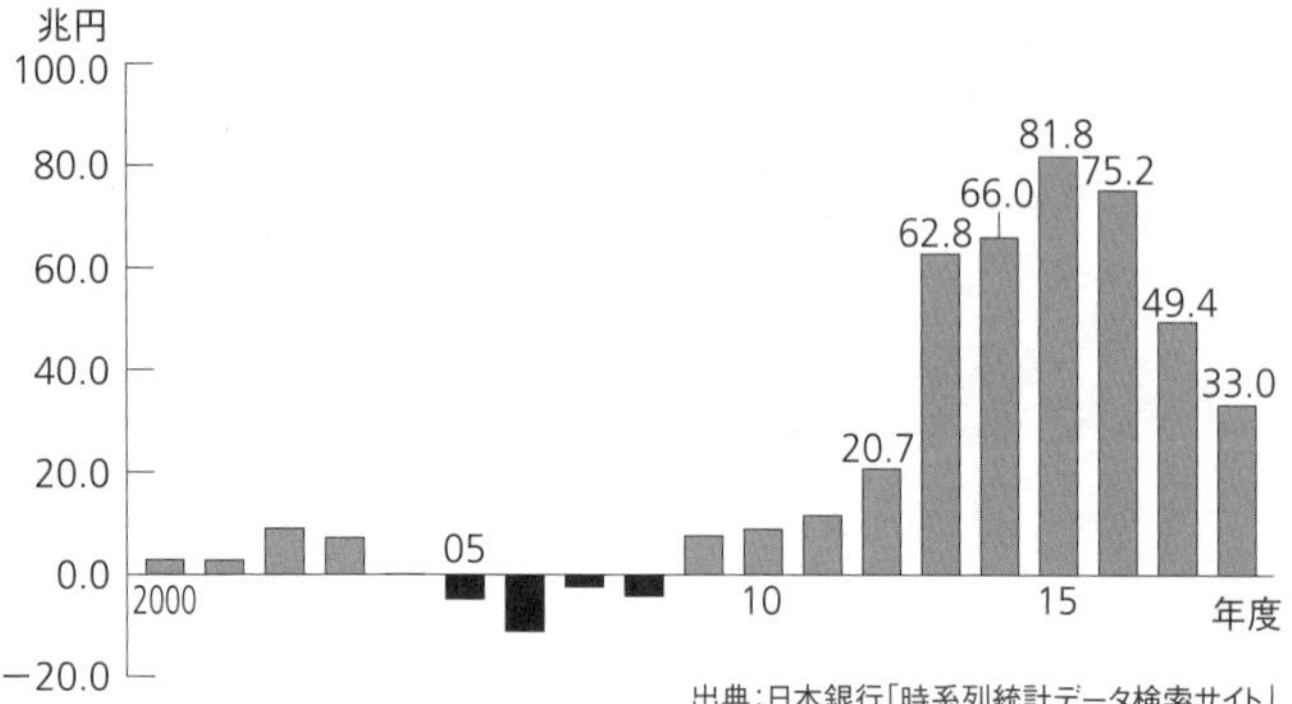

と言うと、借換債を50兆円発行して調達する。50兆円の借換債を買うのは銀行などの民間金融機関だ。民間銀行などが借換債を50兆円買うと、日銀当座預金から政府預金へ50兆円が移動する。つまり、その分マネタリーベースが減るということだ。そして、政府預金から日銀へ50兆円が移動し、国債が50兆円分消滅する。

太　何もしないとマネタリーベースが減っちゃうから、銀行などが買った借換債を、また日銀が買い取るのね。

モ　そう。さっき示したお金の流れの後で、日銀が民間銀行などから50兆円借換債を買い取れば、また50兆円マネタリーベースが増えて元に戻る。日銀は政府から**直接借換債を購入するわけではなく、いったん民間銀行などが発行市場で購入した借換債を、流通市場において銀行などから購入する。**日銀が国債を直接引き受けることは財政法第5条で禁止されているからね。ただ、日銀乗換

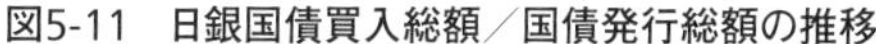
図5-11　日銀国債買入総額／国債発行総額の推移

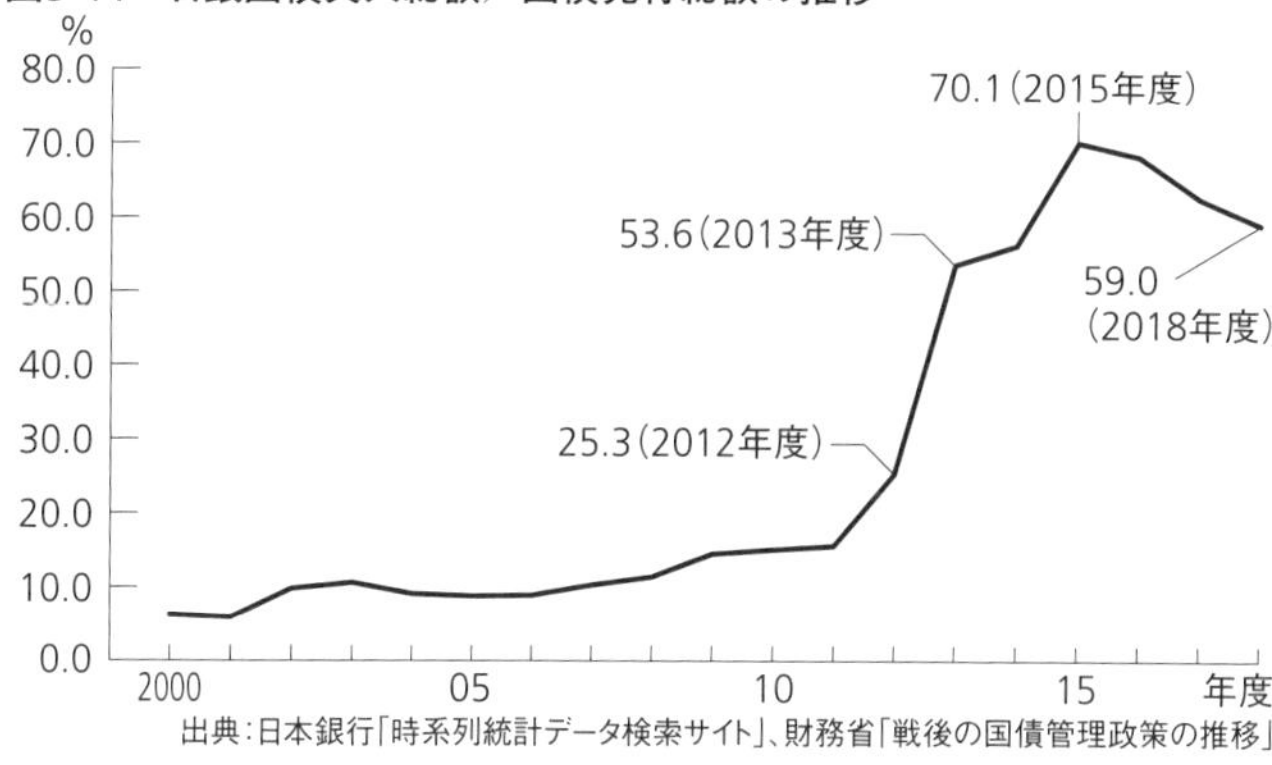

出典：日本銀行「時系列統計データ検索サイト」、財務省「戦後の国債管理政策の推移」

という例外が認められており、ごく一部については直接引き受けている。2017年度で言うと3兆円だ。

さて、それでは買入総額から償還総額を差し引いた各年度の純増額を見てみよう。**図5－10**のグラフだ。

太　あ、確かにピーク時の2015年度で80兆円ぐらいになっているね。直近2018年度では33兆円にまで落ち込んでいる。

モ　年間純増額80兆円のペースをずっと維持することはできないから、しかたなくペースを落としたんだ。国債は取引の担保などにも使われるから、民間金融機関保有国債を全部買い上げることはできない。では次に、借換債なども含めた各年度の国債発行総額に対する日銀国債買入総額の比率を見てみよう。**図5－11**のグラフだ。

太　ピークで7割を超えていて、ペースが落ちた直近2018年度でも約6割か。凄いね。

図5-12　長期金利（年平均）の推移

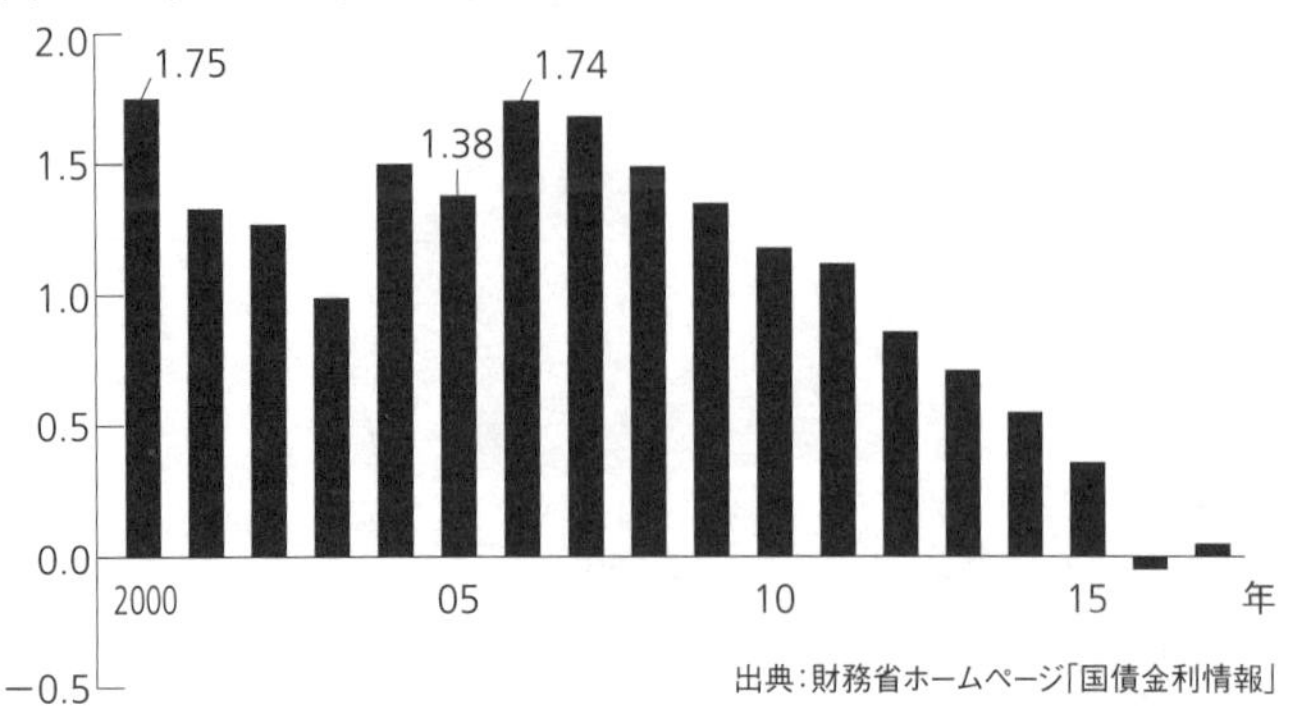

止められない、止まらない

モ　うん。一つの法人が約6割のシェアを占めている国債市場なんて、日本だけだよ。ここで日銀が借換債も含めて国債購入を全部ストップしたら何が起きるかな。

太　6割買っていた法人がいなくなるんだから、国債が大暴落するに決まってるよね。

モ　そうだね。そして前に説明した金利上昇→利払費増大→借金増大→日本財政への信頼低下→金利上昇という地獄のスパイラルが発生する可能性がある。市場はこれを予想して、損をする前に国債を売りに走るだろう。それが金利上昇に拍車をかける。さらに、国債を売った投資家は、売却によって得た円をほかの通貨に切替えるだろう。

　そのまま持っていても、価値が下がることは目に見えているからね。そうやって円売りが進み、円の価値もどんどん下がっていく。

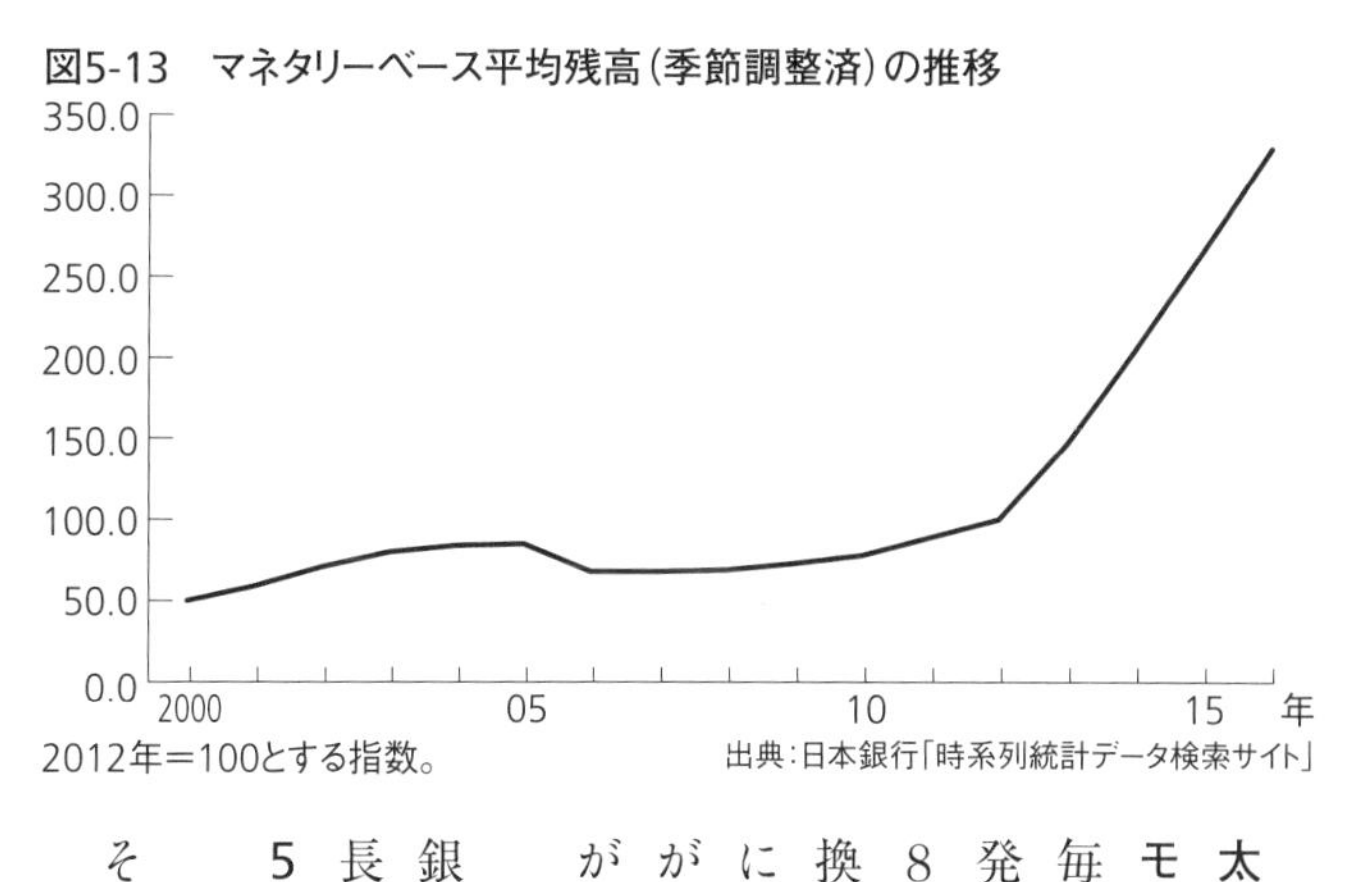

図5-13　マネタリーベース平均残高（季節調整済）の推移

2012年＝100とする指数。

出典：日本銀行「時系列統計データ検索サイト」

太　じゃあ、止められないね。

モ　そう、止められない。特に借換債に着目してごらん。毎年一般会計よりも多い１００兆円超えの借換債を日本は発行している。そして、日銀保有国債の償還額が、２０１８年の時点で50兆円を超えているので、日銀はその分の借換債を流通市場から購入している。つまり、借換債の半分に相当する額を、日銀が買い支えていることになる。日銀がここから手を引いた場合、今までと同じように銀行などが国債を買ってくれる保証はない。

なお、今とは比較にならないぐらい規模は小さいが、日銀は以前にも国債を買入れて金融緩和を行ったことがある。長期金利の推移に、それが表れているから見てみよう。**図5-12**のグラフだ。

２０００年は金利が１・75だったのに、２００５年までそれが低く抑えつけられているのがわかるだろう。この時のマネタリーベースの推移を確認しよう。**図5-13**のグラフだ。

太　2000～05年にかけてグラフが膨らんでいるね。これがかつてやった金融緩和なのね。でも、2013年以降の異次元の金融緩和とはまったく比較にならない。

モ　そうだ。そして、以前も緩和を止めた後、金利は2005年の1・38から、翌年には1・74まで上昇した。ただ、前にも言ったとおり、ほかにめぼしい投資先がなかったこともあり、結局国債が買われ、金利が下がっていった。しかし、今回日銀が買入れを止めた場合、前回と同じになる保証はない。前よりもはるかに財政が悪化しているし、購入規模も比較にならないからね。なお、過去に大口の買い手が国債購入を止めると宣言して国債が暴落したことがある。それが運用部ショックと呼ばれるものだ。当時、国民の郵便貯金などを大蔵省の資金運用部が預かって運用しており、国債をたくさん購入していた。この資金運用部が、国債購入を止めると言ったんだ。すると、1998年11月に0・8％台だった長期金利が、翌年の2月には2・4％台まで急騰し、大騒ぎになった。

このように大口の買い手が購入を止めれば、国債が暴落して金利が急騰するのは目に見えている。今の日銀が国債市場に占める割合は、当時の資金運用部の比ではない。何しろペースが落ちた今ですら、毎年の発行額の約6割を買っているんだからね。

太　じゃあ、もう物価がどうこう関係なしに、買い続けるしかなくなっているのね。いざ物価目標が前年比2％に達したらどうするのかな。

モ　そこが問題だ。日銀の目標はあくまで前年比2％ずつ物価が上がっていくことであって、例えば前年比3％とか5％で上がっていくと今度は上がりすぎになる。太郎、ここで復習だ。普通だったらインフレをどうやって抑え込むかな。

太　日銀は日銀当座預金の量を調節することで、金利を上げ下げしてるんだったよね。インフレになった場合は、銀行などに国債を売る「売りオペ」をやって日銀当座預金の量を減らし、お金の希少価値を高めて金利を上げるよね。金利が上がれば、借金がしづらくなるから、預金通貨の増加ペースが落ちてインフレが抑え込まれる。

でも、さっき見たように、市場の発行総額の約6割の国債を日銀が買い占めている状態で売りオペなんてやったら、国債が大暴落するだろうね。

モ　そのとおりだ。今の日銀がやっているのは、売りオペとは逆の買いオペだ。その規模は名目GDP比で見れば、人類史上最大規模と言ってよい。**人類史上最大規模の買いオペを逆転させて売りオペなんてやったら、国債が大暴落する。**というか、単に買入れを止めるだけで国債の値段は大きく下がり、金利が急上昇するだろうから、売りオペなんてするまでもないけどね。

太　でも、日銀が買入れを止めたら、さっきモノシリンが言ったとおり急激な金利上昇スパイラルが起きて、円に対する信用がなくなり、円安になってしまうんだよね。それって結局インフレが止まらないってことじゃん。

モ　そう。インフレを抑え込むには金利を上げないといけないが、**急激に金利が上がりすぎると逆効果になる。金利の急騰は利払費の急騰を招くので、それは結局日本の借金急増につながり、財政に対する信用を落としてしまうからだ。**だから、大きな混乱が生じないよう、ゆっくり金利を上げるしかない。その方法として考えられているのが、「日銀当座預金の金利を上げる」という方法だ。太郎、日銀が「日銀当座預金に入れてあるお金に、2％の金利をつける」と宣言したとしよう。君が銀行だったら、貸付金利をどうする？

太　日銀当座預金にただ預けておくだけで、2％の金利がつくんだよね。だったら、貸す際の金利はそれより高くするな。そうしないと損だよね。

モ　そうだね。つまり、日銀当座預金につける金利を上げていくと、金融機関が会社などにお金を貸し付ける際の金利も上がっていくということだ。ただ置いておくだけでつく金利よりも、高い金利で貸し付けないと得しないからね。そうやって世の中の金利が高くな

図5-14　日銀貸借対照表　（単位：兆円）

資産		負債及び純資産	
金地金	0.44	発行銀行券	107.38
現金	0.22	当座預金	406.13
国債	486.24	その他預金	27.52
コマーシャル・ペーパー等	2.14	政府預金	24.56
社債	3.23	売現先勘定	0.02
金銭の信託（信託財産株式）	0.80	雑勘定	1.84
金銭の信託（信託財産指数連動型上場投資信託）	27.92	引当金勘定	6.13
金銭の信託（信託財産不動産投資信託）	0.53	資本金	0.00
貸付金	47.83	準備金	3.25
外国為替	6.72		
代理店勘定	0.01		
雑勘定	0.74		
合計	576.84	合計	576.84

出典：日本銀行ホームページ「営業毎旬報告」（令和元年11月10日現在）

れば、お金が借りにくくなり、出回るお金の量も減り、物価上昇が抑えられていくだろう。単純に考えても、単に置いておくだけでお金が増えていくんだから、銀行も無茶な貸し出しはしなくなることがわかるだろう。逆に、日銀が何もしないで放っておけば、インフレによってお金が目減りしていくことになるから、銀行の無茶な貸し出しが増えてしまう。

ところが、それをやると日銀の利払費がとんでもないことになる。２０１９年11月10日現在の日銀の貸借対照表を見てみよう。**図5-14**の表だ。

太　国債が４８６兆円以上あって、当座預金は４０６兆円以上あるね。

モ　日銀が持っている資産のうちで最大のものは国債であり、日銀の収入はその国債からの利息が大半を占めている。日銀の決算報告によれば、２０１８年度の国債利息収入は1兆2839億円だったが、この状態で当座預金に例えば金利を1%つけるとしよう。もう400兆円を超えているから、利払費は4兆円以上になる。*

太 そしたら国債の利息収入を大きく上回るから、赤字になっちゃうね。

モ そう。たったの1%で赤字になる。当座預金に対する利払費は、金利が2%なら8兆円、3%なら12兆円を超える。ここで、さっきの貸借対照表を見ると、日銀の純資産、つまり返済義務のない財産は、資本金と準備金を合わせて3・25兆円、これに、損失が出た時に備えて積み立てている引当金6・13兆円を足しても9・38兆円しかない。

赤字がこの額を超えると、「債務超過」と呼ばれる状態になる。つまり、負債の総額が資産を上回る状態だ。普通の会社だったら倒産してしまう。

太 でも、**日銀はいくらでも通貨を発行できるから問題ないんじゃないの?** 普通の会社と違ってお金が払えない状態にはならないよね?

モ そのとおりだ。でもね太郎、**それで円の国際的な価値を維持できるかな?** 思い出してごらん。金本位制を止めて管理通貨制に移行した現代では、通貨の量の調節は各国の中央銀行に委ねられており、「**通貨を発行しすぎない**」という信用の上に通貨は成り立っている。通貨を発行しすぎたら価値が落ちてしまうことは今までの歴史が示している。

さっきも指摘したとおり、日銀が買入れを突然止めたら国債は大暴落してしまう。だから、日銀当座預金の金利を上げる場合でも、償還分の再投資を継続し、国債残高を維持しようとするだろう。つまり、日銀当座預金の残高は減らないままだ。そこに利息が足されて預金が増えていくことになる。

太　それ、インフレが続く限り、日銀当座預金が増えっぱなしってことにならない？

モ　そうだ。1％とか2％のインフレならまだいいが、これが5％とか10％とか20％になったらとんでもない勢いで日銀当座預金が増えることになる。そんな勢いで増殖していく通貨の価値が、為替市場において維持できるとはとても思えない。

太　じゃあ結局、インフレが止まらないかもしれないってことね。

モ　うん。これは実際になってみないとわからない。**人類が経験したことのない事態**だからね。あとは、法定準備預金の預金準備率を思いっきり引き上げる方法が考えられる。法定準備預金とは、引き出しに備えるため、金融機関が保有する預金のうち一定割合を日銀当座預金に入れることを義務付けるものだ。現在は、預金の種類と保有している預金の規

＊厳密にいうと法定準備預金の部分に金利はつかない。

模ごとに、0・05〜1・3％の預金準備率が定められている。現在の法律では、この準備率を20％まで上げることができる（準備預金制度に関する法律第4条2項）。

預金準備率を思いっきり上げて法定準備預金を増やせば、その分は貸し出しに回すことができなくなる。つまり、金融機関の貸せるお金が減るということだ。金融機関は減った分を、金利を上げることでカバーしようとするだろう。そうやって金利が上がればお金が借りにくくなり、世の中に出回るお金が減ると考えられる。

太　それ、金融機関からしたら大きなダメージにならない？　本来貸し出しに回せるはずの預金のうち、20％は塩漬けにされちゃうってことでしょ。

モ　そうだ。この方法は、金融機関の収益に大きなダメージを与えるのではないかと言われている。金融機関がダメージを受けるとどれほど恐ろしいことが起きるのかは、バブル崩壊で見たとおりだ。ほかには、預金封鎖という方法もある。つまり、一定額以上は預金を引き出せなくするということだ。そうすれば世の中に出回るお金の量を強制的に減らせるので、インフレの抑制になる。さらに、預金に対して思いっきり課税すれば、世の中に出回るお金の量は一気に減り、インフレを抑えつけることができるだろう。

この方法は日本が敗戦後に凄まじいインフレに襲われた際に採った方法だ。ただ、それでもインフレが止まったわけではない。前に説明したとおり、復興金融金庫が復興債を発行してそれを日銀がたくさん引き受けて通貨を大量供給したせいで、ドッジ・ラインが実施されるまでインフレは収まらなかった。いずれにせよ、**これほど異常な金融緩和を継続している状態では、いざインフレが起きた場合、通常のインフレ抑制手段である「売りオペ」が使えないので、大変な事態になる**ということを覚えておけばいい。

太　でもさ、ほんとにそんな酷(ひど)いことになるの？　不安を煽(あお)りすぎじゃない？

モ　今いくらこんなことを言っても、誰も耳を貸さないだろうね。バブルの時代だって、崩壊を予言する人はいたけど誰も信じなかった。結局、通貨が崩壊するまで止められない。それは通貨の歴史を見ればわかる。結局「お金を増やせば何とかなるだろう」という発想に走るのはいつの時代も同じだ。

借金が増えれば増えるほど、預金通貨が増える。つまり、金利を下げて借金しやすくすれば、預金通貨は増える。だから、金利を下げてお金を増やしたのが、かつてのバブルだった。そして「貸しすぎ」が起き、お金が返ってこなくなって金融危機が発生した。「金利を下げる」という発想はアベノミクスも一緒だ。名目金利ではもはや下げる余地がなかったから、実質金利を下げるために日銀当座預金を異常なペースで増やした。日本と程度は全然違うけど、金融緩和はアメリカでもＥＵ（ヨーロッパ連合）でも行われている。

いつの時代のどの国でも、人々はみな同じ発想をする。「お金を増やせば何とかなる」と。そして借金をどんどん増やすが、どこかの時点で返せなくなれば、それは通貨の崩壊を招く。中央銀行に国債の直接引受をさせて、形式的にデフォルトを避けようとしても結果は同じだ。通貨の崩壊は止まらない。

「政府資産がたくさんあるから大丈夫」という嘘

太　うーん。でも信じられないな。そうだ、「日本は資産がたくさんあるから、借金があっても大丈夫だ」って誰かが言ってたよ。

モ　さて、日本政府の貸借対照表をもう一度見てみよう。**図５－15**の表だ。確かに日本は、２０１７（平成29）年度末時点で６７０兆５１４０億円もの莫大な資産を有している。この莫大な資産を持っていることを根拠に、「日本の借金を語る時は、資産を差し引け」と主張する人がいる。これ、どういう意味だと思う？

太　「いざとなったら資産を全部売れる」っていうこと？

モ　そうなんだ。でもそれっておかしいでしょ。この資産というのは、国家運営のために

図5-15　2017（平成29）年度「貸借対照表」　（単位：10億円）

	2017年度末		2017年度末
〈資産の部〉		〈負債の部〉	
現金・預金	47,860	未払金等	12,002
有価証券	118,518	賞与引当金	326
未収金等	10,911	政府短期証券	76,988
前払費用	5,474	公債	966,899
貸付金	112,810	借入金	31,443
運用寄託金	111,465	預託金	6,506
貸倒引当金	▲ 1,623	責任準備金	9,136
有形固定資産	182,453	公的年金預り金	120,110
国有財産		退職給付引当金	6,697
（公共用財産を除く）	30,306	その他の負債	8,768
公共用財産	150,267	負債合計	1,238,875
物品	1,855		
その他固定資産	25		
無形固定資産	281		
出資金	74,801	〈資産・負債差額の部〉	
その他の資産	7,564	資産・負債差額	▲ 568,362
資産合計	670,514	負債及び資産・負債差額合計	670,514

出典：財務省「平成29年度　国の財務書類（一般会計・特別会計）の概要（決算）」

必要だから保有している財産だ。その中には売れる財産もあることは確かだが、「全部売って一文無しの国家になったらどうやって運営していくの？」という疑問がある。何より、**財産を全部売り飛ばした国家なんて、人類の歴史上存在しない。**

「財産を全部売り、お金に換えて借金返済に充てる」っていうのはね、破産するのと一緒なんだよ。

破産というのは借金を返せなくなった会社や個人が、持っている財産を全部お金に換えて債権者に配る手続きのことだ。会社がこの破産手続きを終えた後は、消滅する。しかし、国家にそんな破産手続きは用意されていない。もし日本が、「借金返済に充てるので、資産を全部売ります」なんて宣言したらどうなると思う？

太　「日本ヤバイ」ってなって、国債も円も暴落するんじゃないの。

モ　まあそうなるよね。「これから破産します」と言っている会社に誰もお金を貸さないのと同じだ。資産を全部売らなければならないほど追い込まれた国の国債や通貨の価値なんて、誰も信じないだろう。

太　それに、国が持っている資産の中には自衛隊の基地や武器もあるわけでしょ。そういうの全部売っちゃったら国を守れないじゃんね。

モ　そうだ。ちょっと考えるだけで、とてもおかしなことを言っているのがよくわかるだろう。さて、それを前提にして、個別の財産について具体的に売れるものなのかどうか検討してみよう。まずは運用寄託金の111兆4650億円からだ。この運用寄託金というのは、ＧＰＩＦ（年金積立金管理運用独立行政法人）に預けている年金積立金のことだ。これは将来の年金給付のために積み立てておくものだから、それを借金返済に使ったら、将来もらえるはずの年金が減ることになる。そんなことをしたら国民の大反発を受けるだろう。さらに、ＧＰＩＦに預けられたこのお金は、ほぼ全部国内外の債券や株に姿を変えている。ＧＰＩＦは日本の国債も大量に保有している。さて、日本政府が運用寄託金を借金返済に充てるために、ＧＰＩＦに「預けているお金を全部返せ」と言ったらどうなるだろう？

太　国債や株を売ってお金に換えないといけないよね。でもそんなことしたら国債も株も大暴落するじゃん。

モ　そのとおりだ。だから運用寄託金をＧＰＩＦから丸ごと返してもらい、借金返済に充てるなんてとても無理なのがわかるだろう。こう言うと「少しずつ売ればいい」なんて言う人が出てくるかもしれないが、仮に年間10兆円ずつ売っていったって、市場には相当な下押し圧力が加わるだろう。混乱は避けられない。

次は公共用財産だ。２０１７年度末だと約１５０兆円ある。これは道路や堤防、公園や海浜地など、公共の用に供されているものだ。太郎、これを仮に売ったとしよう。買った人はどうやって元を取ろうとするかな。

太　料金たくさん取って元を取るのかな。

モ　そうだね。高速道路については今でも料金を取っているが、それ以外の国道についても料金所だらけになるだろう。公園や浜辺も私有地になってしまうから勝手に入れなくなる。物凄く不便な世の中になるだろうね。だいたい、この公共用財産の評価額はあくまで財務省の評価額にすぎないから、この価格どおりに売れる保証もない。

では次に有価証券（約１１９兆円）を見てみよう。このうち最も割合が大きいのは米国債と見ていいだろう。この購入資金は政府短期証券（Financing Bill）を発行して調達されている。この短期証券は、一時的な現金不足を補うために発行されるものだから、すぐに返済することが予定されている。外貨証券を売って赤字国債や建設国債の返済に回してしまうと、この短期証券の返済ができなくなってしまう。さらに、正確な米国債の保有残高を政府は明らかにしていないが、２０１８年2月16日付のブルームバーグの記事によれば、日本は２０１７年末の時点で１兆６００億ドルの米国債を保有している。さて、これを一気に売りに出したらどうなるかな？

太　間違いなく米国債が大暴落するよね。

モ　そうだね。そして米国債の金利は急上昇して、アメリカの財政は急激に悪化するだろう。その先を考えてみよう。日本が米国債を売って手に入れるのは米ドルだ。でも日本国債は円建ての借金だから、それを返済するにはドルを円に換えなければならない。つまり、空前のドル売り、円買いが発生する。さて、為替相場はどうなるだろう。

太　そんなに物凄い勢いでドルを売ったら、超円高ドル安になるよね。

モ　そうだね。つまり、米国債と米ドルが共に暴落する。米ドルは世界の基軸通貨だから、世界中が大混乱に陥るだろう。また、**暴落した価格で米国債を売らざるを得なくなるから、**

日本政府の売却損も莫大なものになる。

この「米国債を売ればいい」っていうのはリフレ派に属する人たちが主張しているんだけど、彼ら自身の主張とも矛盾する。彼らは要するに「インフレになれば景気が良くなる」と主張している。しかし、米国債を一気に売ればドルが暴落し円高ドル安になるから、物価は大きく下がって物凄いデフレになる。デフレ脱却とは逆の結果になってしまう。

太　ちょっとずつ売ればいいんじゃないの？

モ　ちょっとといっても、全体の保有額が大きいからね。例えば年間10兆円ずつ売るにしても、市場に対する影響は大きいだろう。米国債に対する金利上昇圧力を延々とかけ続けることになる。アメリカも財政が苦しいのは同じだ。日本がそんなことをしたらアメリカはどうするだろうね。

太　めちゃくちゃ怒りそう。で、日本は基本的にアメリカの言いなりだから、アメリカの怒りそうなことはしないだろうね。

モ　そう。だから外貨証券を全部売るなんていうのは非現実的なんだ。だいたい、必要だから保有しているわけで、これがゼロになったら困るよ。例えば、極端な円安になった時は米国債を売って円高・ドル安に誘導して円安を食い止めるわけだが、それができなくなってしまう。次に貸付金（約113兆円）について見てみよう。これは大部分を財投債によって調達したお金が占めており、財投債の返済に使うべきだから、建設国債や赤字国債の返済には使えない。

太　財投債って、政府が財政投融資に使うために発行するやつだよね。政府はそれで調達したお金を財投機関に融資して、期限が来れば返済してもらう。そして、そのお金を財投債の返済に充てる。確かに、その貸付金を別の国債の返済に充てたら、肝心の財投債の返済ができなくなっちゃうね。

モ　これも別角度から見てみよう。この100兆円を軽く超える貸付金を一気に返せと言ったところで、そもそもすぐに返ってくると思うかい？

太　いや、無理だよね。それをやったら史上空前の貸しはがしになるよ。

モ　そうだ。長期で貸し付けているお金だから、いきなり返せと言っても返ってこない。無理やり返済させようとしたら、財投機関も貸付先に「返せ」と言わざるを得ない。貸しはがしの連鎖が起きて、日本経済が大混乱に陥るだろう。このように、貸付金をいきなり返せというのは非現実的だ。そこで、この貸付金をほかに売る、という手が考えられる。

太　貸付金って売れるの？

モ　うん。日本政府は貸付金について、平たく言うと「貸したお金の元本と利息を払ってもらう権利」を持っている。この権利を売る。例えば、100万円を利息5％、期間1年で貸したとしよう。この権利を、他人に95万円で売ったとする。

太　その権利を買った人は、元本との差額5万円と、利息が5万円付いて計10万円儲かるということね。ちゃんと返済されれば。

モ　うん。そして財政投融資は、民間金融機関なら低利での貸し付けをしないようなところへ、低利で貸しているものだ。それを民間に売るとした場合、相当値段を下げないと買ってもらえないだろうね。もともと金利が低くて儲けが薄い上に、リスクもあるからね。つまり、かなり売却損が出るだろう。そして、売却損が出た場合、肝心の財投債に対する返済資金が足りなくなってしまう。

太　で、足りなくなった分はまた別の国債発行で補うと……。それじゃあ、あんまり意味ないね。

モ　うん。では最後に出資金（約75兆）だ。これは、大部分が独立行政法人、国立大学法人、国際機関などに対するものだ。出資金は貸付金と違って基本的に返ってこない。その代わり配当が受けられたり、出資先の運営に関与できたりする。これはそもそも売買の対象にできるものではない。また、「返せ」と言ってもいきなり返ってくるものでもない。まあ独立行政法人を民営化して株式会社にし、その株式を売買するとかそういう方法はあるだろうけど、全部の独立行政法人が民営化に適しているわけでもない。

太　なんかほとんど売れない財産ばっかりじゃん。でも2017年度末の資産を見ると、現金・預金が約48兆円もあるよ。

モ　この現金・預金には翌年度にかけて入ってくる現金も含めて計上されていて、ほとんどは翌年度の支払いなどに使われている。例えば公務員の給料とか、何かを購入する代金に使われているのだろう。だからこれを借金の返済に回してしまうと、給料が払えなくなったりして大変なことになると思うよ。一部を返済に回すことは可能かもしれないけど。

太　そうなの。ところで、「日本の対外資産は世界一だから大丈夫」っていう話も聞いたことあるけど、それと今まで見た日本の資産はどういう関係なの？

モ　君の言っている日本の対外資産というのは、日本政府が保有している対外資産に加えて、民間企業や民間人が持っている資産も全部含めた額のことだよ。2017年末時点で、1012兆4310億円ある。ここから負債を引いた対外純資産は、328兆4470億円だ。

太　なんだ。日本政府がたくさん対外資産を持っているのかと思ったら、民間が持っている資産も合わせた額だったのね。日本政府の財政の話をしているのに、なんでそこで急に民間の財産も含めた話にすり替えるんだろうね。

モ　そうだね。「日本がピンチになった時に民間企業や民間人が豊富な対外資産を売って、日本の国債を買い支えてくれる」って前提が成り立つなら、「日本財政は大丈夫」っていう主張の根拠になるかもしれない。だけど、そんな現象起きると思う？

太　いや、起きないでしょ。ピンチになった国の国債なんていう危ないものを買うより、そのまま対外資産を保有しておいた方が絶対安全じゃん。

モ　そうだね。それから、「日本は経常収支黒字国だから大丈夫」と主張する人もいる。経常収支というのは、一国の経済が外国から受け取る所得から、外国へ支払う所得を差し引いたものだ。凄くざっくり言うと、日本に入ってきたお金から出ていったお金を引いたものだ。

太　それもあくまで民間も含めた日本全体の収支の話でしょ。日本政府単体の話じゃないよね。日本政府の財政の話をしているのにずれてるよね。

モ　そのとおりだ。問題なのは日本政府の収支だからね。経常収支の話とは次元が違う。

太　話を日本政府の資産に戻すと、結局、「資産がたくさんあるから大丈夫」ってウソだよね。そういう主張をしている人たちは、貸借対照表をほんとに詳細に検討したことなんてないんだろうな。

モ　そう。それに、仮に百歩譲って全部売れたとしても、借金は残る。それについては、日銀がすでに国債を400兆円以上買入れているから、その分はチャラになっていると主張する人がいる。しかし、さっき説明したとおり、チャラになっているわけではなくて、国債が日銀当座預金に入れ替わっているだけだ。

そして、その膨れ上がった日銀当座預金のリスクが、いざインフレになった時に顕在化する。逆に今のままの物価水準がいつまでも続くのであれば、顕在化はしないんだけどね。ここら辺の仕組みは非常にわかりにくいから、説明しても結局理解されない。いざ極端なインフレが起きて大変なことになった時でも、やっぱり理解されないかもしれない。そして、理由がよくわからないから、変なデマもいっぱい出回るだろうね。そういうデマに振り回されないためにも、国債の仕組みを理解しておく必要がある。原因を本当に理解していないと、また同じことを繰り返してしまう。ではこんな状態になる前にどうすべきだったのか、次章ではいよいよ税金についての話をしよう。

第6章　税金が通貨の信用を支えている

税金はもともと現物で取っていた

モ　人類はその昔、狩猟採集生活をしていた。これだと、自然から食物を得るだけだから、確保できる食料に限界がある。しかし、ある時から農耕・牧畜を始めた。つまり、自然に働きかけて食料を自ら作り出すようになった。

これによって、たくさんの食料を確保できるようになったので、人口も飛躍的に増大した。こうやって人口が増えると何が起きると思う？

太　人がたくさん増えるから、紛争が起きそうだね。

モ　そうだ。だから、人を統率する国という存在が必要になる。

太　国があるということは、法律も生まれることになり、その法律を作る政治家も登場することになるね。

モ　そうだね。また、全員が農耕・牧畜をする必要はないから、一部の人が食料生産以外のことをするようになる。そうやって多様な職業が生まれていく。その職業の中には学者もあって、様々な学問が発展していった。文明は農耕・牧畜が生み出したものだ。

さて、国がしなければいけないことはいろいろある。建物や道路工事などの公共事業、治安維持のための警察活動、国民の教育、国防、そして社会保障。こういう国の仕事をやるためには大勢の人に働いてもらい、モノもたくさん購入する必要がある。

しかし、誰もタダでは働かないし、モノを譲ってはくれない。だから、対価を与える必要がある。硬貨がまだない時代には、穀物などの現物を対価として与えていた。そういう現物を国がどうやって手に入れるかと言えば、国民から税という形で徴収するしかない。

太　そうか。硬貨がない時代には現物で給料を払うしかないから、税金も現物だったんだね。

モ　そう。もともと現物だったし、一部は直接労務を提供させていた。現物は穀物や布、または地方の特産品を納めさせていた。穀物も布も通貨として使用されていた時期があることは、すでに説明したね。そして、硬貨が普及すると、硬貨を税として納めることも認めた。結局、交換の対価として人々が硬貨を受け取るようになれば、それを使って労務提供を受けたりモノを買ったりすることが可能になるからね。

太　硬貨を発明したのなら、税なんて徴収しないで、硬貨を発行しまくれば済むんじゃないの。

モ　不可能だね。硬貨の製造ペースには限界があるからだ。だから、新しく硬貨を作って発行するだけではなくて、すでに発行した硬貨を税として回収し、使い回す必要がある。

この「お金が使い回される」という点がポイントだ。

日本においては、江戸時代までは、現物（米）で納める年貢が主な税収だった。現物ではなく、すべて通貨で徴税するようになったのは明治維新の後だ。**税金はもともと現物を取っていた、という点が重要だ。それが現代は通貨に姿を変えたにすぎない。**つまり、国民が現実にこの世に生み出した価値あるモノを税として取り、それを労務やモノなど様々な価値と交換することで国家を運営していたということだ。もっとざっくり言えば、**税とは「価値を集めて、それを分配するもの」**と言える。

国債の信用を支えているのは、この税金だ。**税金で元本と利息を払ってもらえるという信頼があるから、国債は成り立っている。**突き詰めれば、その国の国民が、財やサービスなどの価値をこの世に生み出していくということが信頼の前提になる。国家はその生み出された価値を税として集め、返済に充てる。

太　そうすると、国債を買う側からすれば、「その国の国民が財やサービスなどの価値を生み出し続けることができるのか」っていうのが重要になるね。なんか会社の株と似ているね。

モ　そう。まったく同じだ。財政が安定して信頼のできる国の国債なら人気があるから価格も安定し、国債と表裏の関係にある通貨も価値が高まって安定する。ただ、日本の場合は、財政が安定しているというより、「金は余っているけどほかにめぼしい投資先がないし、周りもみんな買っているから」という理由で国内金融機関がいわば思考停止状態で国債を買い続けたから、値段が安定しただけなんだけどね。そして今では日銀が国債を爆買いしているから、値段が安定している。

国債の利息と元本は、その国の通貨で支払われる。それは、その国の国民が生み出した価値が姿を変えたものだ。

太　で、ＧＤＰはその国が生み出した価値を全部合わせたものだから、それが返済能力の目安になるわけね。

世界最悪の政府総債務残高対ＧＤＰ比

モ　そのとおり。そして、税金は基本的にその国の国民が生み出した価値から取られるものだから、税が重いのか軽いのかは、その税収がＧＤＰに占める割合（対ＧＤＰ比）で見るのが正しい。

借金の大きさについても同様だ。だから政府総債務残高対ＧＤＰ比が重視される。なお、

図6-1　政府総債務残高対GDP比(2018年)

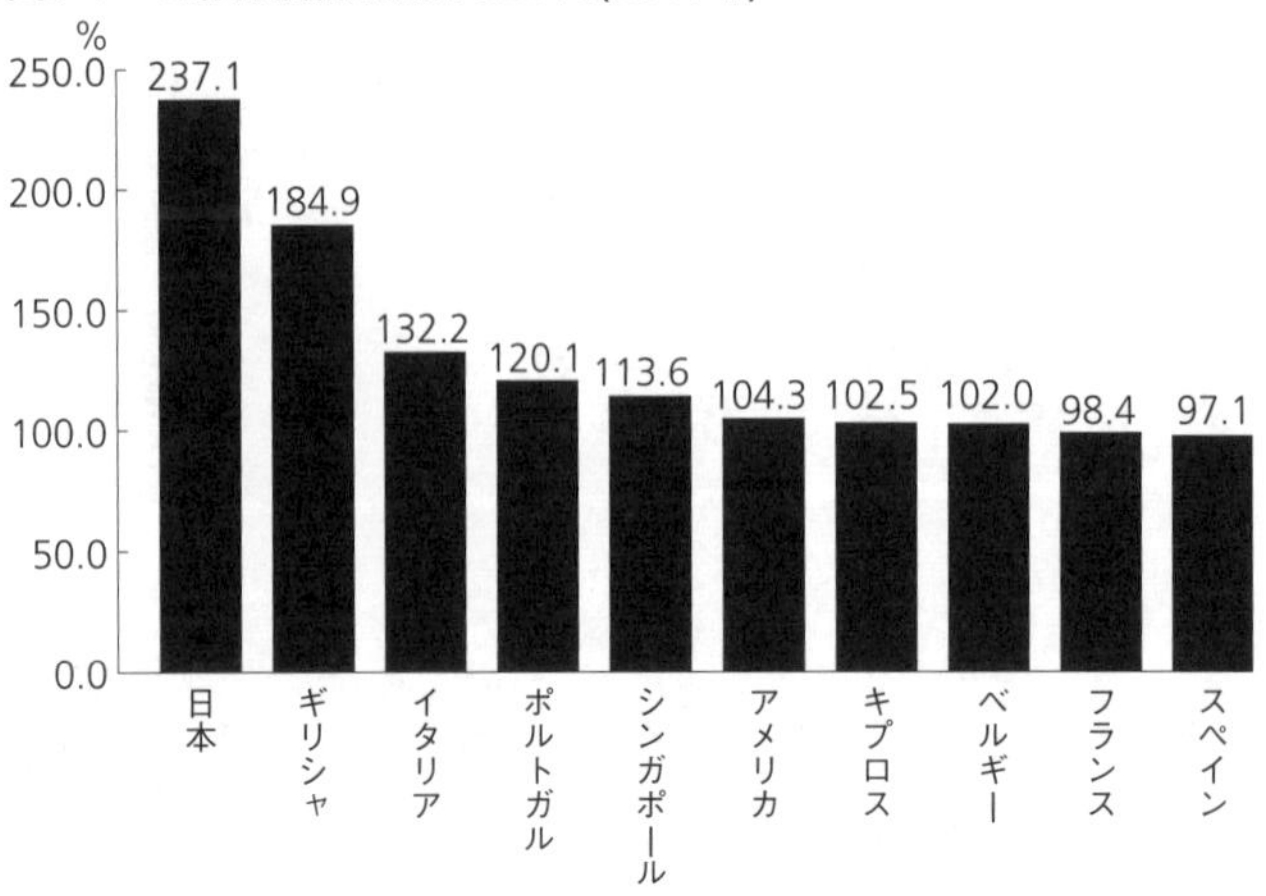

出典：IMF「World Economic Outlook Database; April 2018」

日本の現在の政府総債務残高対ＧＤＰ比は２３７・１％で、先進国の中でダントツだ（**図６－１**のグラフ）。ちなみに、**先進国以外のＩＭＦにデータがある国すべてと比較しても１位だ。**

税の種類はいろいろあるが、何がメインなのか、２０１９年度の一般会計予算で確認してみよう。**図６－２**のグラフだ。

太　税収が最も大きいのは所得税だね。歳入の19・６％を占めている。次が消費税の19・１％。法人税が12・７％。

所得税と法人税

モ　そう。この３つが、基幹３税と言われている。この中で最も古いのが所得税で、日本で導入されたのは１８８７年。世界で最初に導入さ

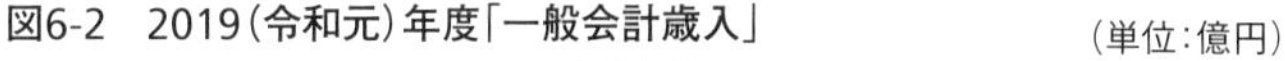
図6-2　2019（令和元）年度「一般会計歳入」　（単位：億円）

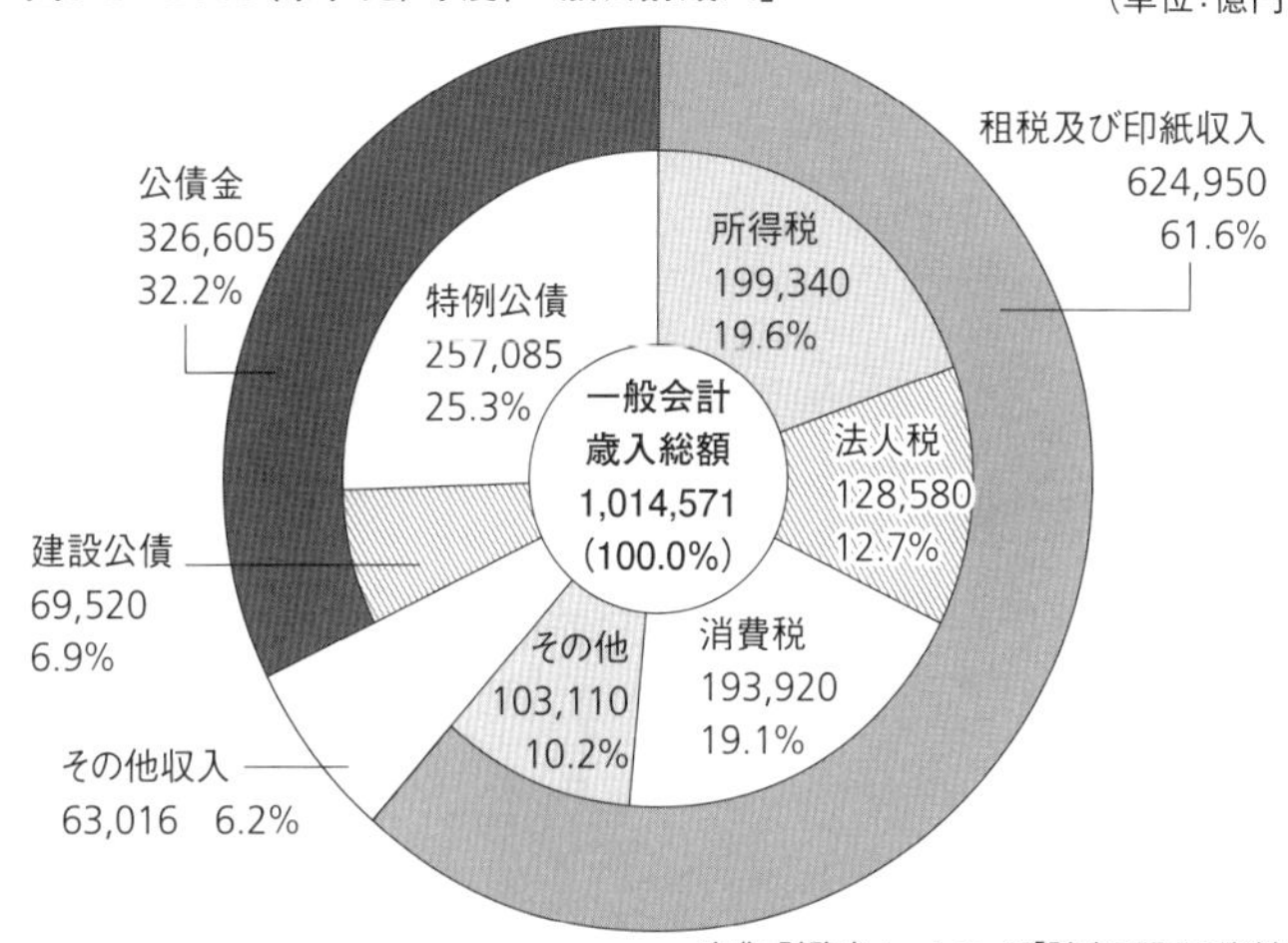

出典：財務省ホームページ「財政に関する資料」

れたのはイギリスで、１７９８年だ。

所得税というのは、簡単に言えば収入から必要経費を除いた利益に対して課される税金のことだ。例えば、君が会社の社長で、何か材料を買って商品を作るとしよう。君の手元に残るのは、その商品を作るために払った原材料費や、人件費、広告費などを除いたお金だ。そのお金に課税される。

太　じゃあ、必要経費が収入を上回ったら、課税されないのね。

モ　そう。そういう**赤字の状態になると課税されない**。そこがポイントだ。

イギリスで所得税が導入された契機は、膨大な軍事費を賄うためだ。日本も同様に、軍事費を賄うという目的があった。軍事費は短期間に膨大な金額になるから、新しい徴税技術を生み出す契機になる。最初は所得税の割合は歳入の2％程度で、当時の歳入はほとんど土地に課される地租と、お酒に課される酒税が占めていた。だが、所得税の税率はどんどん上がっていき、一番高い時で最高税率が75％もあった（1974～83年）。

太　えー。それって1億円稼いでも7500万円持っていかれるってこと？

モ　いや。よく誤解されるんだが、所得税の仕組みは「超過累進税率」と言って、税率が適用されるのは一定の金額を超えた部分だけだ。当時、75％が適用されたのは、8000万円を超える部分だけ。後は細かく分類されていて、当時の税率は19段階もあった。段階ごとに金額が設定されて、その金額を超えた部分に、各段階の税率が適用される、という仕組みになっている。

今は大きく下げられて、最高税率は45％だ。税率を簡単に計算できる国税庁の速算表があるので参考までに載せておこう。**図6－3**の表だ。

太　今は7段階なのね。昔に比べるとずいぶん簡素化したね。

モ　話を戻そう。1887年に導入された所得税だが、その納税義務者の範囲は、300万円以上の所得を有する「個人」に限定され、法人は免税されていた。

図6-3　所得税の速算表（2015年分以降）

課税される所得金額	税率	控除額
195万円以下	5%	0円
195万円を超え 330万円以下	10%	97,500円
330万円を超え 695万円以下	20%	427,500円
695万円を超え 900万円以下	23%	636,000円
900万円を超え 1,800万円以下	33%	1,536,000円
1,800万円を超え 4,000万円以下	40%	2,796,000円
4,000万円超	45%	4,796,000円

出典：国税庁ホームページ「所得税の税率」

太　えっ、そんなのずるいじゃん。みんな法人形態にしちゃえば簡単に課税逃れができちゃうよ。

モ　そのとおりだ。だから、1899年に所得税が全面改正され、法人にも所得税が課されることになった。これが法人税の始まりだ。

太　所得税から逃げられないようにしたわけね。

消費税

モ　次に、消費税だ。その前身は物品税というもので、主に贅沢品（ぜいたくひん）が対象にされていた。1937年に北支事変特別税の一つとして物品特別税が創設され、1940年に一時的な法律ではなく、恒久的な法律として物品税法が制定された。当時は戦争中だったから、膨大な戦費を賄うことが目的だった。

なお、世界では、消費税は付加価値税と呼ばれているが、同じものと考えてよい。導入が最も早かったのはフランスで、第一次世界大戦中の1917年に、付加価値税の前身とも言える支払税が創設された。これも戦費を賄うのが目的だったのだろう。そこから改変が重ねられ、1954年に付加価値税になった。付加価値税についての財務省の説明を引用しよう。

日本の消費税は、他の国では付加価値税と呼ばれるものです。付加価値税は、製造、卸、小売りといった取引の各段階ごとに、各事業者の売上に課税する一方、課税の重複を回避するため、前段階で負担した税額を控除する、多段階課税の仕組みです。フランスで最初に国税として導入され、現在、OECD*加盟国34ヶ国中、アメリカを除くすべての国に付加価値税がありますが、付加価値税を地方税のみとして導入している国はなく、「諸外国では消費税は地方の財源となり国の財源ではない」というのは誤りです。

モ　君が会社の社長で、50円で原材料を仕入れて、150円でモノを売るとしよう。この原材料に加えられた100円は、君が新たに追加した「価値」と言える。その価値に対して課税するから、「付加価値税」という名前がついている。この仕組みは日本の消費税と同じだ。そして、この例に消費税を加えて考えると、原材料費が50円だから、消費税率は10%なので、消費税は5円。君は原材料を売る業者に、これを支払う。そして、君が売る商品の値段は150円だから、消費税は15円。これを君はお客さんから払ってもらう。君はすでに5円を原材料業者に支払っているから、君が国に納める消費税は15－5＝10円だ。

この例でわかるとおり、消費税を直接納めるのは事業者だ。しかし、事業者は消費税分を価格に上乗せするので、負担するのは買う人になる。このように、納税する人と負担する人が異なるので「間接税」と呼ばれている。

太 ふーん。さっきの財務省の説明だと、アメリカには消費税がないのね。いいなぁ。

モ いや、その後の説明でこういうことも書いてあるよ。

＊ＯＥＣＤ＝「Organisation for Economic Co-operation and Development：経済協力開発機構」の略。先進国間の自由な意見交換・情報交換を通じて、①経済成長、②貿易自由化、③途上国支援（これを「ＯＥＣＤの三大目的」という）に貢献することを目的とする国際機関。36カ国が加盟している。

図6-4　OECD加盟国と日本の税収対GDP比(2015年)

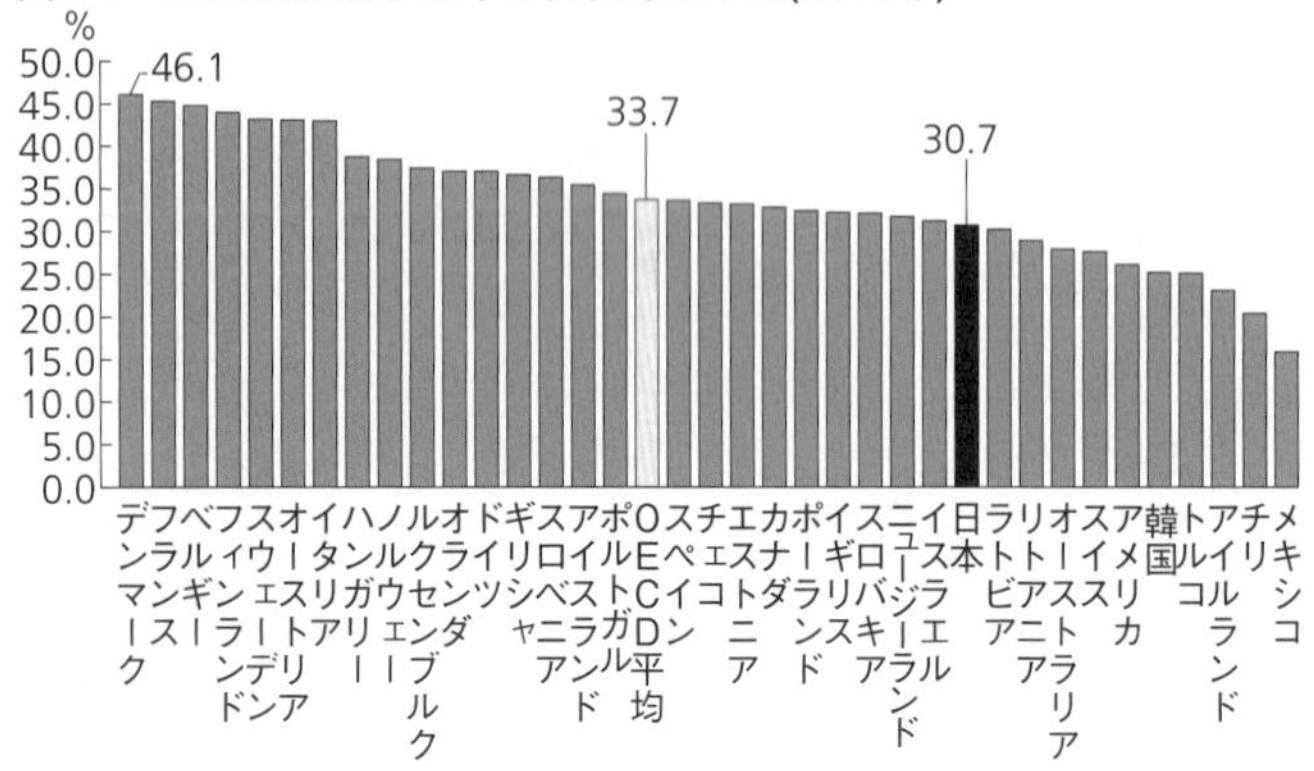

（注）データは2020年2月7日時点の情報に基づく。　出典：OECD.Stat

なお、アメリカでは、州により税率の異なる小売売上税が課されていますが、これは小売段階で一度きり課される税であり、日本や欧州で採用されている多段階課税の消費税・付加価値税とは異なるものです。

太　なんだ。結局最終消費者には、消費税と似たような負担が課されるのね。

各税収の国際比較

モ　そう。だから、一般消費者にとっては、何か買う際に税金を負担するという点は変わらない。さて、ここで、ＯＥＣＤ加盟国と日本の税収対ＧＤＰ比*を見てみよう。２０１５年のデータで比較するよ。**図6-4**のグラフだ。

図6-5　OECD加盟国と日本の社会支出対GDP比(2015年)

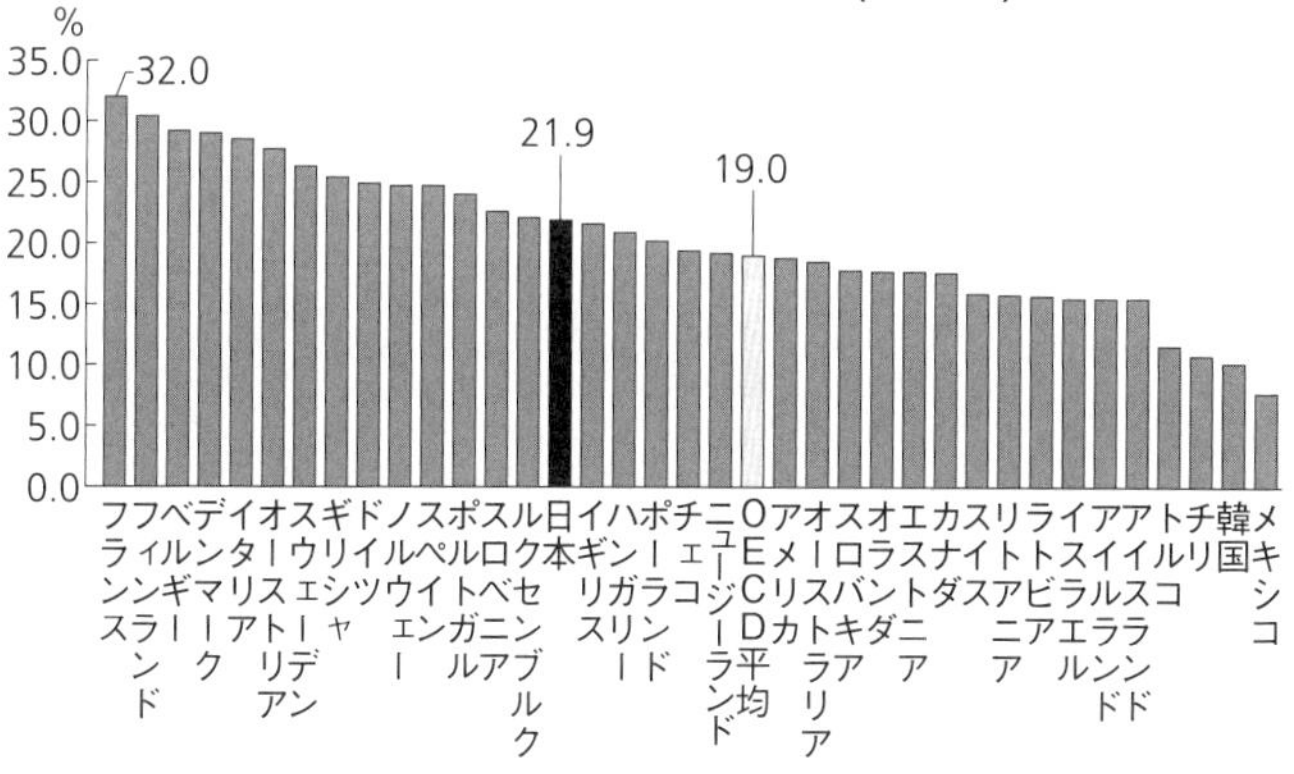

（注）データは2020年2月7日時点の情報に基づく。　出典：OECD.Stat

太　日本は36カ国中26位の30・7%か。1位のデンマークが46・1%だから、15・4ポイントも差があるのね。下から数えた方が早いな。

モ　次は社会支出対GDP比について比較してみよう。社会支出とは、ざっくり言って社会保障費のことだと思えばよい。こちらも2015年のデータで比較する。**図6-5**のグラフだ。

太　こっちだと、日本は36カ国中15位の21・9%か。なんか、税収対GDP比の順位より11も上がるのね。バランスが取れてないんじゃないの。

＊ここでいう「税収」とは、データ引用元であるOECDの定義によると「収入と利益に対する税、社会保障拠出金、商品とサービスに課される税、給与税、所有権と財産の譲渡にかかる税、およびその他の税から徴収される収入」のことを指す。

図6-6　税収対GDP比ー社会支出対GDP比(2015年)

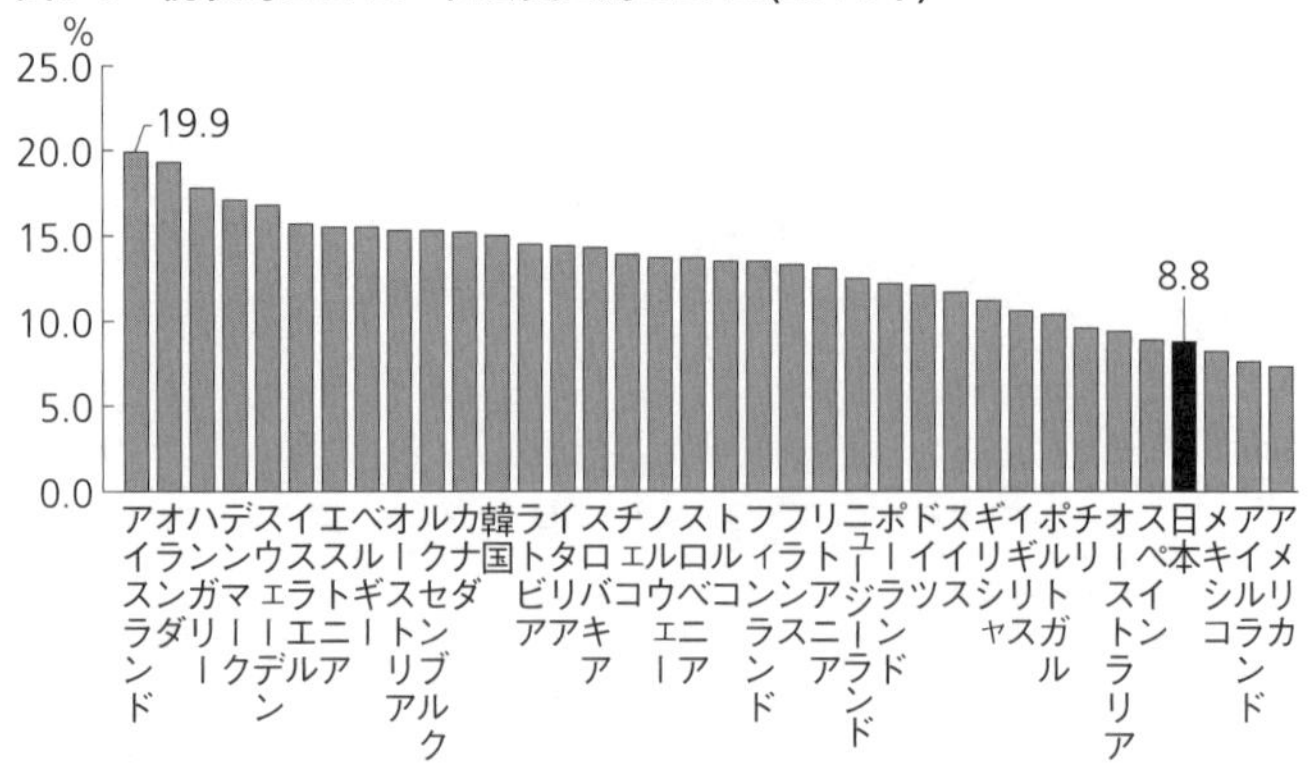

（注）データは2020年2月7日時点の情報に基づく。　出典：OECD.Stat

モ　そう。簡単に言えば、税金の重さは下の方なのに、社会支出の多さは真ん中より上にいるということだ。**負担の重さと支給の多さのバランスが取れていない。**その差額が、膨大な債務となって積み上がっていると言ってよいだろう。

　これをよりわかりやすくするために、税収対ＧＤＰ比から社会支出対ＧＤＰ比を引いた値を見てみよう。**図6-6**のグラフだ。これが少なければ少ないほど、ギリギリで社会支出を賄っていることになる。

太　**日本は36カ国中、下から4番目だ。**日本より下は、メキシコとアイルランドとアメリカしかいないね。社会支出以外に充てられる税収はこれしかないってことでしょ。物凄く苦しい財政になるね。

モ　そう。これをやりくりするには、借金をたくさんするしかない。だから、膨大な借金が積み上がっ

図6-7 Taxes on income, profits and capital gains of individuals(2015年)

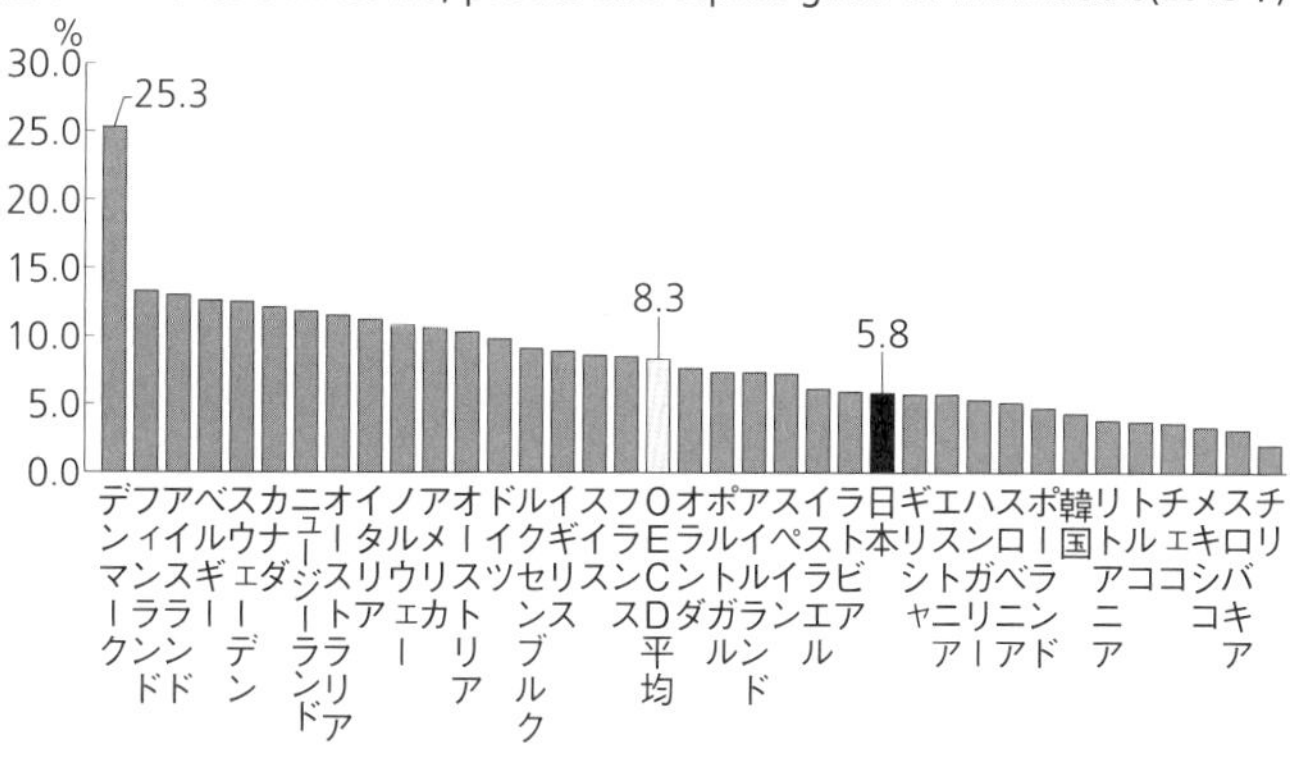

（注）データは2020年2月7日時点の情報に基づく。

出典：OECD.Stat

ている。では個別の税収対GDP比について見てみよう。まずは、個人の給与所得や株の配当収入などに対する課税*だ。これはだいたい日本でいうところの所得税・住民税などに当たると考えてよいだろう。**図6-7**のグラフだ。

太 デンマークがダントツの25・3%で、日本は5・8%の24位。OECD平均の8・3%よりも低いね。

やりすぎた減税

モ デンマークは社会保険という仕組みを採らず、社会保障の全額を税金で賄っている。だからダントツの数値になっていると言えるだろう。そして日本の数値が低いのは、景気対策のために減税をしすぎ

＊OECDの用語では「Taxes on income, profits and capital gains of individuals」。

図6-8　税制改正の影響を除いた税収（所得税・法人税）

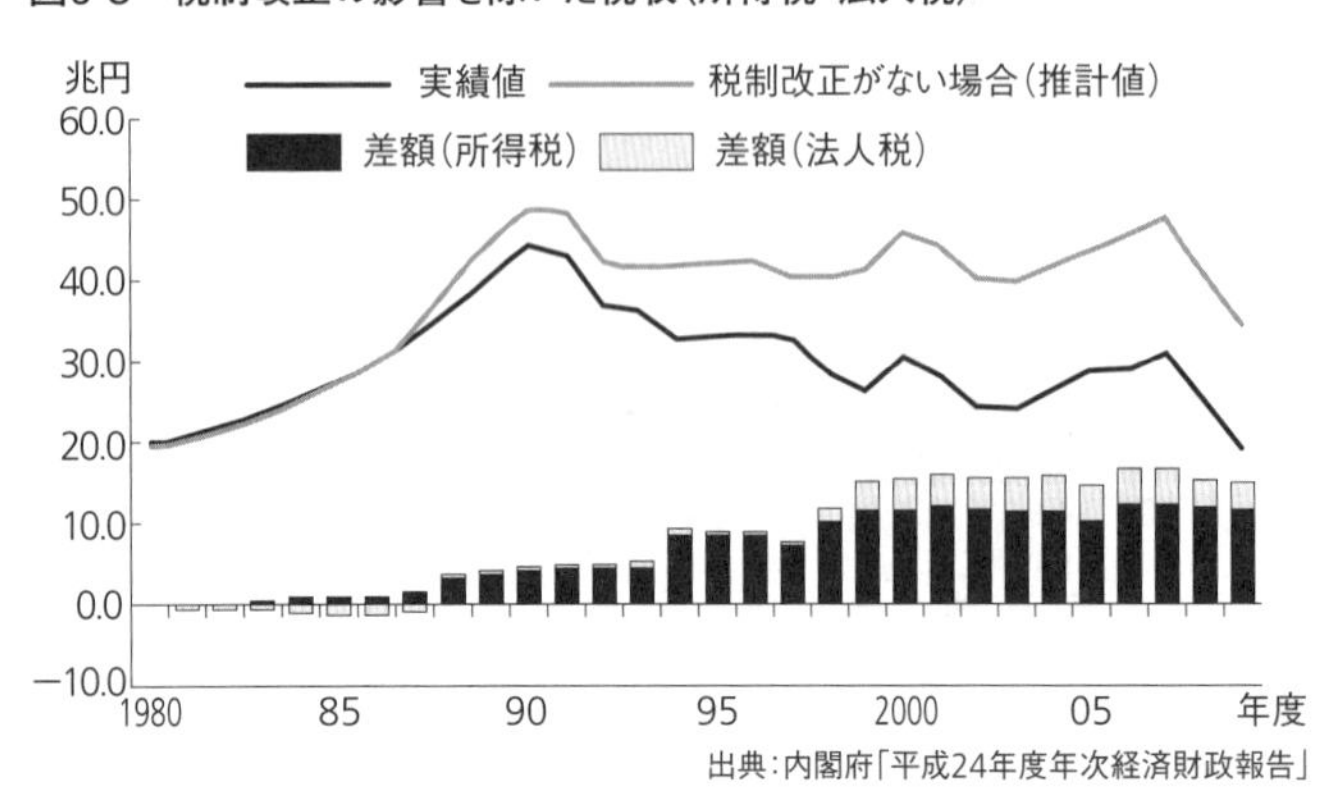

たことも影響している。減税をしなかった場合の税収の推計値を内閣府が出しているので、それを見てみよう。**図6－8**のグラフだ。

太　全然違うね。１９９９年度以降は、減税しなかった場合との所得税の差額が毎年10兆円ぐらいになっている。

モ　そうだ。景気が悪くなれば、ただでさえ所得税収が減る。そこへ、景気を良くするために減税した。しかし、肝心の景気はたいして回復せず、税収が減っただけになってしまった。踏んだり蹴ったりだ。

法人税が減税されてきたことは多くの人が指摘するが、**減税幅は所得税の方がはるかに大きい**。この所得税減税は労働者も恩恵を受けている。

ところで、所得税は非常に不平等な状態になっている。やや古い資料だが、２０１３年の所得税の負担率

図6-9　申告納税者の所得税負担率(2013年分)

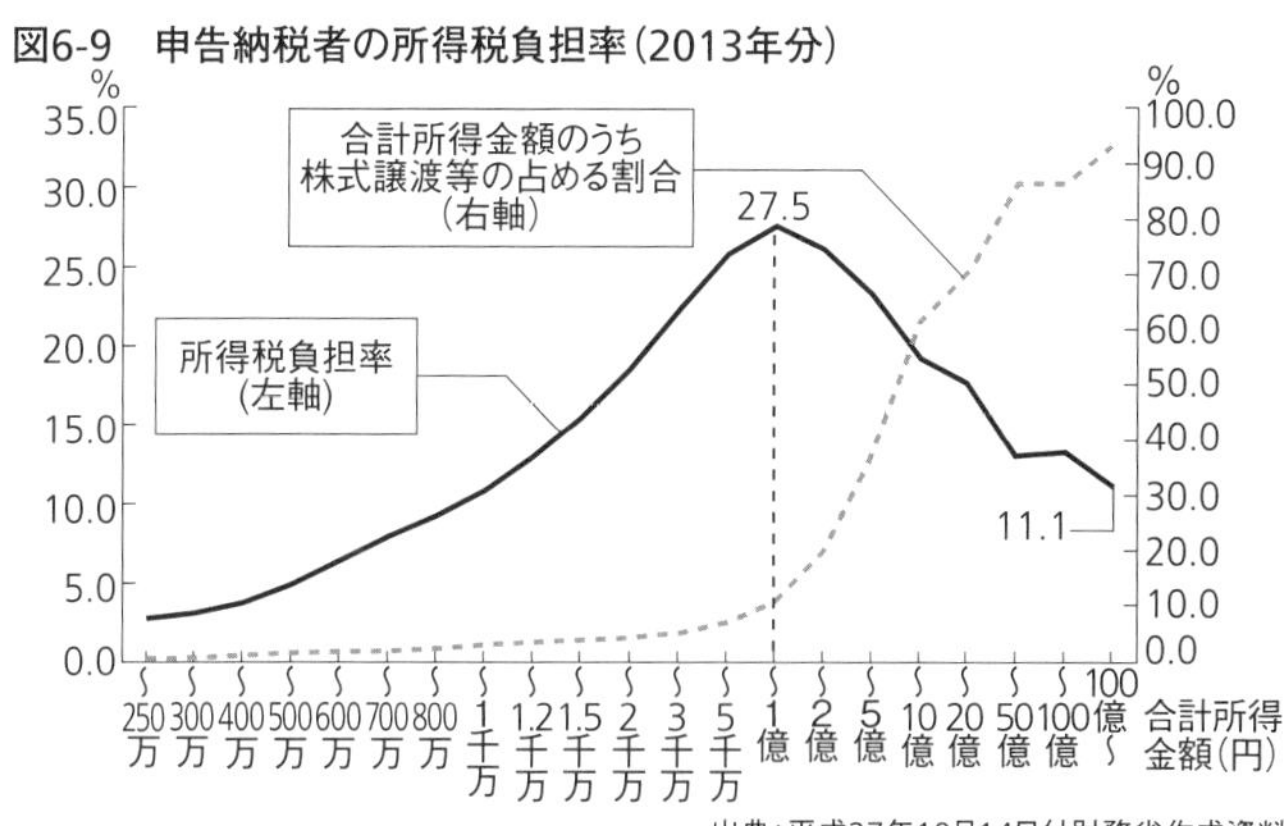

出典：平成27年10月14日付財務省作成資料

を見てみよう。**図6-9**のグラフだ。これは自分の所得に対して、所得税をどれくらい負担しているのかを示すものだ。

太　何コレ？　所得が1億円を超えると、どんどん負担率が軽くなっていくじゃん。所得100億円超えの人なんて11・1%しか負担してないよ。これなんで？

モ　これは分離課税が影響している。さっき国税庁の所得税速算表を見たが、株を売って得たお金にはあの税率は適用されない。給料による所得とは分けて計算される。だから「分離」課税という。

株式譲渡益の税率は所得税だけだと約15%、住民税も含めて約20%だ（2037年末までは復興特別所得税が上乗せされるので、細かく言うと20・315%）。

太　え？　株でどんなに大儲けしても一律約20%ってこと？

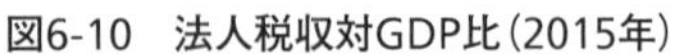
図6-10　法人税収対GDP比（2015年）

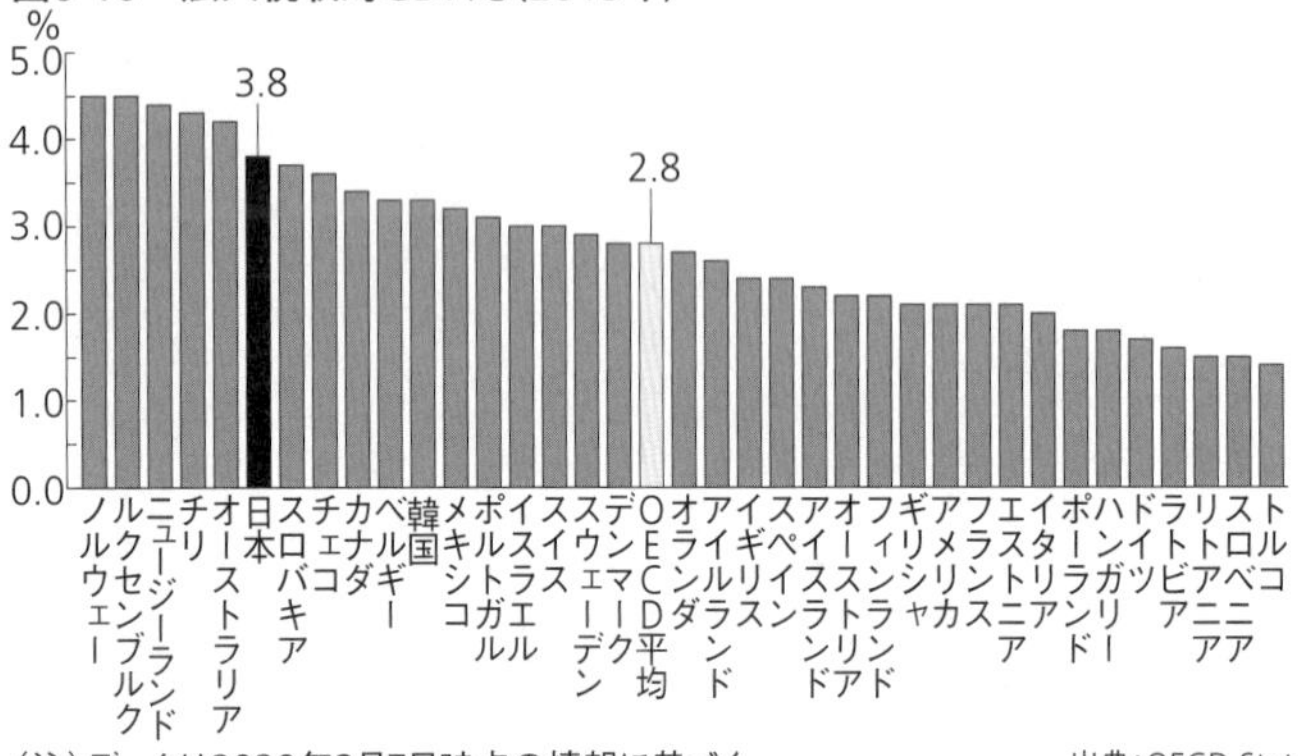

（注）データは2020年2月7日時点の情報に基づく。　出典：OECD.Stat

モ　そう。ちなみに2013年末まではこれが約10%だった。先ほどの図6-9のグラフを見てごらん。所得100億円超えの人の場合、90%以上を株式譲渡などの所得が占めているのがわかるだろう。

太　超ずるいじゃん。株で大儲けした人ほど負担が軽いってことでしょ？　なんでこんなことするの？

モ　こうやって優遇することで株取引などの金融取引が活発になり、経済成長に役立つと考えたんじゃないかな。こういう分離をしない「総合課税」だったら、所得税の税収はもっと多かっただろう。

太　ほんとに何やってんの……それで大した経済成長もできずに、お金持ちはさらにお金持ちになってるのね。減税を繰り返した上に分離課税までしてたんじゃ、所得税は国際的に比較して少ないのも当たり前だね。

モ　日本の税収が伸びなかった要因の一つは、そこに

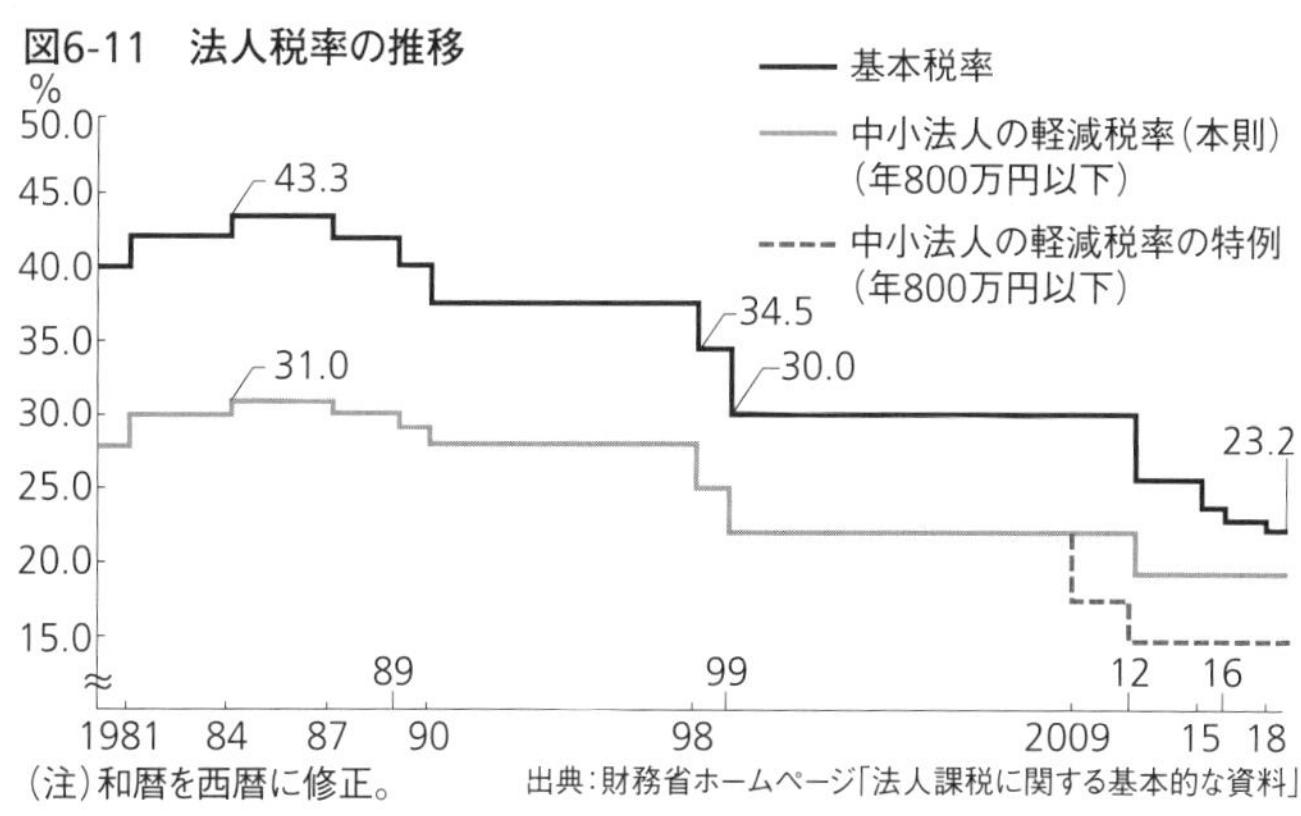

（注）和暦を西暦に修正。　出典：財務省ホームページ「法人課税に関する基本的な資料」

あるだろう。では次に法人からの税収の対ＧＤＰ比を見てみよう。**図6-10**のグラフだ。

太　日本は6番目（３・８％）で、ＯＥＣＤ平均よりも高いのね。

モ　そう。よく「日本は法人税が高い」と言われているけど、このデータを見るとそれが本当なのがわかる。では日本の法人税率の推移を示した**図6-11**のグラフを見てみよう。地方税の税率は含んでいないことに注意してね。

太　どんどん下げてきてるね。昔は43・3％もあったのが、今はそれより20％くらい下げられている。１９９７年の金融危機の後に2年連続で税率を下げて30％にしたのか。

こうやって減税した上に、結局大して経済成長できなかったから税収が落ち込んだわけか。そして、しばらくそのままだったけど、２０１２年から細かく法人税率を下げてきているのね。

モ　そう。法人税率を引き下げることは世界的な流行になっている。法人税率を引き下げて企業を誘致する国が増えたことが影響しているのだろう。放っておくと大きな企業が自分の国からどんどん逃げだしてしまい、税収が下がるかもしれないと危惧して、みんな法人税率を下げ始めたんだろうね。

だけどね、こうやって税率だけを見ていると非常に高く見える法人税なんだけど、日本の法人税は大企業に極めて有利になっていて、不公平な状態になっているんだ。２０１２年度のものなのでやや古いが、中央大学名誉教授の富岡幸雄氏がまとめたグラフを見てみよう。**図6-12**のグラフだ。これは、企業が得た利益（法人税を取られる前の利益）に対して、実際にどれくらいの割合で法人税を負担しているのかを、企業の規模別に示したものだ。

太　資本金が5億円以下の企業までは負担が徐々に上がっていくけど、それ以降になるとどんどん下がっていって、１００億円超になると12%ぐらいしか負担してないよ。なんでこうなるの？

モ　理由はいくつかあるが、代表的なものを挙げるとすれば、受取配当金が課税対象に入らないことになっていることが大きいだろう。

図6-12　資本金階級別法人税平均実効負担率（2012年度分）

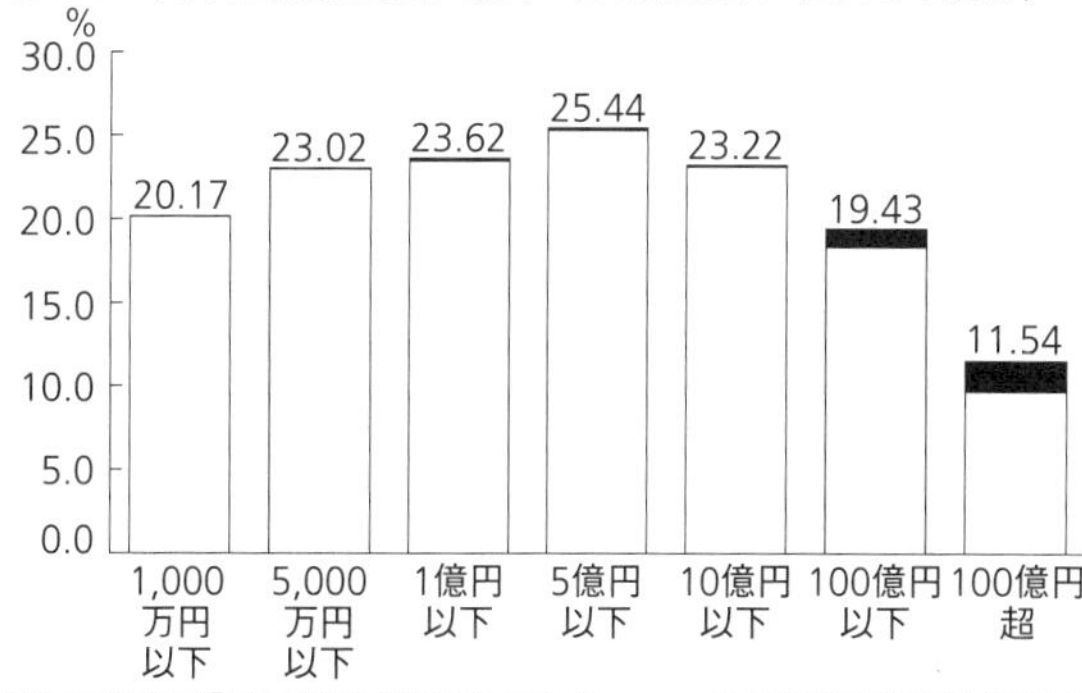

（注）■部分は「外国税額」相当分を示す。　出典：富岡幸雄『税金を払わない巨大企業』（文春新書）より作成

大企業は子会社をたくさんもっているけど、そこからもらう株の配当金には課税されないということだ。だから法人税の負担が軽くなる。具体的に言うと、株式について3分の1超の発行額を保有している会社から得る配当金については、課税の対象外になる。*

太　ずるいよ。なんでそんなことするの。

モ　「二重取りを防ぐため」と言われている。株の配当金は、子会社が法人税を払って残ったお金から支払われる。そこにまた課税した場合、二重取りになる。それは取りすぎでしょう、ということで課税の対象にされない。そして、海外の子会社からの株の配当金の受け取りについては、95％が課税の対象にならない。

＊保有割合が5％超3分の1以下の場合は配当金の50％が益金不算入、5％以下の場合は20％が益金不算入。

太　それ、ほとんど全部じゃん……。

モ　そう。その海外子会社のある国の法人税が日本より安ければ、ぼろ儲けになる。現地国には日本より安い法人税を払い、その会社から得る配当には日本において5％しか課税の対象にならない、という結果になるからね。大企業は海外にも子会社をたくさんもっているから極めて有利だ。

あとは「繰越欠損金」という仕組みが認められていることも大きい。これは赤字分を翌期以降に繰り越せる制度のことだ。例えば、ある年に10億円の赤字を出し、翌年10億円の黒字を出したとしよう。この場合、10億円の赤字を繰り越して、翌年の10億円の黒字を帳消しにして法人税をゼロにできる、というのが繰越欠損金だ。直近で言うと、2018年4月1日以降開始の事業年度で生じた繰越欠損金については、10年間繰り越せることになっている。

太　じゃあさ、不良債権処理で大損害を被った銀行なんかは、繰り越ししまくったんじゃないの？

モ　うん。1997年の金融危機の後は、大きな銀行が莫大な欠損金を繰り越して、ずーっと法人税を納めない状態が続いていた。また、リーマンショックが起きた時は、多くの企業が赤字になり、その後何年間かはずっと法人税を納めない状態が続いた。

太　そんなことやってるから、全然税収伸びないんじゃん……。

タックスヘイブン

モ　きりがないのでこれぐらいにしておくけど、ほかにも大企業に有利になるような仕組みがある。結果として、大きな企業ほど実際の法人税負担率が低くなっているのは不公平だと言えるね。

そして、所得税と法人税の問題はこれだけじゃない。ここまで見てきた数値は、**あくまで課税当局が捕捉できたお金についてのものだ。捕捉できないお金がたくさんある。**

多国籍大企業や富裕層は、タックスヘイブンと呼ばれる、課税が凄く低いか、または免除される国や地域を利用して、税金の支払いを逃れている。有名なところではバージン諸島やケイマン諸島、アメリカだとデラウェア州がある。こういうところに資金を集めて課税を逃れる手法が横行している。例えば、タックスヘイブンに海外子会社を設立し、そこに利益をほとんど移して、本国にある本社に利益が出ないように操作すれば、本国で納める法人税を大幅に抑えることが可能になる。

やや古いデータだが、アメリカ内国歳入庁（ＩＲＳ）の報告によると、２００６年のタックスギャップ（本来納税されるべき額と実際に納税された額の差）は４５００億ドルにも達した。1ドル＝１００円とすれば、実に45兆円もある。日本の一般会計予算の半分に近い超巨大な額だ。こんなに差が生じる原因には、タックスヘイブンの存在が大きく影響している。

国際的大手ＩＴ企業であるＧＡＦＡ（グーグル、アップル、フェイスブック、アマゾン）も、タックスヘイブンを利用して大幅に税金の支払いを抑え込んでいる。これが税収の大きな低下を招いている。世界的に法人税や所得税が減税されてきているのも、タックスヘイブンのせいで法人や富裕層の資金が逃げていくのを防ぐという面がある。

各国が協調して、きちんとこういう企業から税金を取っていく必要があるし、タックスヘイブンの存在も許してはいけないだろう。ただし、タックスヘイブン側は、著しく税率を下げるなどして大企業や富裕層の財産を呼び込むことにより潤っている側面がある。

そして、タックスヘイブンの中心はイギリスの海外領だ。イギリスのＧＤＰの約10％は金融業が占めているが、イギリスの海外領にタックスヘイブンが存在することにより、そこへ流れる資金に関係する金融取引で利益を得ている。だからイギリスは、課税強化については強硬に反対する。これはすぐには解決しない問題だ。

太　ちょっと前に、パナマ文書とかいうのが問題になったよね。

モ　うん。パナマ文書というのは、パナマの法律事務所「モサック・フォンセカ」のデータのことだ。何者かが南ドイツ新聞に持ち込んで発覚した。この法律事務所は、タックスヘイブンでの会社設立などを主な業務としている。流出したデータは2・6テラバイトもあり、過去40年、1150万件ものタックスヘイブンにおける取引データが記録されていた。その中には、世界各国の政治家、経済人、著名人、スポーツ選手などが含まれていた。

この文書の流出元であるモサック・フォンセカは、この手の分野の事務所では4番手か5番手の大きさだ。だから、流出したデータはタックスヘイブンのほんの氷山の一角にすぎない。そして、この事務所が手掛けていたのは、あくまで法の抜け道を利用した合法的な節税だ。非合法なものまで含めたら、タックスヘイブンのせいでどれだけお金が逃げているかわからない。

太　それ、本来ならそういうのを規制しなければいけない立場にいる政治家たちも、タックスヘイブンでおいしい思いをしているってことだよね。それも規制が進まない理由の一つじゃないの。

モ　それは間違いないだろうね。ちなみに、日本人や日本企業がタックスヘイブンとして

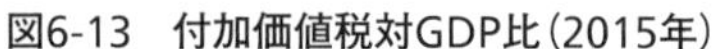
図6-13　付加価値税対GDP比（2015年）

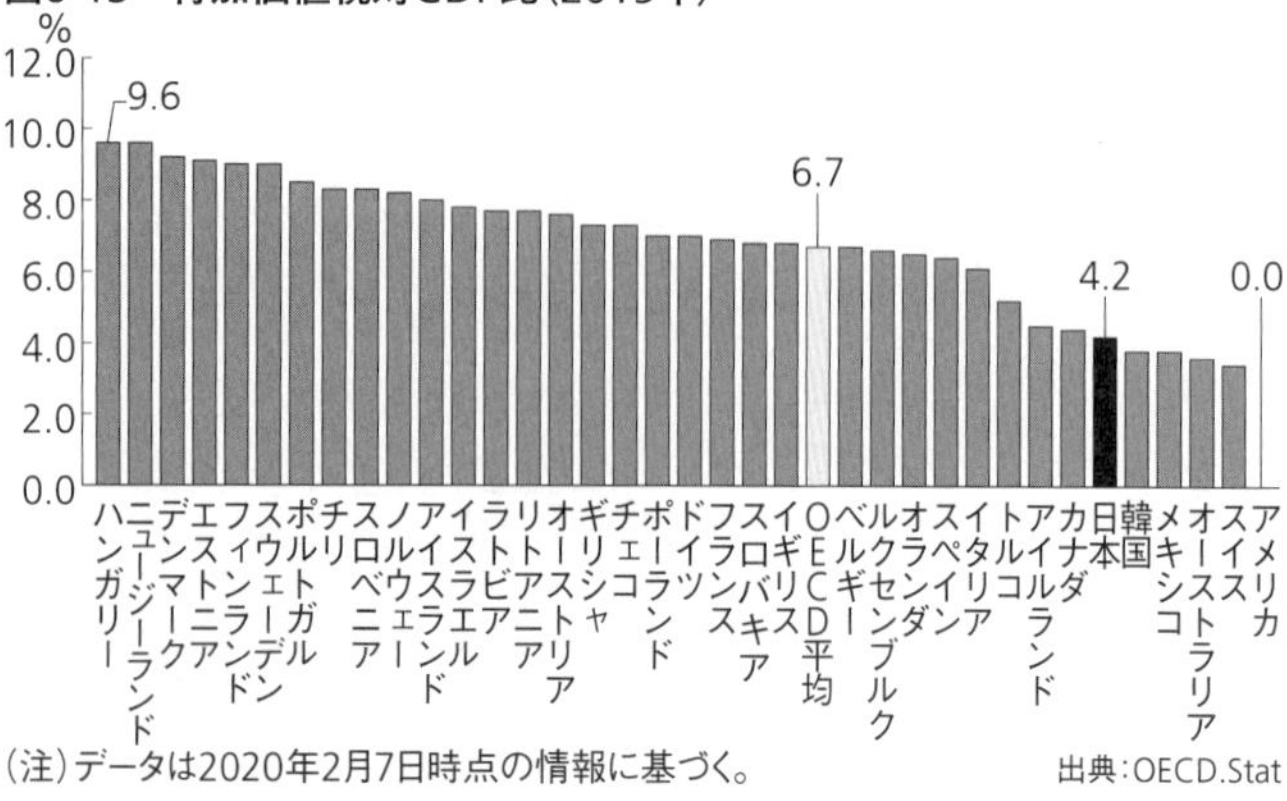

（注）データは2020年2月7日時点の情報に基づく。　　出典：OECD.Stat

利用するのはイギリス領ケイマン諸島が多く、国際決済銀行（ＢＩＳ）の発表によると、２０１５年の時点でケイマン諸島には、日本のお金が63兆円も投じられている。

太　それ、日本の1年間の税収より多いじゃん。全部没収してやりたい。

諸外国は軒並み消費税が高い

モ　こうやってお金が逃げていく分、一般国民にしわ寄せがいく。では次に付加価値税対ＧＤＰ比を見てみよう。**図6－13**のグラフだ。

太　日本は４・２％で、36カ国中31位か。付加価値税のないアメリカを除くと、下から5番目なのね。

モ　ほかの国は付加価値税率を非常に高く設定している。ＥＵなんかは、加盟国に対し、付加価値税の標準税率を15％以上にする指令を出している。ただ、食品などの税率を軽減することは許されている。ＥＵ加盟国の税率を見てみよう。**図6－14**の表だ。

太　標準税率はほとんどの加盟国が20％を超えてるのね。でも、デンマーク以外は軽減税率が設定されている。

モ　基本的に高い税率だが、生活必需品などの税率を軽くすることで、生活が苦しくならないように工夫していると言えるだろう。さて、ここで所得税・法人税・付加価値税対

図6-14　EU加盟国及びイギリスの付加価値税率

加盟国名	標準税率（%）	軽減税率（%）
ベルギー	21	6/12
ブルガリア	20	9
チェコ	21	10/15
デンマーク	25	－
ドイツ	19	7
エストニア	20	9
アイルランド	23	9/13.5
ギリシャ	24	6/13
スペイン	21	10
フランス	20	5.5/10
クロアチア	25	5/13
イタリア	22	5/10
キプロス	19	5/9
ラトビア	21	5/12
リトアニア	21	5/9
ルクセンブルク	17	8
ハンガリー	27	5/18
マルタ	18	5/7
オランダ	21	9
オーストリア	20	10/13
ポーランド	23	5/8
ポルトガル	23	6/13
ルーマニア	19	5/9
スロベニア	22	9.5
スロバキア	20	10
フィンランド	24	10/14
スウェーデン	25	6/12
イギリス	20	5

EU加盟国とイギリスは特定の商品やサービスに対して、1～2種類の軽減税率を適用することができる。

出典：EUホームページ

図6-15　所得税・法人税・付加価値税対GDP比（OECD平均）の推移

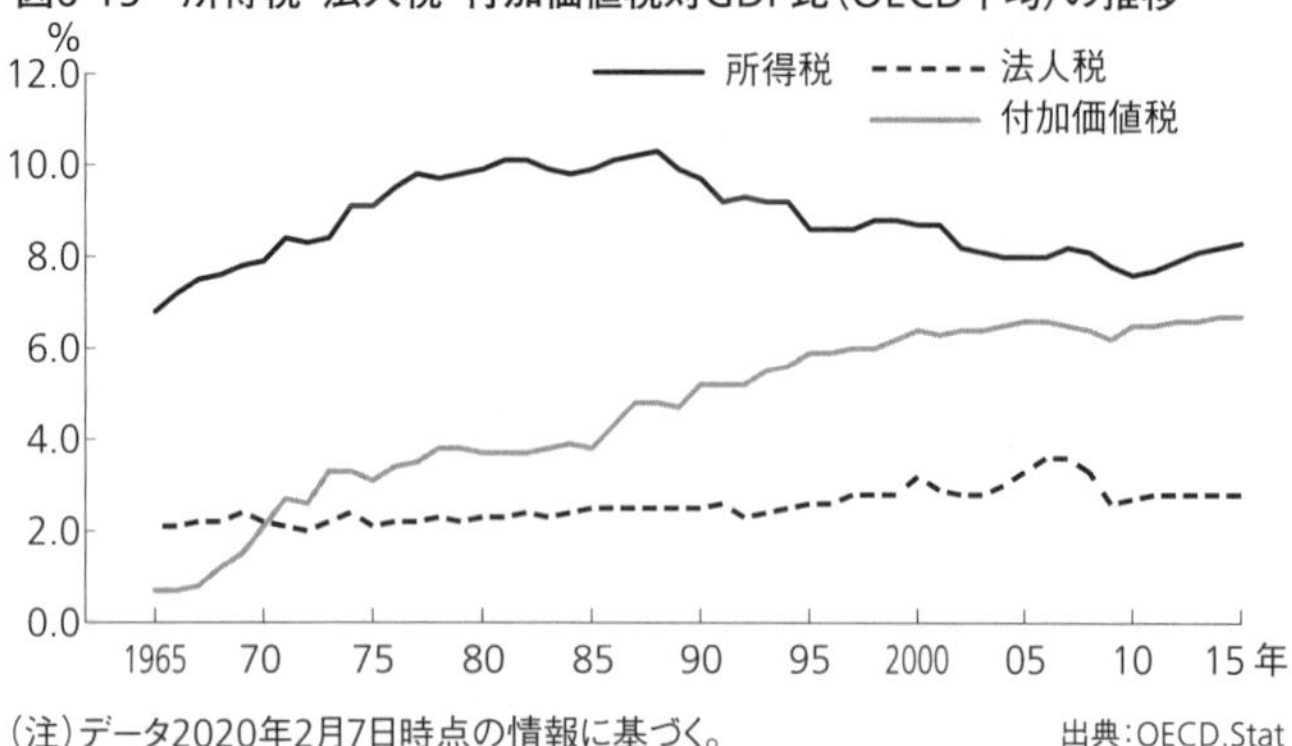

（注）データ2020年2月7日時点の情報に基づく。
出典：OECD.Stat

GDP比のOECD平均値の推移を見てみよう。**図6-15**のグラフだ。

太　法人税は基本的に横ばい傾向だね。所得税は1988年にピークを迎えた後は減少傾向が続いたけど最近上昇、そして付加価値税は基本的にずーっと上昇傾向だね。

世界的に消費税が導入されている理由

モ　そうだね。所得税や法人税は赤字だと発生しないが、消費税は赤字でも発生するという点が大きく異なる。そして、負担者は働いている世代だけではなく全世代だ。つまり、税負担者があらゆる税の中で一番多い。広く薄く安定してがっぽり取れるという大きな特徴がある。ここで日本の基幹税の税収の推移を示した**図6-16**のグラフを見てみよう。

太　消費税だけ税率が上がった時を除けば水平だね。あ

図6-16　一般会計税収の推移

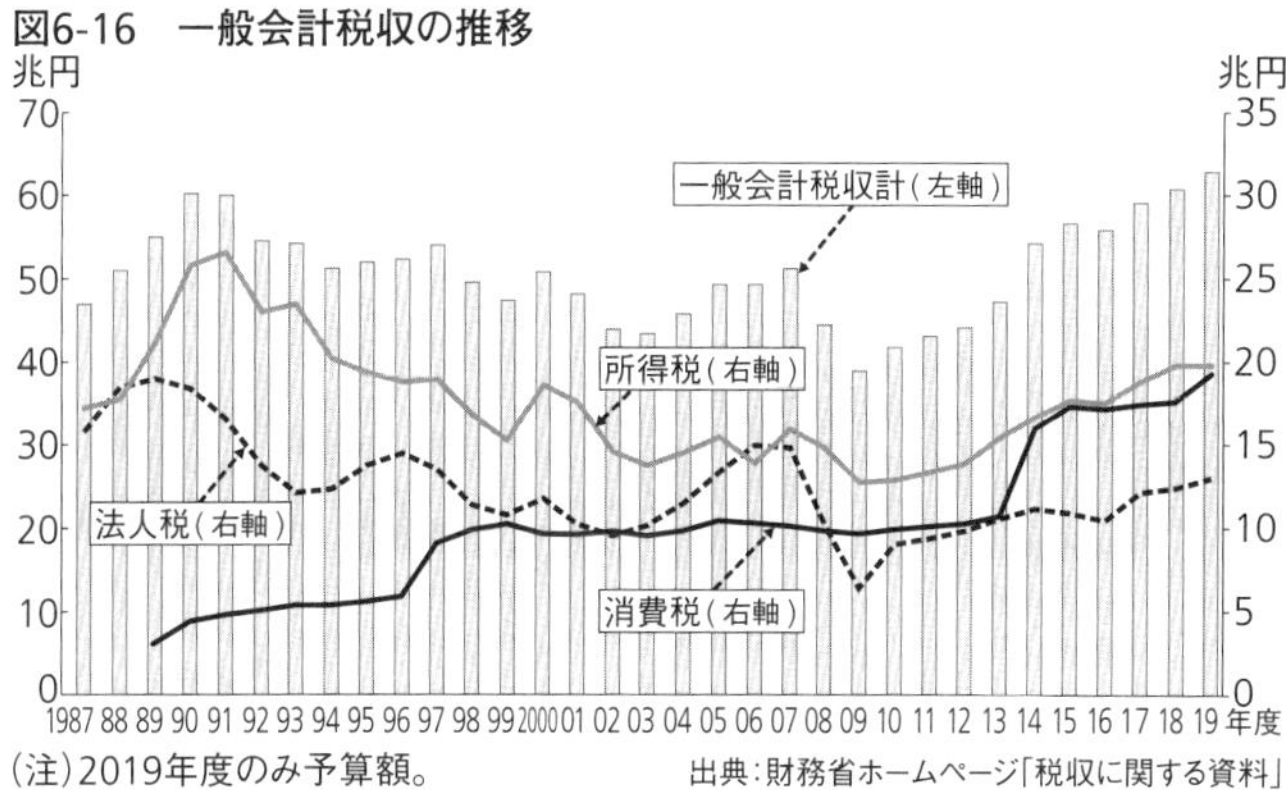

（注）2019年度のみ予算額。
出典：財務省ホームページ「税収に関する資料」

とは上下動が激しい。

モ　そう。所得税と法人税は減税の影響も大きいが、経済状況にも左右されるので上下動する。しかし、消費税は水平で、増税した分だけ上昇する。極めて安定した財源であることがこれでわかるだろう。

さて、なぜＯＥＣＤ加盟国のうちアメリカを除くすべての国が消費税を導入しているのか、その理由は少子化と高齢化だ。日本は世界一少子化と高齢化が進んでいると言えるが、諸外国でもその傾向は同じだ。

まずは高齢化率について、ＯＥＣＤ全体の平均値を示したデータはないが、２０１３年の高齢化率（65歳以上人口が総人口に占める割合）から１９７０年の高齢化率を引いた値を比較してみよう（加盟国のうち、１９７０年と２０１３年のいずれの数値もＯＥＣＤのサイトにおいて公表されている国のみを抽出して比較）。**図6-17**のグラフだ。

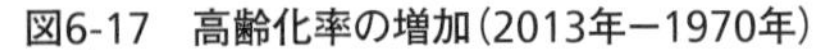

図6-17　高齢化率の増加（2013年－1970年）

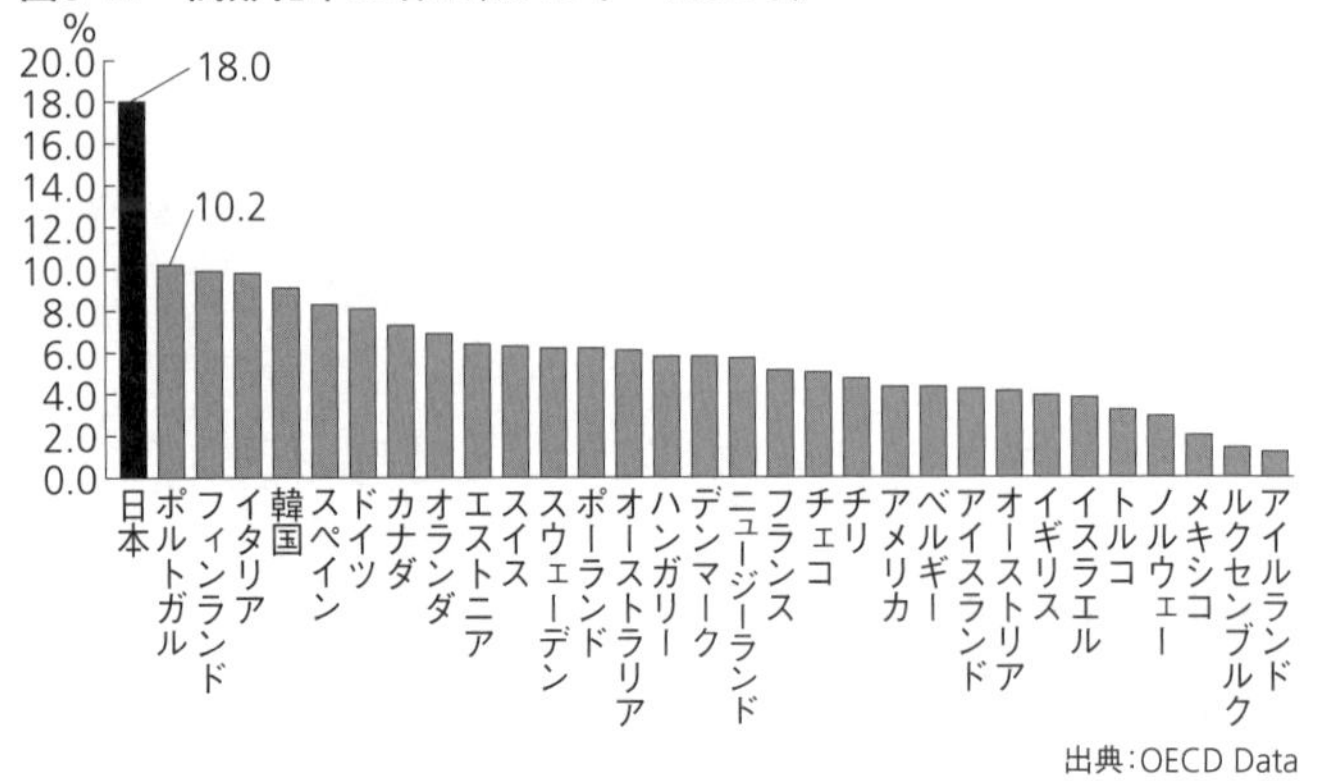

出典：OECD Data

図6-18　平均寿命の延伸（2013年－1970年）

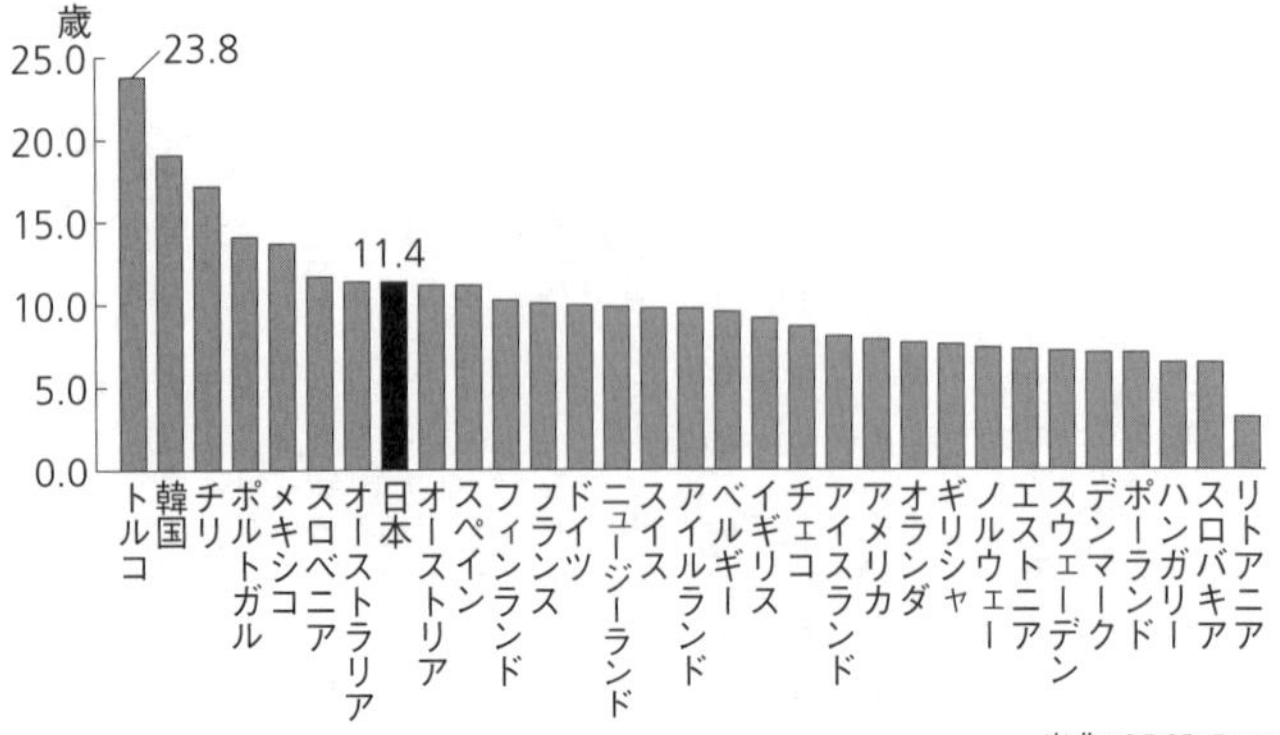

出典：OECD Data

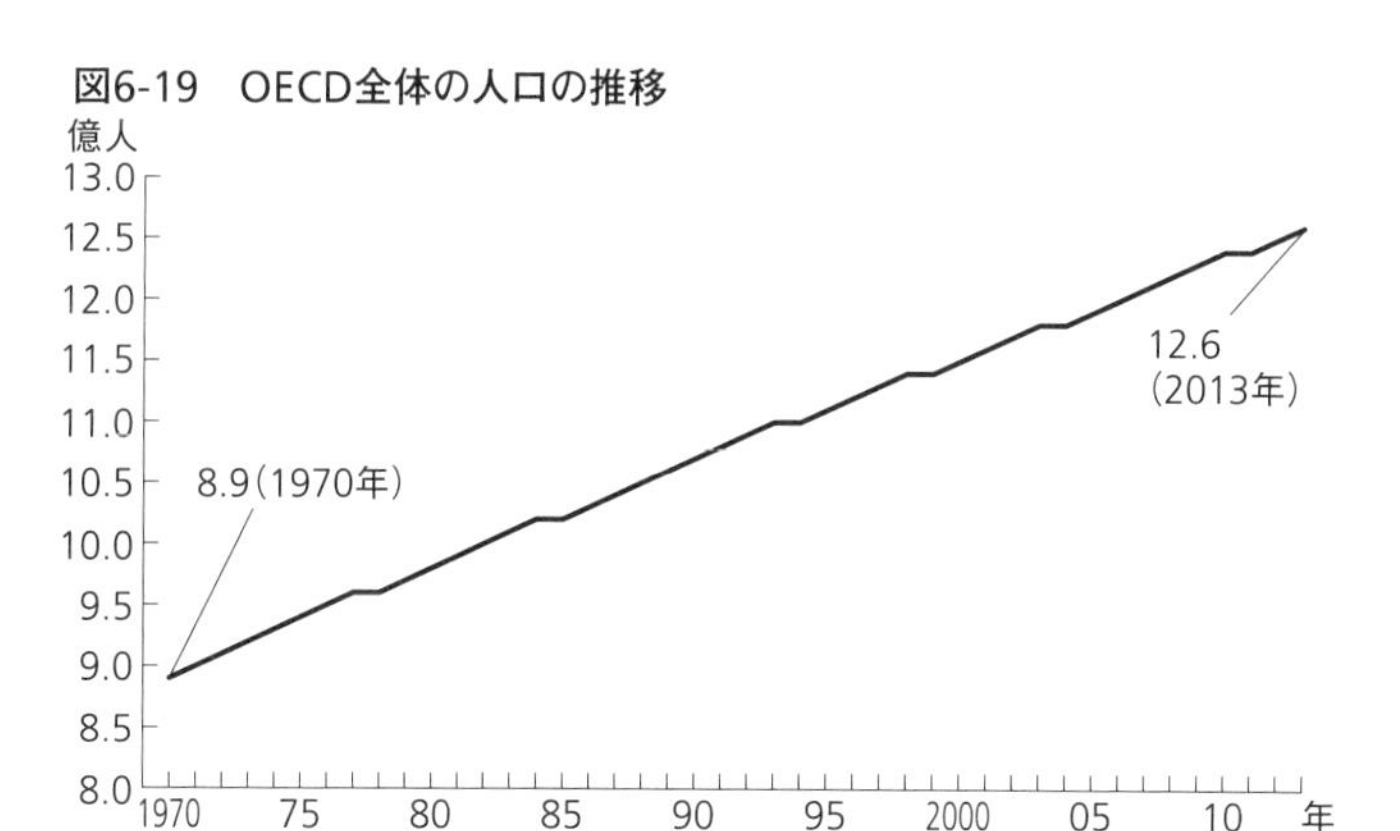

図6-19　OECD全体の人口の推移

太　日本、圧倒的に1位だね。でもほかの国も全部高齢化率は1970年よりも上がっているね。

モ　そうだ。この高齢化率の増加には平均寿命が延びたことが大きく影響している。こちらもOECD全体を示した数字は公表されていないが、2013年の各国の平均寿命から、1970年の平均寿命を引いたものを見てみよう。**図6-18**のグラフだ。

太　トルコが物凄く延びて、23・8歳も延びているね。日本も11・4歳延びてる。

モ　なお、単純にここに出た数字を使って平均値を出すと10歳以上延びている。寿命が延びたから高齢者が増えたということだ。さらに、OECD全体の人口について見てみよう。**図6-19**のグラフだ。

太　1970年は8・9億人だけど、2013年は12・6億人にまで増えているね。人口が41・5%も増えた

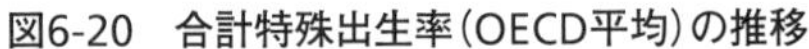

図6-20　合計特殊出生率（OECD平均）の推移

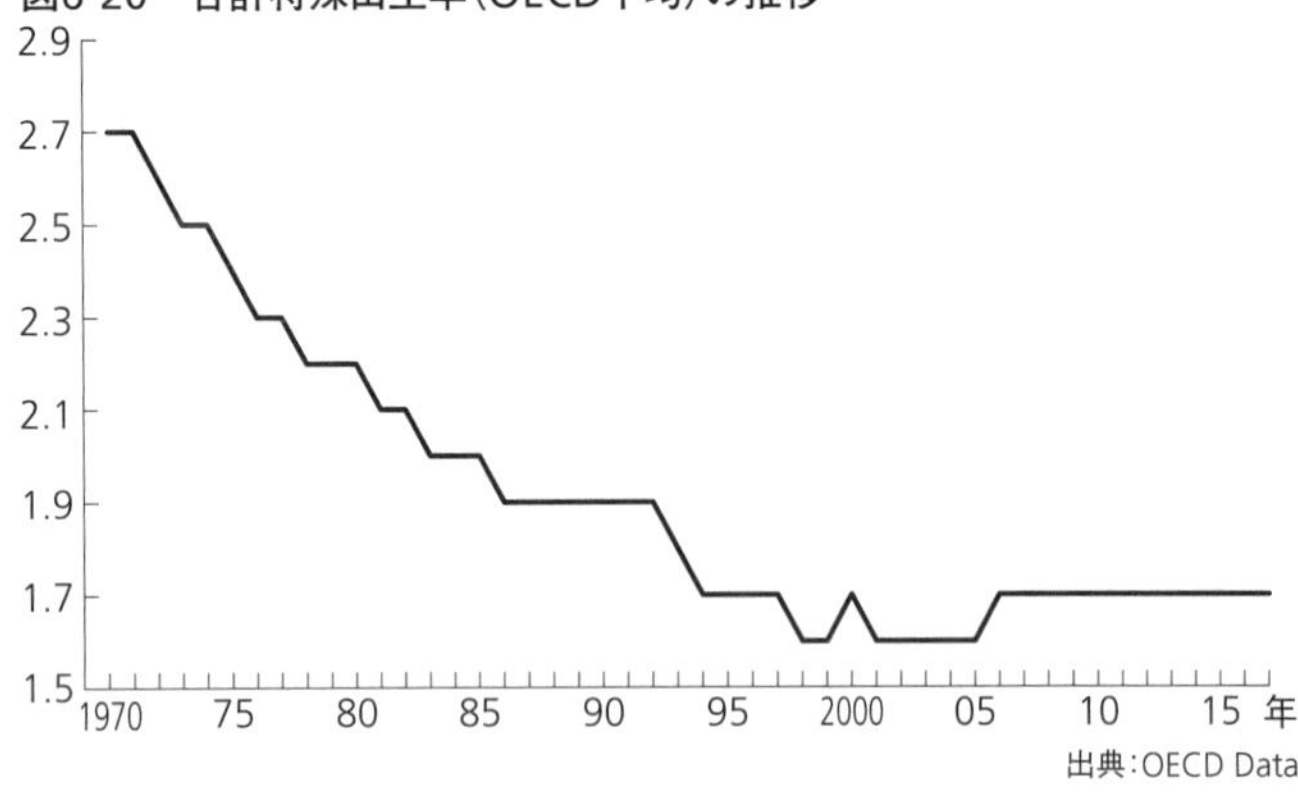

出典：OECD Data

ということか。

モ　では次に、合計特殊出生率＊について見てみよう。**図6-20**のグラフだ。これはOECDの平均値が公表されているのでそれを使う。

太　1970年は2・7だったのが、最近は1・7にまで落ちているね。

モ　うん。ちなみに、合計特殊出生率が2・07を下回ると、人口が減少していくと言われている。次は生産年齢人口（15～64歳）割合を見てみよう。これもOECDの全体値が公表されているのでそちらを使う。**図6-21**のグラフだ。

太　2008年までは基本的にずっと増えていたけど、2009年から減少に転じているのね。

＊一人の女性が出産可能とされる15歳から49歳までに産む子どもの数の平均。

図6-21　OECD全体の生産年齢人口割合の推移

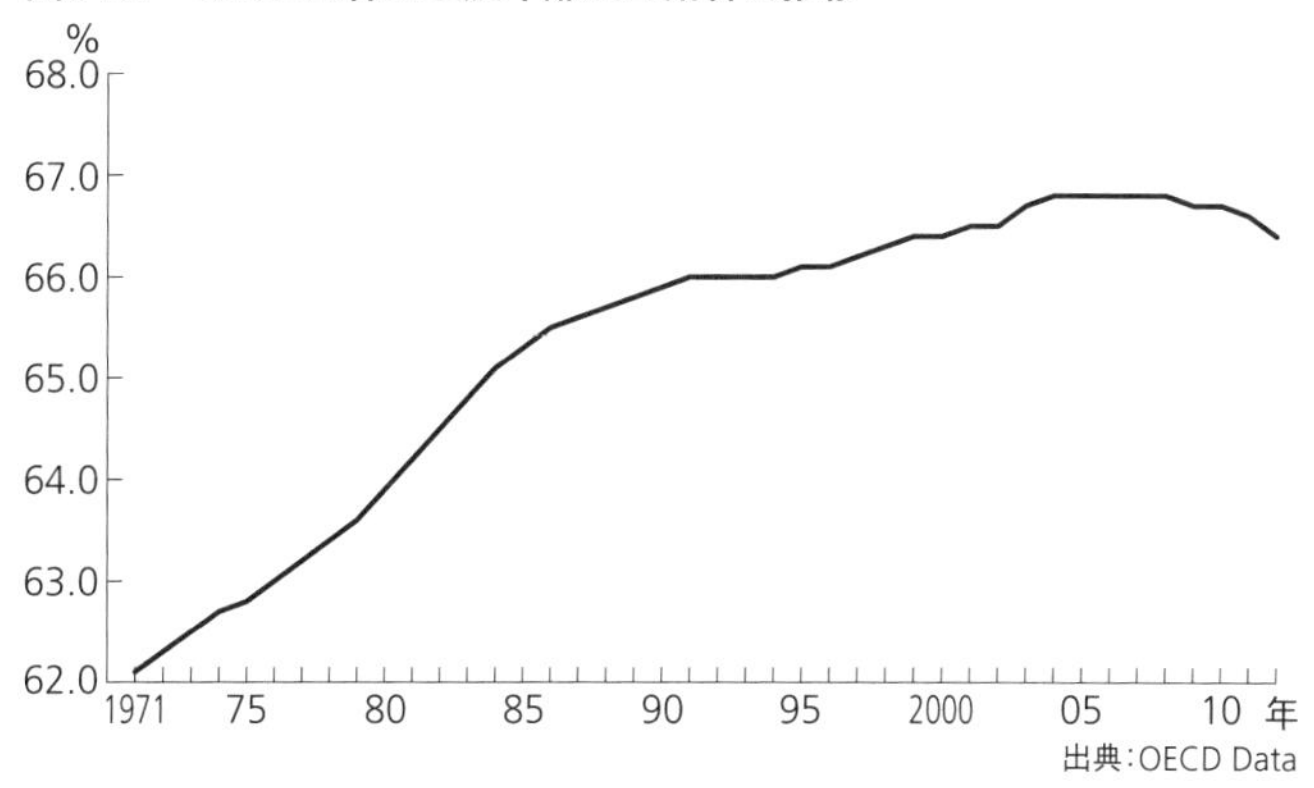

出典：OECD Data

図6-22　OECD全体の若年人口（0〜14歳）率の推移

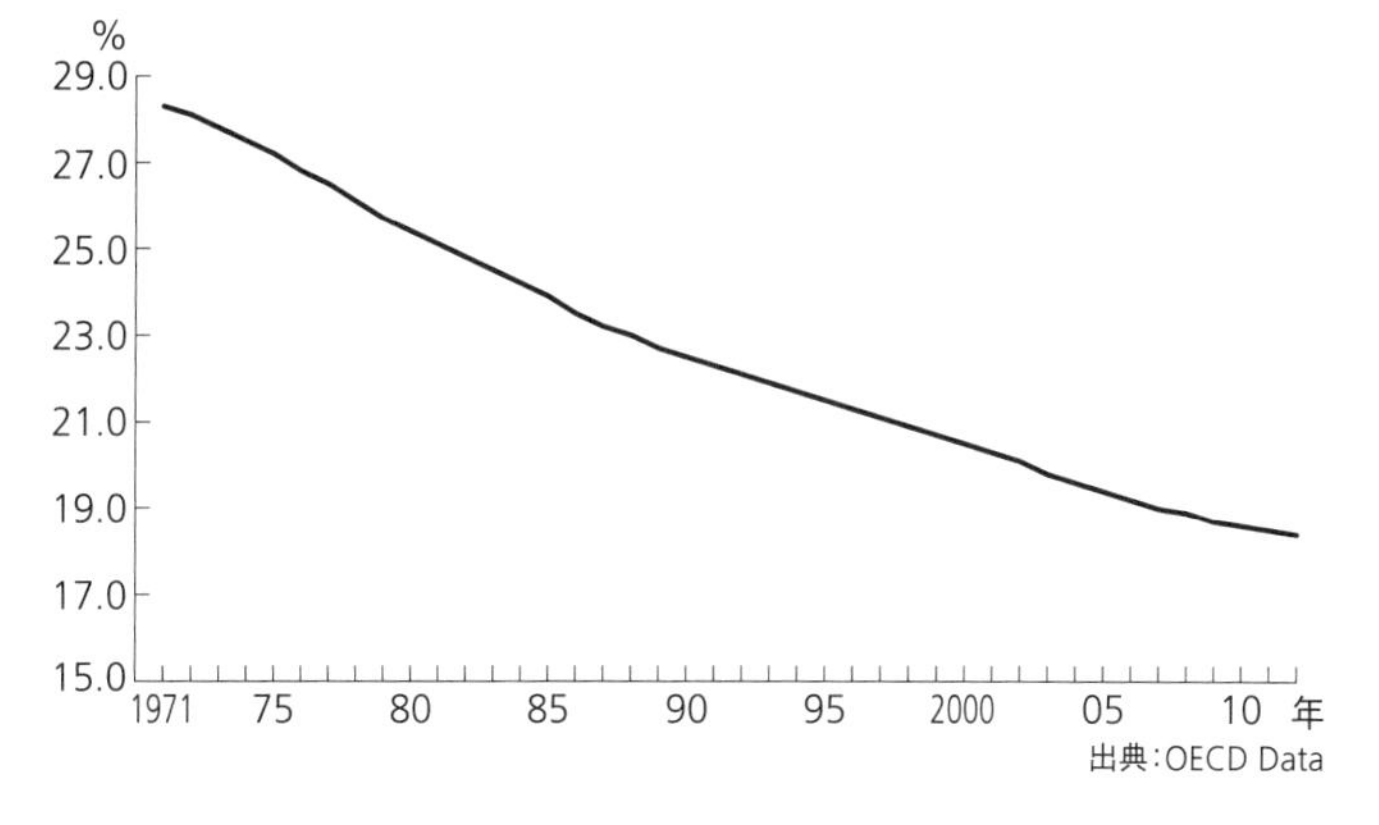

出典：OECD Data

モ　次にOECD全体の若年人口（0～14歳）率を見てみよう。**図6－22**のグラフだ。

太　一貫して減っているのね。昔は28％程度だったのが、今は18％ぐらいになっている。10％も違う。若年人口も生産年齢人口も減っているけど、高齢人口は増大していて、それで全体としては人口が増えているのね。

全世界的に社会保障費は増大する運命

モ　**人がたくさん生まれて、長生きするようになった後、今度は少子化が進行する、というパターンが見て取れるだろう。**程度の差はあれ、これは先進国であれば必ず起きる現象だ。寿命が延びたことで高齢者がたくさん増えるから、医療費、年金、介護費がたくさん必要になる。それを、どんどん減少していく現役世代が支えなければならない。

ここで、社会支出対GDP比のOECD平均の推移を示した**図6－23**のグラフを見てみよう。なお、1980年からの分しか公表されていない。

太　どんどん上がっているね。1980年は約14％だったのに、今は約20％。およそ6ポイントも上がっている。

モ　こうやって増大していく社会保障費を捻出するためには、景気の波に左右されず、全

図6-23　社会支出対GDP比（OECD平均）の推移

世代から幅広く徴税できる消費税が大きな財源になる。だからOECD加盟国のうち、アメリカを除くすべての国が消費税を採用していると言えるだろう。消費税抜きで今後も増大していく社会保障費を捻出しようとすると、**現役世代の負担が大きくなりすぎてしまう。**

もちろん、タックスヘイブンにお金を逃がして、税金の支払い逃れをしている大企業や富裕層からもっとたくさん税金を取らないと不公平になる。しかし、それをやるには結局一国だけではどうにもならず、世界中の国々が協力しなければならない。

一方、**膨大な社会保障費は毎年発生していくから、課税逃れが是正されるまで待っている余裕はない。**だから、仕方なく消費税で歳出の多くを賄う必要が出てくる。

太　でも消費税って不公平なんでしょ。

モ　不公平な側面があることは間違いない。収入の低い人は、収入の大半を消費に回さないと生きていけない一方、富裕層は一部だけ消費に回せば余裕で生きていける。

例えば、計算を単純にするため、年収200万円の人がそのうち150万円を消費に回し、そこに消費税10％がかかるとしよう。この場合の消費税は15万円。年収200万円に対する割合は7・5％だ。他方、年収1億円の人が2000万円を消費に回して、そこに消費税10％がかかるとしよう。発生する消費税は200万円。年収1億円に対する割合は2％だ。

太　7・5％と2％じゃ不公平すぎるじゃん。

モ　そう。このように、収入に対する負担率で見ると極めて不公平な結果になる。しかし、金額で見てごらん。さっきの例で言うと、年収200万円の人が負担する消費税は15万円。年収1億円の人が負担する消費税は200万円だ。金額で言えば、年収1億円の人の方がはるかに多い。このように、**「率で見ると不公平だが、額で見ると公平」**という性質を持つのが消費税だ。**高収入の人の方が、高額の消費をする分、負担する消費税の金額も大きくなる。そして、税金を使う側にとっては、この金額の大きさが重要だ。**

さて、ここで税金だけではなく、社会保険料の負担も含めた国民負担率の国際比較を見てみよう。図6－24のグラフだ。

図6-24　国民負担率の国際比較（OECD加盟34カ国）

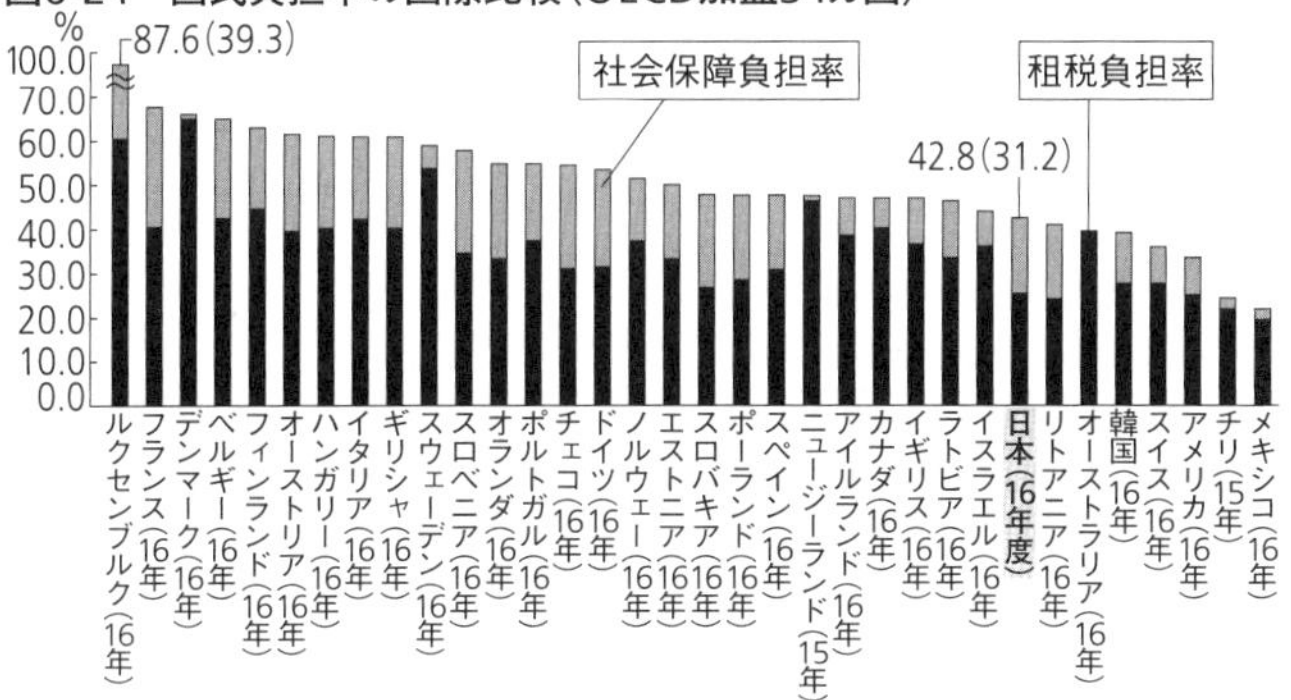

（注1）OECD加盟国36カ国中34カ国の実績値。残る2カ国（アイスランド、トルコ）については、国民所得の計数が取れず、国民負担率（対国民所得比）が算出不能であるため掲載していない。（注2）括弧内の数字は「対GDP比の国民負担率」を表す。

出典：財務省ホームページ「平成31年度の国民負担率を公表します」

太　日本は下から8番目の42・8％で、凄く低い方なのか。なんだか信じられないけど。

軽減税率なしで消費税率25％のデンマーク

モ　負担の大きな国は、その分社会保障が充実している。例えば、このグラフで3番目に負担率が高いデンマーク（66・4％）の駐日大使館のフェイスブックページの投稿（2017年4月2日付）を引用しよう。

デンマークの以下のような手厚い社会保障制度は、デンマーク人が自分たちが世界で最も幸福な国の一つと感じる理由の一つです。

（1）医療は無料で、訪問看護や海外での診療も必要な場合は無料です。付き添い介護する必要のある家族も所得保障が受けられます。
（2）介護も必要なサービスが24時間無料で、自宅で受けられます。車椅子などの必要な器具も無償提供されます。
（3）年金はすべての国民が基礎年金月額約20万円を受給できます。
（4）子ども手当は月額14000円から22000円。産休・育休は合計約1年間取得できます。
（5）教育は大学院まで無料。学生全員に月額10万円弱（親と別居の場合）の給付金が支給されます。
一方、これらの手厚い制度は、日本と比べて重い税負担によってまかなわれています。所得税は平均35～48％（日本は10％以下）、消費税は25％（日本は8％*）で食料品も含めて**軽減税率はありません**。他方、法人税は日本が約30％であるのに対し、デンマークでは22％と低く抑えられています。富を生み出す経済活動の上流はより自由にして、経済活動に対し中立的であるように税制が設計されています。

さらに、社会保障はすべて税金でまかなわれており、日本のような保険制度ではありません（健康・介護保険や年金保険の保険料負担はない）。そのため、例えば国民年金保険料のように所得の有無にかかわらず定額の負担をする制度とは異なり、デンマークではすべての国民が応能負担をする一方、社会保障給付は貧富に関わりなく必要な人が必要なサービスを無料で受けられる平等な制度になっています。保険に入っていなかったから、「無年金」になるということも制度上あり得ません。

高い所得税率や軽減税率のない消費税は、逆進的（低所得者の負担が重い）と思われるかも知れませんが、日本ではパートや非正規労働者が社会保険に入れない場合があるのに対し、デンマークでは税金が財源であるため、すべての必要な人が必要な社会保障サービスを受けられ、結果的に社会保障の所得再分配機能が世界で最も機能している（貧富の差が小さい）国となっています。

また、品目に関わらず同じ消費税率がかけられるため、軽減税率を適用する品目について政治的な介入が起きたり、徴税の計算が複雑になるという問題が避けられています。

以上をまとめて言えば、負担は大きいものの、比較的シンプルな負担で、必要な社

＊現在の日本の消費税率は10％。

会保障が誰でも平等に受けられる。そのためにデンマークでは高福祉・高負担が国民に受け入れられているということでしょうか。
そうした社会保障による生活の安心感と、納税によって社会に貢献しているという意識の両面から、デンマーク人は自国に対する愛着心や愛国心が強いのかも知れません。

モ　このように、負担はとてつもなく大きいが、受けられる給付も物凄く充実している。だから、国民もそれを受け入れている。デンマークを含む北欧諸国は基本的に負担は重いが、その分給付も充実している。「高負担・高福祉」ということだ。消費税の逆進性という不平等も、**給付でバランスを取っている**。
図6-13の付加価値税対GDP比で見ても、社会保障の充実で名高いデンマーク、スウェーデン、フィンランドはいずれも9%を超えている。日本は4・2%だから、対GDP比で見た場合、消費税を日本の2倍以上取っている。**決して無視できない事実は「社会保障が充実している国の中で、消費税率が低い国は存在しない」ということだ。**

太　でも、やっぱり嫌だよ。みんな生活苦しいのに。

図6-25　付加価値税対GDP比上位10カ国と日本の名目賃金比較

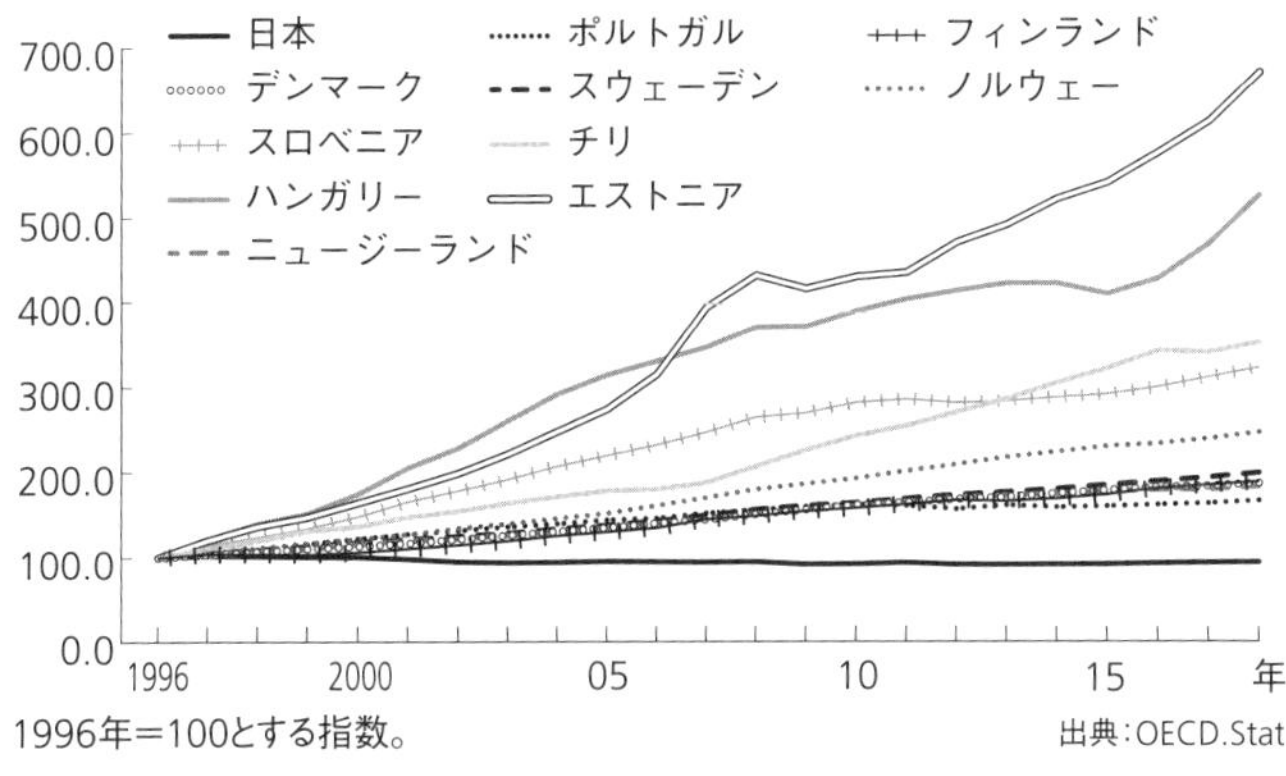

1996年＝100とする指数。　出典：OECD.Stat

大きな違いは、賃金が伸びていないこと

モ　消費税が高い国々と日本を比べると、根本的に違う点がある。それは、日本の賃金だけが全然伸びていないということだ。先ほど見た付加価値税対GDP比の上位10カ国と、日本の名目賃金について、1996年を100とした数字で比較してみよう。**図6-25**のグラフだ。

太　日本だけ下がっているね。2018年の時点で日本は94・2。他方、一番伸びているエストニアは671・3。賃金が7倍近くにまで上がっている。日本以外で一番伸びていないポルトガルですら166・7。賃金が1・6倍以上になっている。

モ　次に実質賃金の方を見てみよう。**図6-26**のグラフだ。

太　名目賃金ほど差は広くないけど、やっぱり日本が

図6-26　付加価値税対GDP比上位10カ国と日本の実質賃金比較

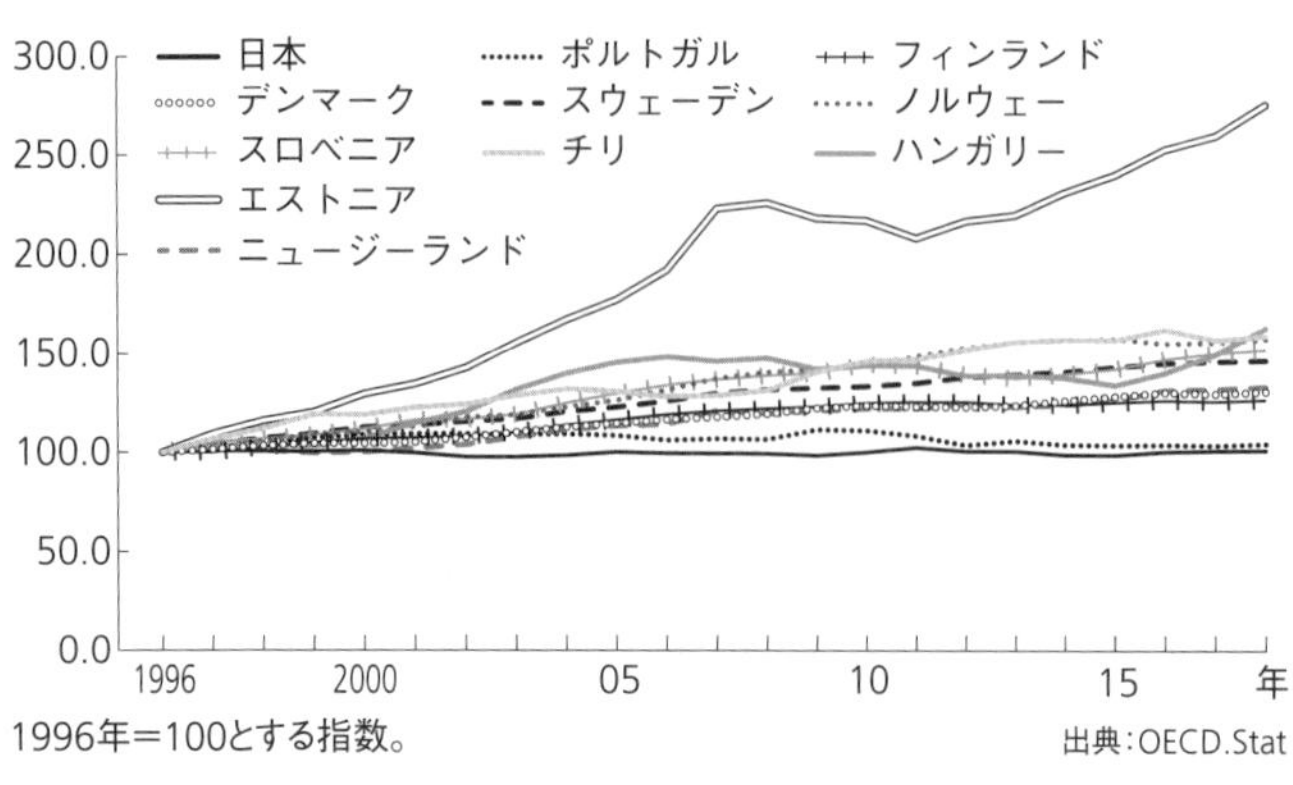

1996年＝100とする指数。

出典：OECD.Stat

最下位だね。エストニアが275・9でトップ。日本は101・3で最下位。

モ　これらの国々と日本で何が一番違うかと言うと、金融危機だ。世界規模の金融危機だったリーマンショックは別だが、1997年11月から発生した金融危機は日本だけを襲ったものだ。金融危機を乗り越えるため、日本はそれまでも抑制気味だった人件費を削り続けた。正規雇用を非正規雇用に置き換え、サービス残業を強いるなどしてね（詳しくは、拙著『人間使い捨て国家』〈角川新書〉参照）。

これは法律の欠陥も大きく影響しているが、日本の労働組合が企業別組合である影響も大きいだろう。産業別に組織される諸外国の労働組合であれば、交渉力が非常に強く、その産業全体の賃金水準が上昇していく圧力が常にある。産業別労働組合と使用者側が締結した労働協約によって、組合員でない労働者にも、労働協約で決められた賃金水準が拡張適用されるといった仕組みもある。

しかし、日本は企業別だからどうしても交渉力が弱い。その上、民間企業に限れば労働組合の組織率は16％程度にすぎず、しかも大きな企業に偏っていて、中小企業にはほとんど労働組合が存在しない。

さらに、同じ仕事であれば同じ賃金という「同一労働同一賃金の原則」が徹底されていないので、正規雇用と非正規雇用で賃金格差が存在し、非正規雇用を増やせばその分賃金を低く抑えることができてしまう。こういった仕組みが賃金を下げることを可能にし、諸外国と比較して日本のみ名目賃金が下がるという異常な現象が起きている。

税金や社会保険料は会社も負担するが、大部分は労働者の賃金によって負担される。つまり、**負担を増やすのであれば、大前提として賃金を増やさなければならないし、現に消費税の高い国ではそうなっている。**日本はその大前提が欠けていると言うべきだろう。

付加価値税対GDP比上位10カ国の経済成長率は全部日本より上

なお、日本が低迷している原因は消費税のせいだという主張があるが、GDPの推移を見ると、それが間違いであるということがわかる。付加価値税対GDP比上位10カ国と日本の名目GDPの推移を示した**図6－27**のグラフを見てみよう。

太　一番伸びているエストニアは708・5。7倍以上になってる。それに比べて日本は104・4……たったの4・4ポイントしか伸びてないのね。日本の次に伸びていないのはデンマークだけど、**204・3だから、2倍以上になってる。**ほとんど伸びていない日本とは比べものにならない。

モ　次に実質GDPの方を見てみよう。**図6－28**のグラフだ。

太　エストニアが242・6で1位。日本はここでも最下位の118・6か。次に低いのはポルトガルだけど131・6だから日本よりは圧倒的に上だね。

モ　もし本当に消費税が原因で日本経済が低迷しているとすれば、これは説明がつかない。いずれの国も対GDP比で言えば日本の倍くらい消費税を取っているからね。だから**本当の原因は、さっきも言ったとおり賃金が伸びていないことだ。**目先の利益を優先して賃金を下げた結果、このような悲惨な停滞を引き起こしている。日本のGDPの約6割は個人消費で、労働者は消費者でもある。その消費者にお金を回さなければ、このような結果になるのは当然だ。

図6-27　付加価値税対GDP比上位10カ国と日本の名目GDP比較

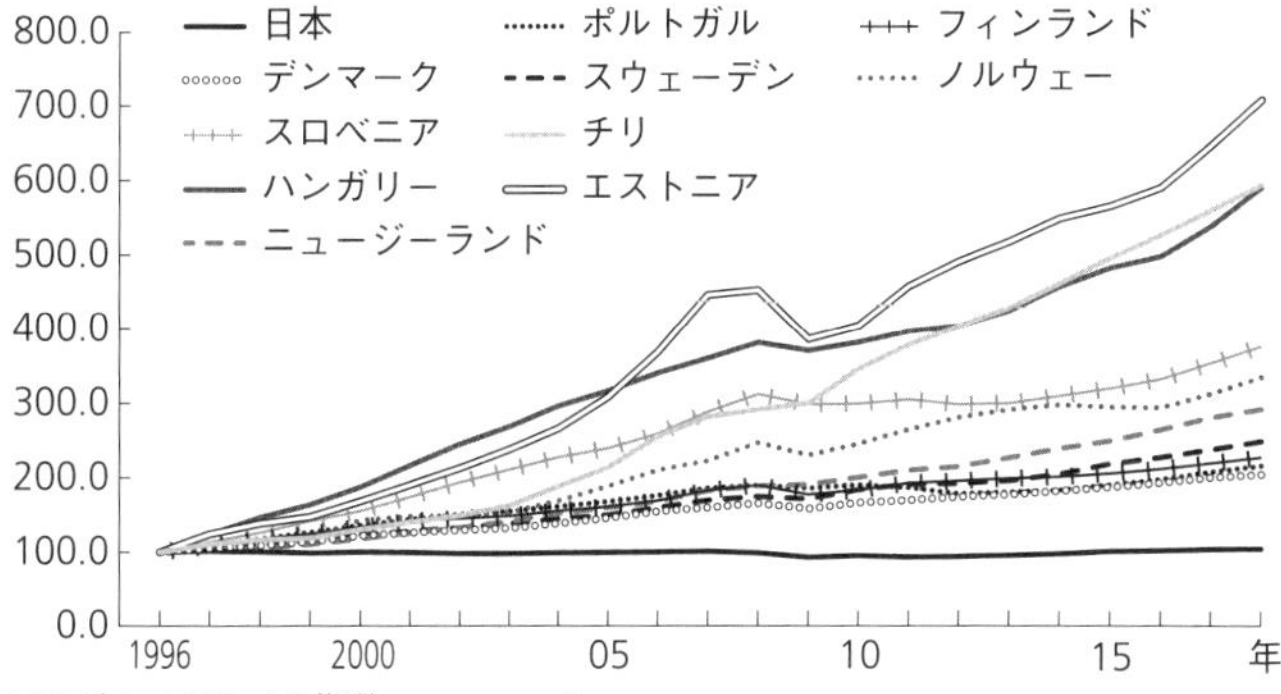

1996年＝100とする指数。 出典：IMF「World Economic Outlook Database, October 2019」

図6-28　付加価値税対GDP比上位10カ国と日本の実質GDP比較

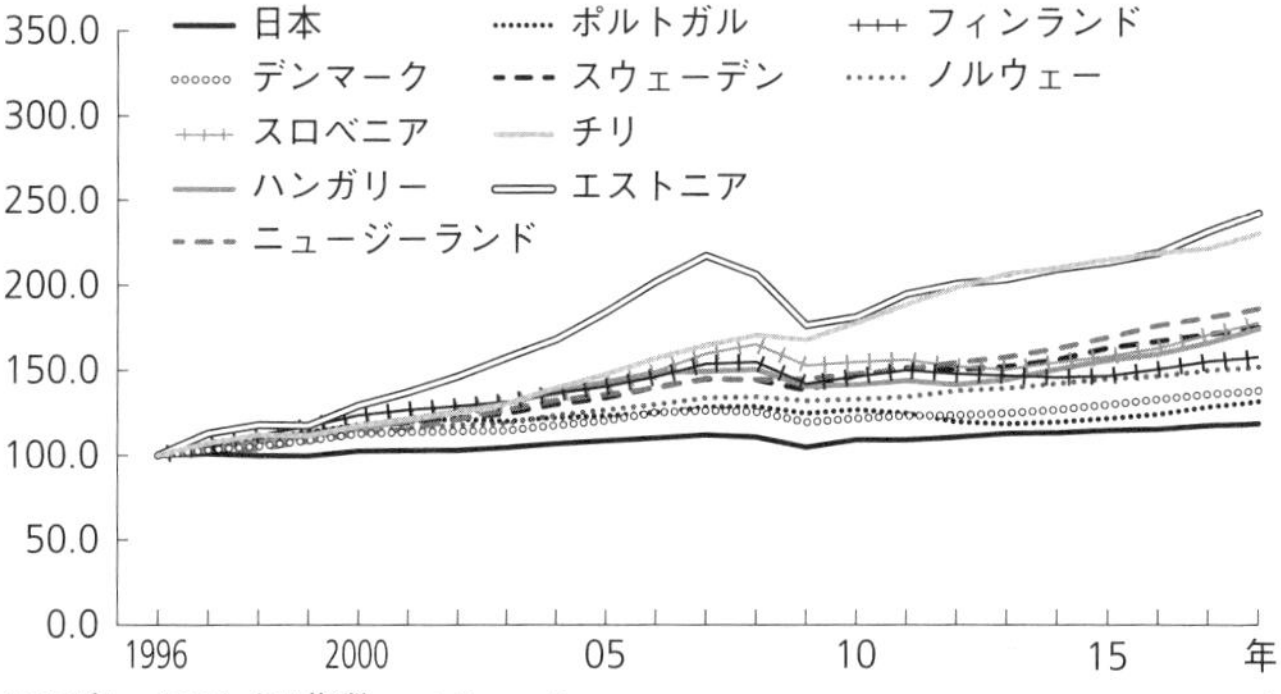

1996年＝100とする指数。 出典：IMF「World Economic Outlook Database, October 2019」

ピーク時と同じくらい所得税と法人税を取っても赤字

太　消費税を上げる前提として、賃金が上がってこないといけないという君の主張はわかったけど、でも現に全然伸びてないわけでしょ。今後どうすればいいの？　所得税や法人税を一番高かった時の水準に引き上げても、どうにもならないの？

モ　日本の所得税収のピークは１９９１年の26・７兆円で、対ＧＤＰ（４８７・３兆円）比で言うと５・５％。このＧＤＰ比を直近２０１８年度のＧＤＰ（５５０・３兆円）にあてはめると30・３兆円。現実の２０１８年度所得税収が19・９兆円だから、10・４兆円の税収アップだ。

法人税収については、ピーク時は１９８９年の19兆円で、対ＧＤＰ（４２７・３兆円）比は４・４％。これをさっきと同じように２０１８年度のＧＤＰにあてはめると、24・２兆円。現実の法人税収が12・３兆円だから、11・９兆円の税収アップだ。

太　合計すると22・４兆円の税収アップになるのね。凄いじゃん。消費税上げなくてもいいんじゃない？

モ　２０１８年度予算の国債発行額は、33兆６９２２億円だ。だから、**22・４兆円税収が増えても、結局11・３兆円程度は国債発行が必要だ。**

太　ピーク時と同じGDP比になるまで所得税と法人税を引き上げても、まだ赤字ってこと?

モ　そうだ。一番重要なのは、所得税収・法人税収のピーク時とは、社会保障費の増大の影響で、歳出規模がまったく違うということだ。**今の一般会計予算規模は100兆円を超えているが、所得税収がピークだった1991年度の一般会計歳出は70兆円程度にすぎない。約30兆円もの差がある。ここを絶対に無視してはならない。**

しかも、注意しなければならないのは、ピーク時は日本経済が絶好調の時だったということだ。しかし、そんな絶好調の時なんて滅多にない。**というか、人口の急激な減少や日本の競争力の低下を考えると、今後はもうない。**前に指摘したとおり、所得税や法人税は赤字の時には発生しない。そこが消費税と根本的に異なるところだ。さらに、タックスヘイブンを利用した税金逃れが横行している現在では、たとえピーク時と同じくらいまで税率を引き上げたとしても、同じ税収は取れないと考えた方がよい。

また、外国税額控除といって、すでに海外で税金を納めている場合は、その分が控除されるという仕組みがある。ピーク時よりも今ははるかに企業の海外進出が進んでいるから、外国税額控除の金額が非常に大きくなっているのは間違いない。

図6-29　建設国債・特例国債発行額推移

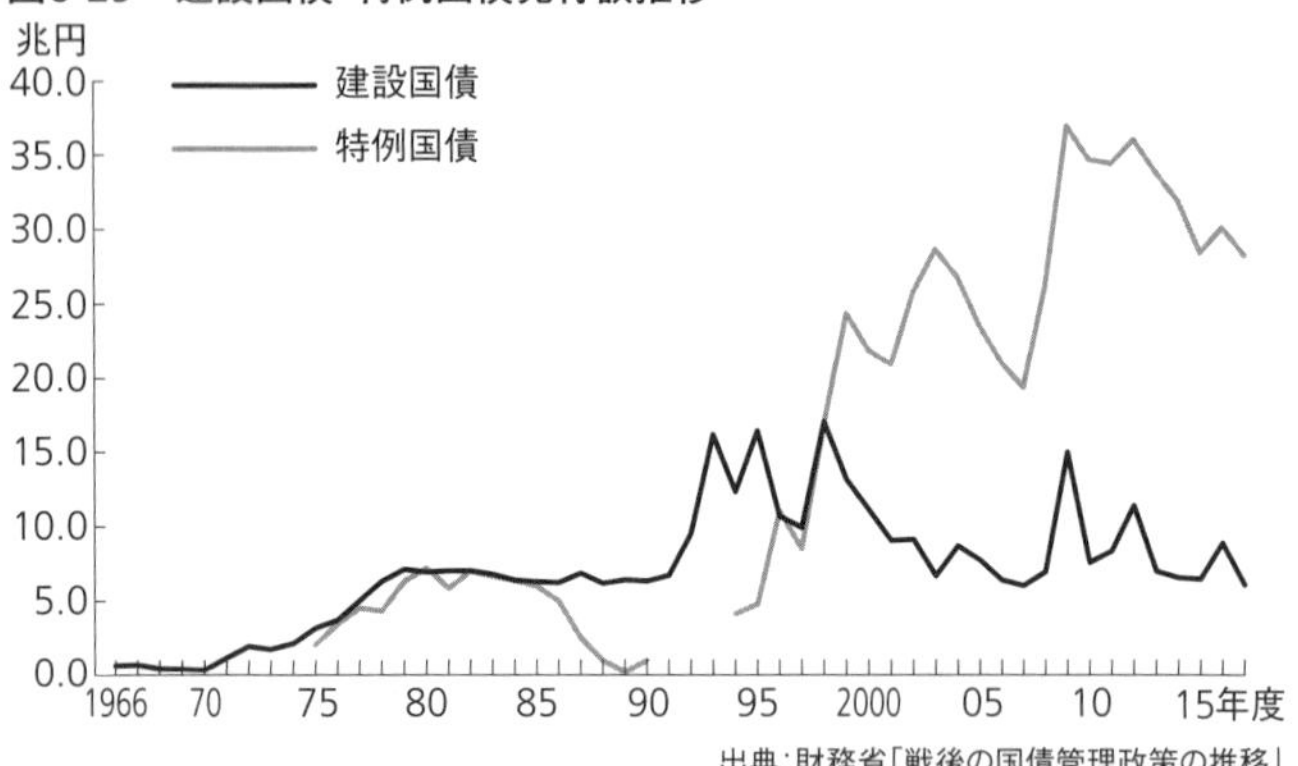

出典：財務省「戦後の国債管理政策の推移」

太　つまり、ピーク時と同じくらいまで所得税と法人税の税率を引き上げたとしても、当時と同じ水準のGDP比で税金を取れるわけじゃないってこと？

モ　残念ながらそうなる。22・4兆円も税収が上がるとは考えない方がよい。ただ、「上げてはいけない」と言ってるわけではない。**上げるのはいいが、それでも足りないということだ。そして、今後はもっと足りなくなる。**

　ここで、建設国債・特例国債の発行額の推移を示した**図6－29**のグラフを見てみよう。

太　1998年度までは、だいたい建設国債の方が特例国債より毎年度の発行額が大きかったけど、1999年度からは完全に逆転して、その後は大きく差が開いているね。

図6-30　社会保障の給付と負担の現状(2019年度予算ベース)

社会保障給付費　2019年度(予算ベース)　123.7兆円

社会保障給付費

【給付】
年金 56.9兆円(46.0%)
医療 39.6兆円(32.0%)
福祉その他 27.2兆円 (22.0%)
うち介護11.6兆円(9.4%)
うち子ども・子育て8.8兆円(7.1%)

【負担】
保険料 71.5兆円(59.4%)
うち被保険者拠出 37.9兆円(31.5%)
うち事業主拠出 33.6兆円(27.9%)
公費 48.8兆円(40.6%)
うち国 34.1兆円(28.4%)
うち地方 14.7兆円 (12.2%)
積立金の運用収入等

各制度における保険料負担
国(一般会計) 社会保障関係費等
※2019年度予算
社会保障関係費34.0兆円(一般歳出の56.8%を占める)
都道府県 市町村 (一般財源)

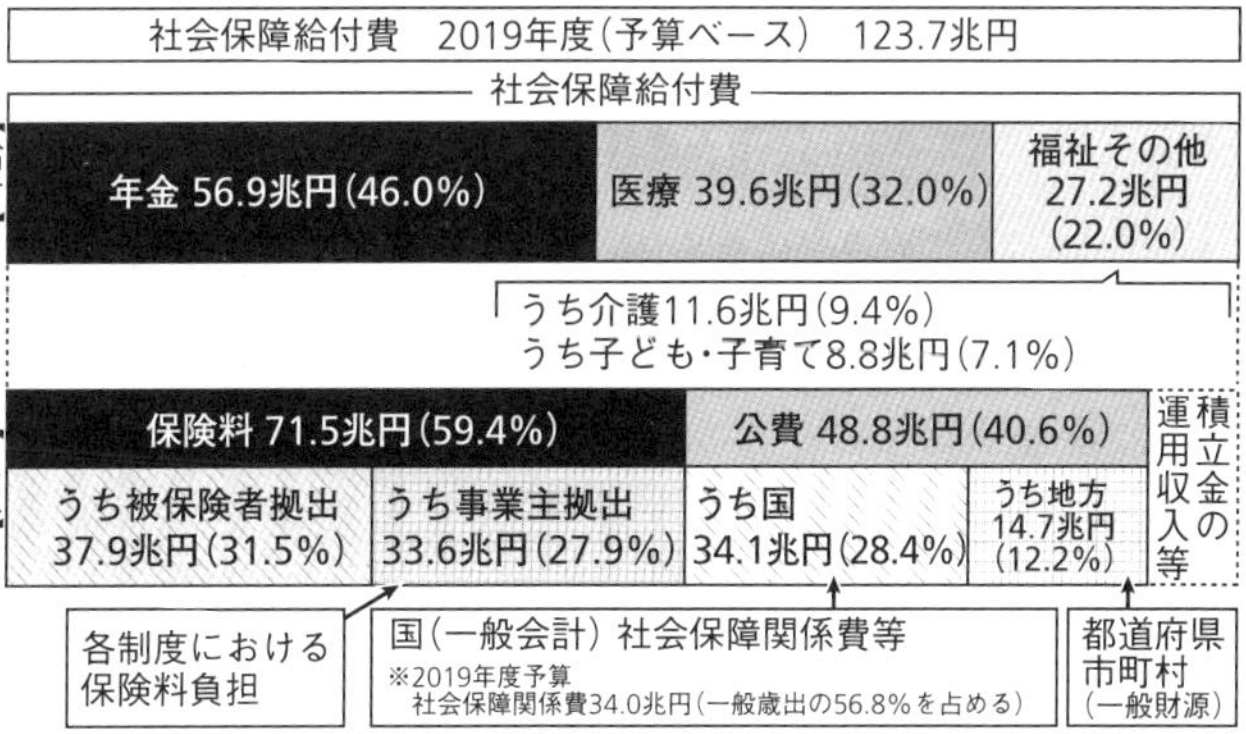

出典:厚生労働省「社会保障の給付と負担の現状(2019年度予算ベース)」

高齢化と共に増大する社会保障費

モ　昔は建設国債の方が、発行額が大きかった。特にバブル崩壊後、1993年度からは4年度連続で10兆円を超える建設国債を発行している。これは景気対策のためだ。

　しかし、君の言うとおり1999年度からは特例国債が逆転して、大きく発行額を増やしている。これは、高齢化で社会保障費が増大したからだ。まずは社会保障費の内訳を見てみよう。**図6-30**の表だ。

　社会保障全体の給付は123・7兆円。そのうち、年金が56・9兆円で46%、医療が39・6兆円で32%、福祉その他が27・2兆円で22%。なお、「福祉その他」の中で一番大きいのが、介護費で11・6兆円。

太　年金と介護費は高齢者のための費用だよね。医療費も高齢者の増加に応じて増えていく費用だよね。

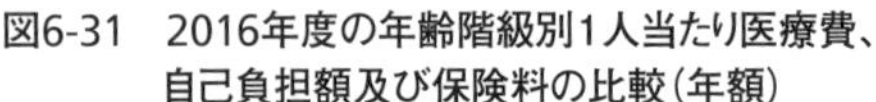
図6-31　2016年度の年齢階級別1人当たり医療費、自己負担額及び保険料の比較（年額）

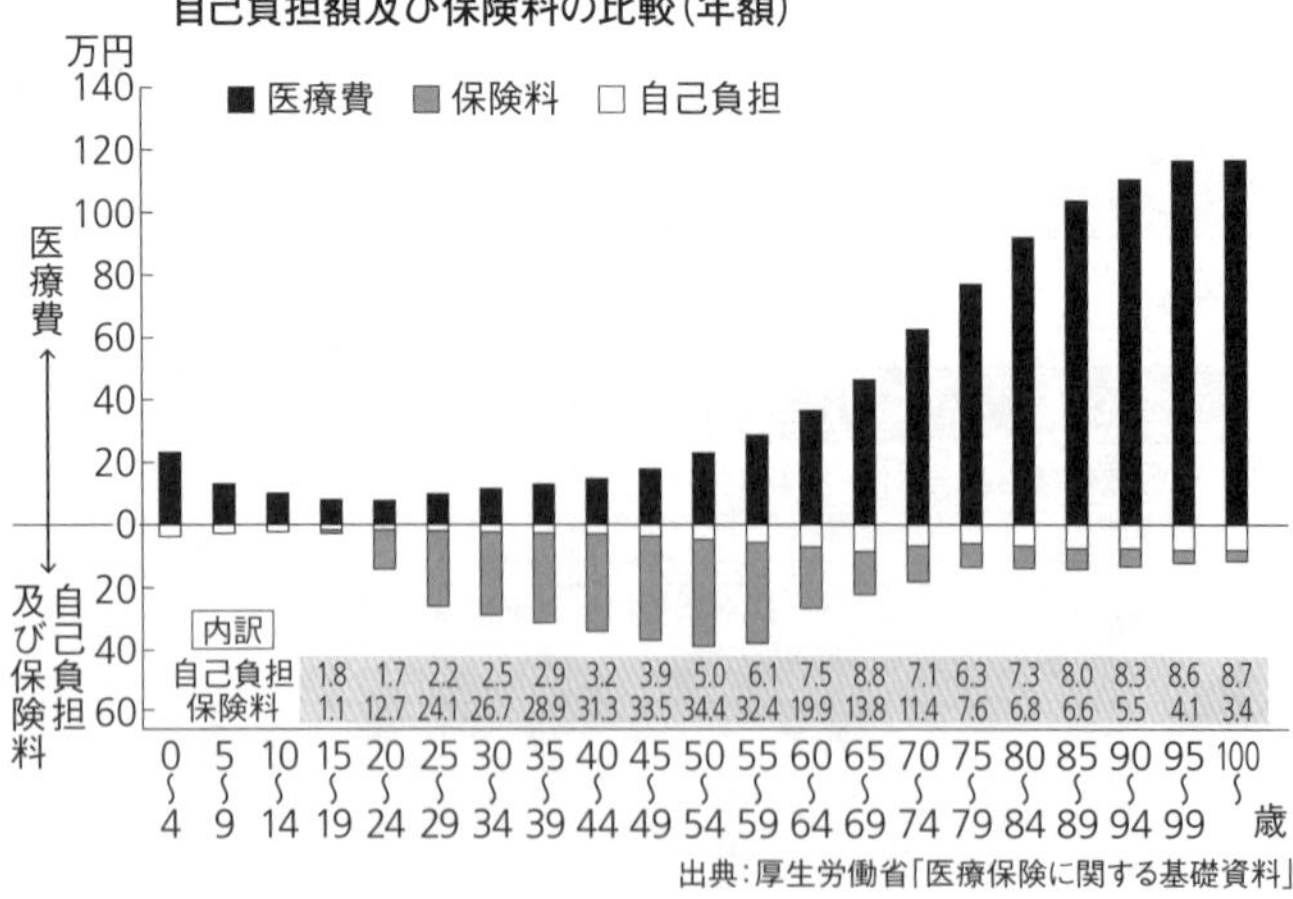

出典：厚生労働省「医療保険に関する基礎資料」

モ　そのとおりだ。ここで、２０１６年度の年齢階級別１人当たり医療費の推移を示した**図６－31**のグラフを見てみよう。

太　年齢ときれいに相関しているね。

モ　特に、75歳以上の後期高齢者の医療費が非常にかかる。厚労省によると、後期高齢者の１人当たりの年間医療費は93万２６１１円。後期高齢者以外の１人当たりの年間医療費は21万８２１３円。つまり、後期高齢者は、それ以外の人よりも４・３倍医療費がかかるということだ。ここで、65歳以上人口と社会保障給付費の推移を示した**図６－32**のグラフを見てみよう。

太　要するに、高齢者の増加に伴って社会保障費が増えていくということね。

モ　そうだ。現在の１２０兆円を超える社会保

図6-32　65歳以上人口と社会保障給付費の推移

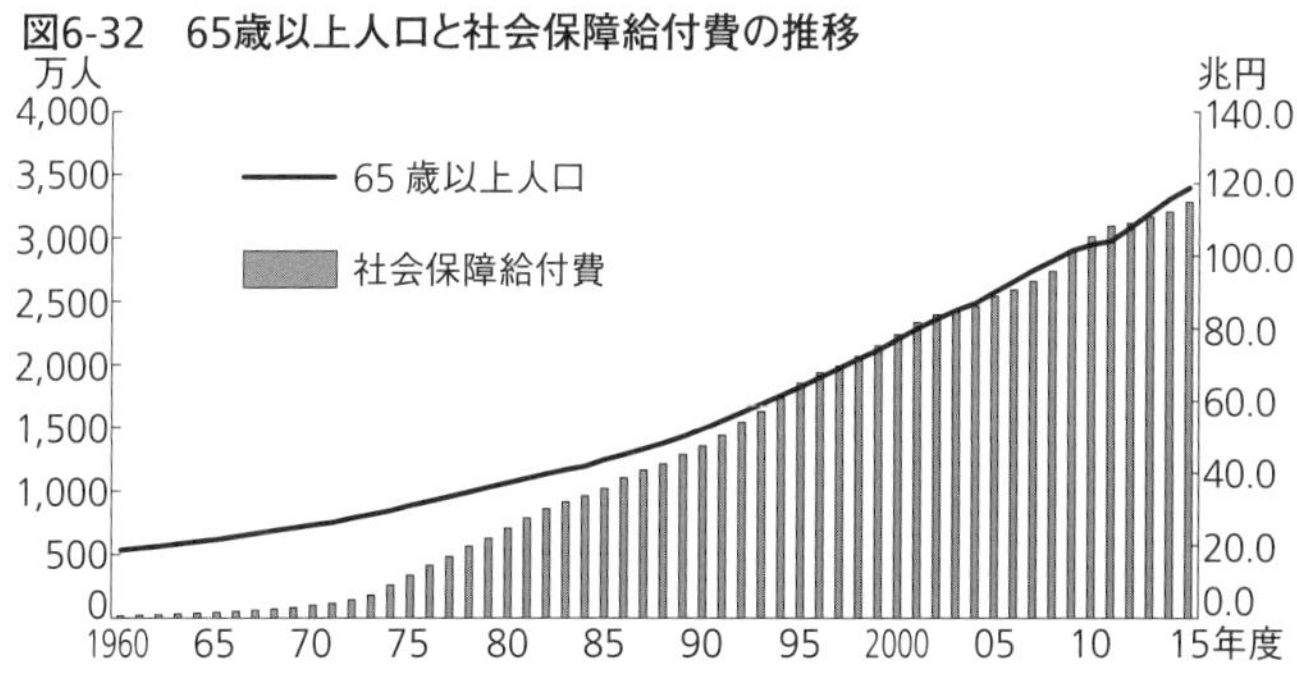

左側縦軸の目盛りが65歳以上人口、右側縦軸の目盛りが社会保障給付費を表す。
出典：国立社会保障・人口問題研究所ホームページ「社会保障費用統計（平成27年度）」、西村周三監修『社会保障費用統計の理論と分析　事実に基づく政策論議のために』（国立社会保障・人口問題研究所研究叢書）

障費の捻出方法は、大きく分けて2つある。一つが保険料71・5兆円で59・4%。もう一つが公費48・8兆円で40・6%だ。この48・8兆円のうち、34・1兆円が、国の一般会計からの負担となる。

太　国の一般会計予算でいう「社会保障費」って、ここに入ってくるわけね。

モ　そう。ここで、「保険」について説明しよう。保険というのは、何か困ったことが起きた場合に備えて、みんなでお金を出し合っておき、その困ったことが起きた時にお金を支給する仕組みのことだ。

例えば、医療保険は、病気にかかった場合などに備えてお金を出しておき、実際に病気にかかった場合に治療費を支給してもらう仕組みだ。この仕組みがないと、全額自分で治療費を負担するはめになり、特にお金のない人は必要な治療が受けられない事態となる。

図6-33　我が国の人口は長期的には急減する局面に

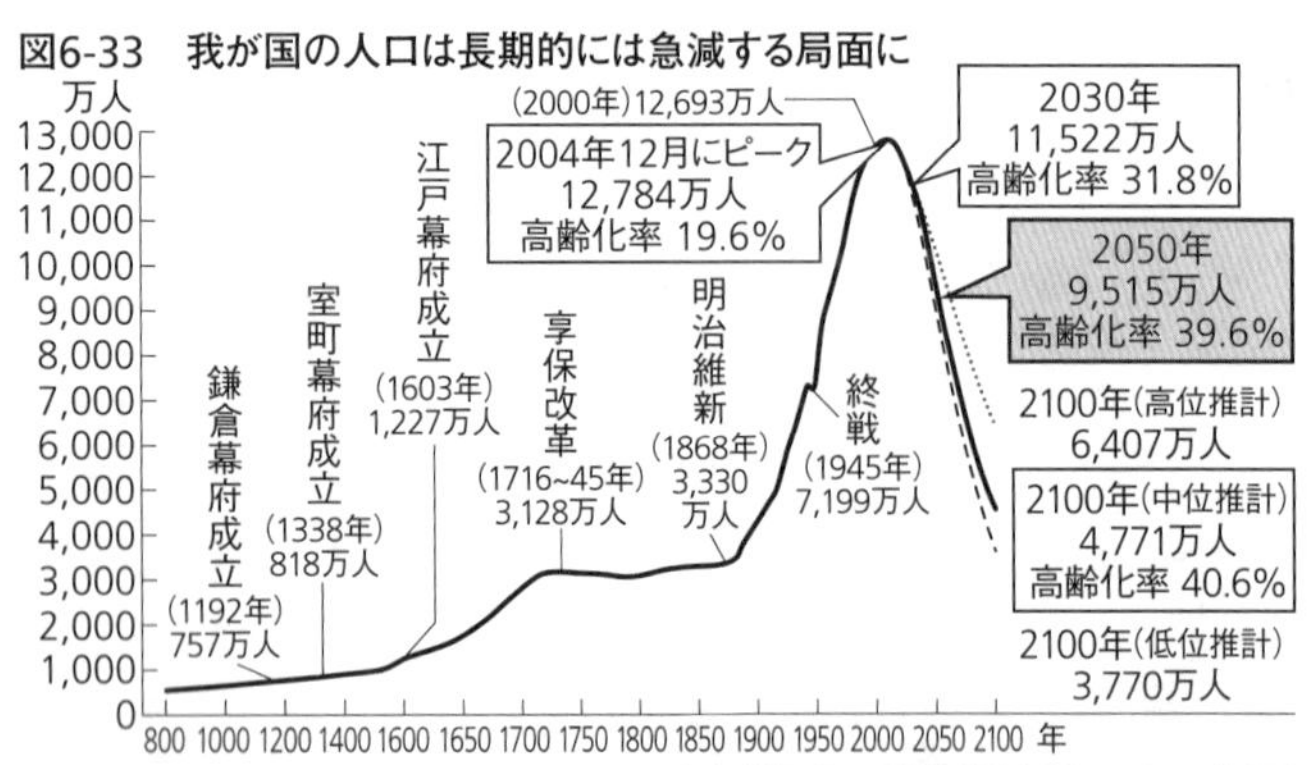

出典:「『国土の長期展望』中間とりまとめ　概要」
(平成23年2月21日 国土審議会政策部会長期展望委員会)

そのほか、年金保険は年を取って働けなくなった場合に備えて、介護保険は介護が必要になった場合に備えて存在する。国民はこれらの保険のために保険料を支払う義務がある。

年金、医療、介護などの社会保険は、本来保険料ですべて賄われるのが理想だが、そうなっていない。だから足りない分を一般会計から捻出している。

さて、日本の未来を考えるに当たって、最も重要なのは人口予測だ。ここで、2011年2月21日付で国土審議会政策部会長期展望委員会が作成した「『国土の長期展望』中間とりまとめ　概要」から、日本の人口の推移を示した**図6-33**のグラフを見てみよう。これは800年から2100年までの日本の人口の推移を示すものだ。

太　江戸時代に1227万人から3000万人以上ま

で増えて、しばらくその水準を維持した後、明治維新後に急激に人口が増えて、4倍近くまで増えたのね。でも2004年にピークを迎えてからは、信じられないような速度で人口が減っていく。

絶望的な人口予測

モ　明治維新から2004年までは、極めて特殊な時代だったと言ってよいだろう。わずか136年間で、人口が4倍近くにまで膨れ上がったのだから。人が増えればそれだけ需要も増える。日本の経済成長の大きな要因の一つが、この急激な人口増であることは間違いない。

このように急激に人口が増加する現象は日本だけで起きているわけではない。産業が発展して人口と共に経済が急成長する現象は、どの国でも程度の差はあれ起きる。しかし、今後は恐ろしい勢いで人口が減っていく。ここで重要なのは、「減るのは生産年齢人口であり、高齢者人口は今後も増えていく」ということだ。まずは生産年齢人口の今後の推移を示した**図6-34**のグラフを見てみよう。

太　減る一方だね。2018年には7500万人以上いた生産年齢人口が、2056年に

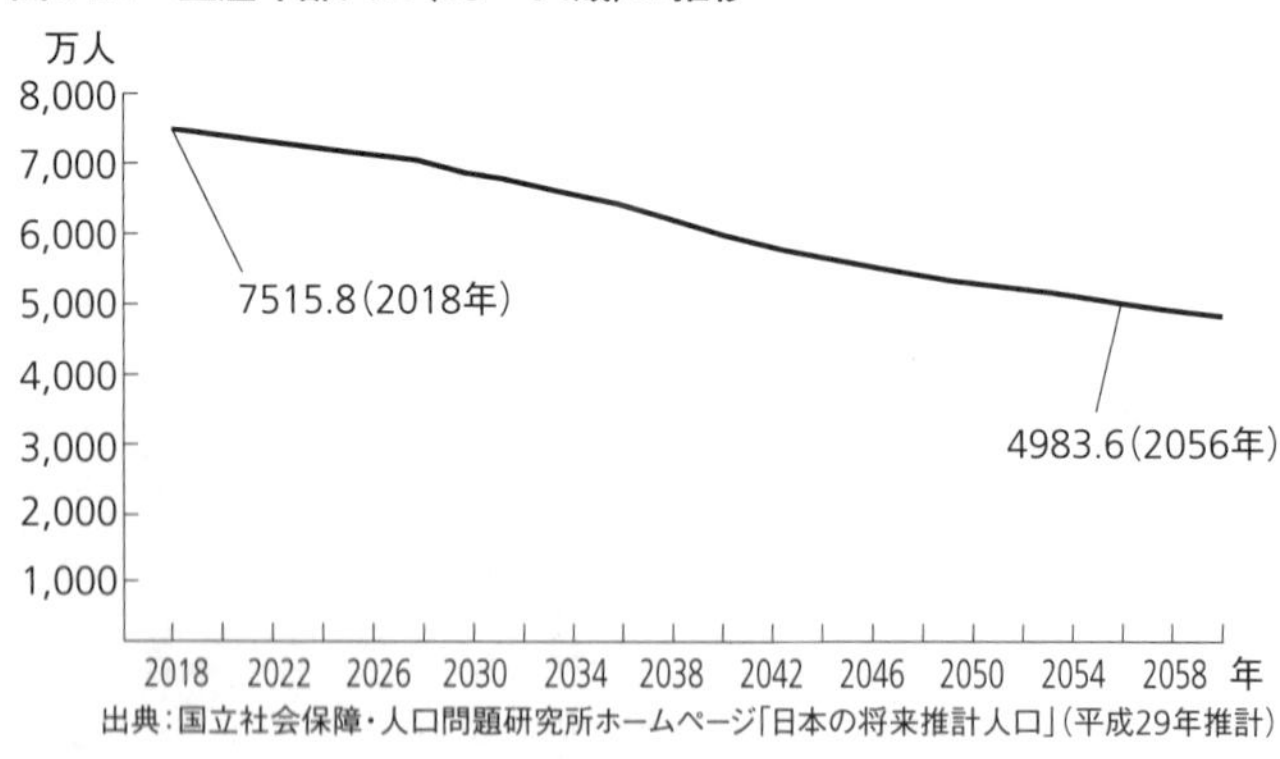

図6-34　生産年齢人口（15～64歳）の推移

出典：国立社会保障・人口問題研究所ホームページ「日本の将来推計人口」（平成29年推計）

は5000万人を切っているのか。**働き手の約3分の1がいなくなってしまう**ということだね。恐ろしいな。

モ　こうやって働き手が減る一方で65歳以上の高齢者人口はどうなるのか見てみよう。**図6-35**のグラフだ。

太　高齢者人口はなかなか減らないんだね。2042年の3935万人までおおむね増え続けて、そこから減少に転じている。

モ　だが、もっと問題なのは医療費や介護費が跳ね上がる75歳以上の後期高齢者人口だ。その推移を示した**図6-36**のグラフを見てみよう。

太　高齢者人口のピークよりもさらに後にピークが来るのか。2054年に2449万人……その時の生産年齢人口はどうなってるの？

モ　5072万6000人。2018年の生産年齢人口より2400万人以上も少ない。2400万人って、

図6-35　高齢者人口(65歳以上)の推移

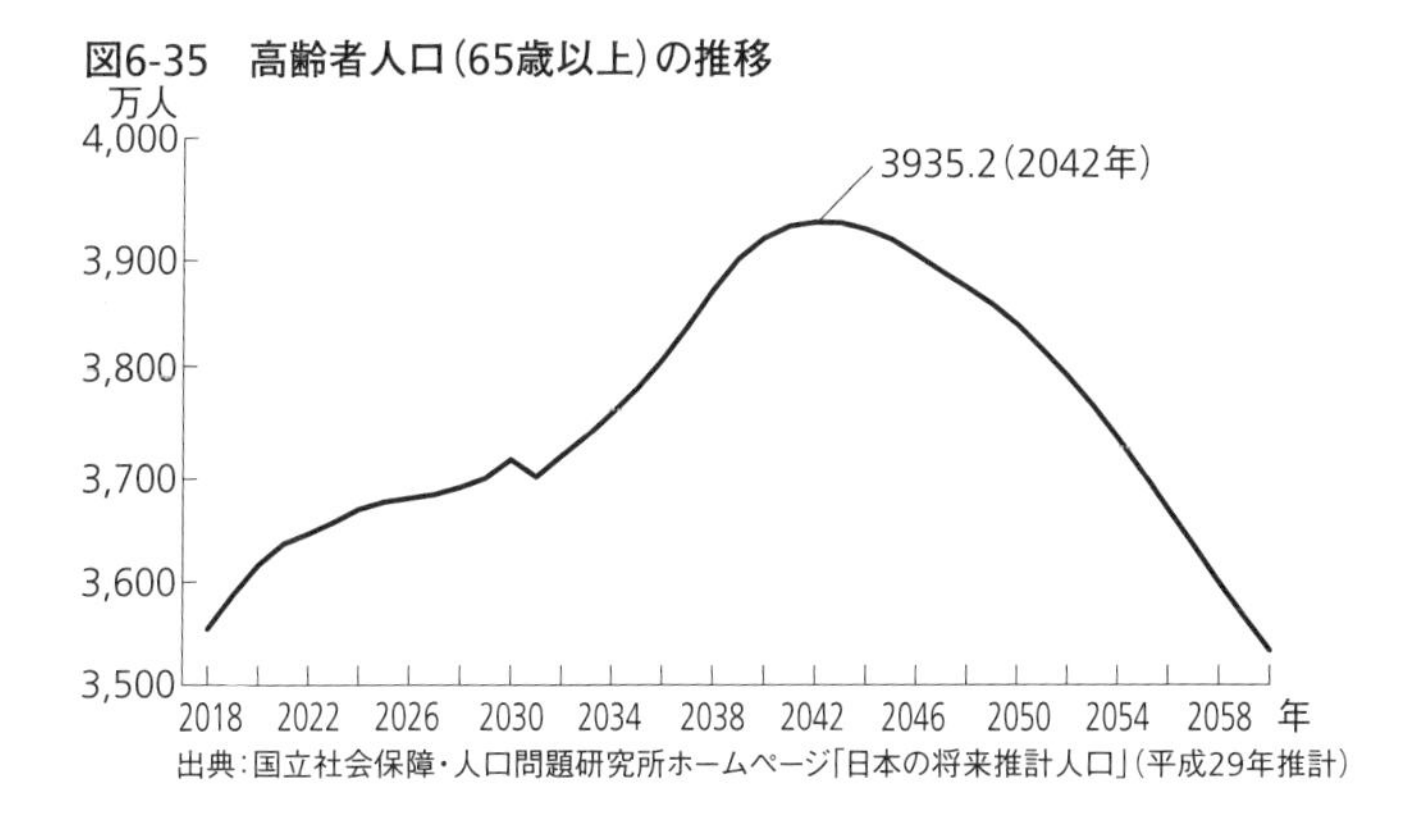

出典:国立社会保障・人口問題研究所ホームページ「日本の将来推計人口」(平成29年推計)

図6-36　後期高齢者人口(75歳以上)の推移

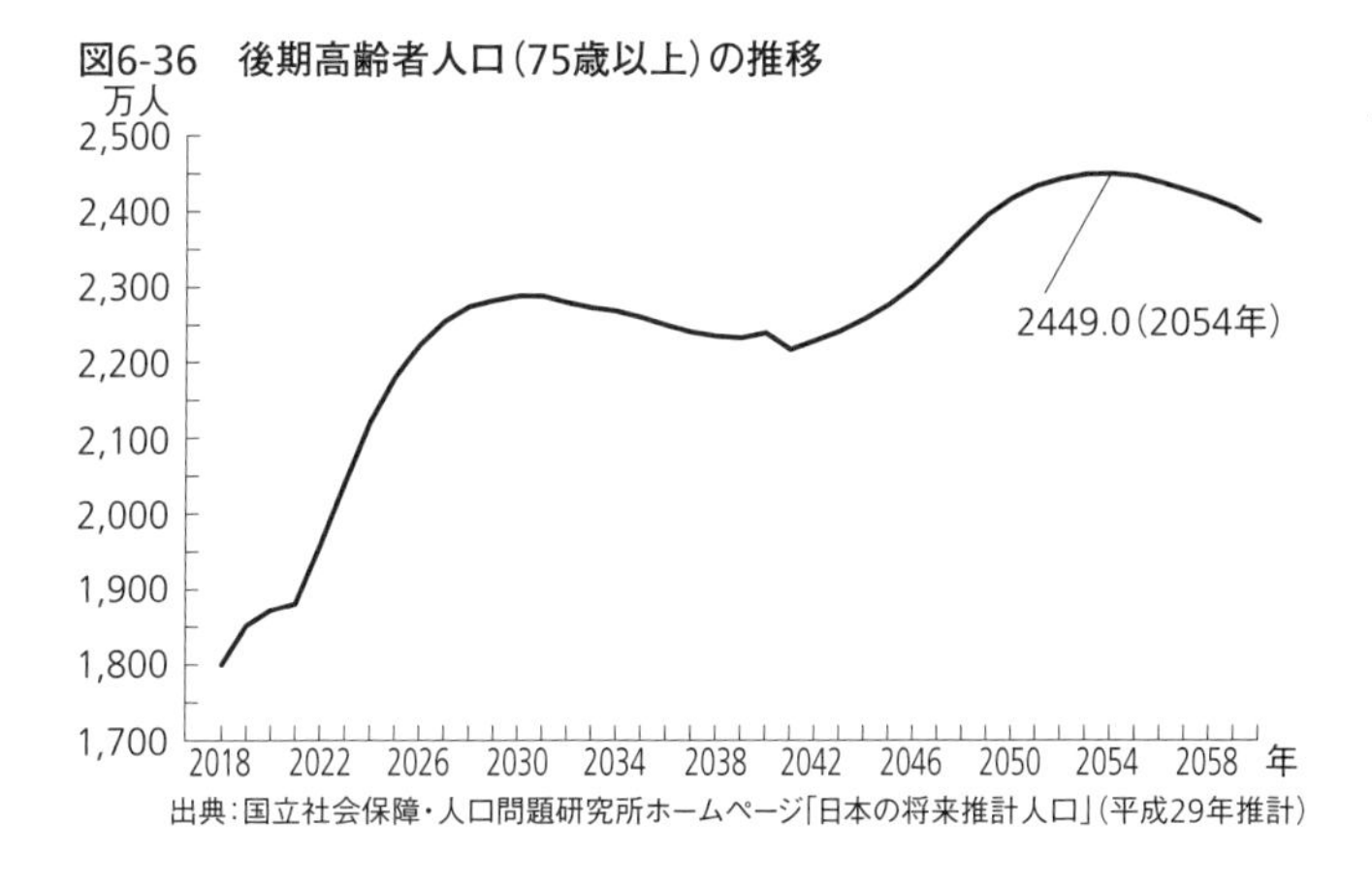

出典:国立社会保障・人口問題研究所ホームページ「日本の将来推計人口」(平成29年推計)

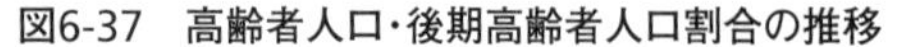
図6-37　高齢者人口・後期高齢者人口割合の推移

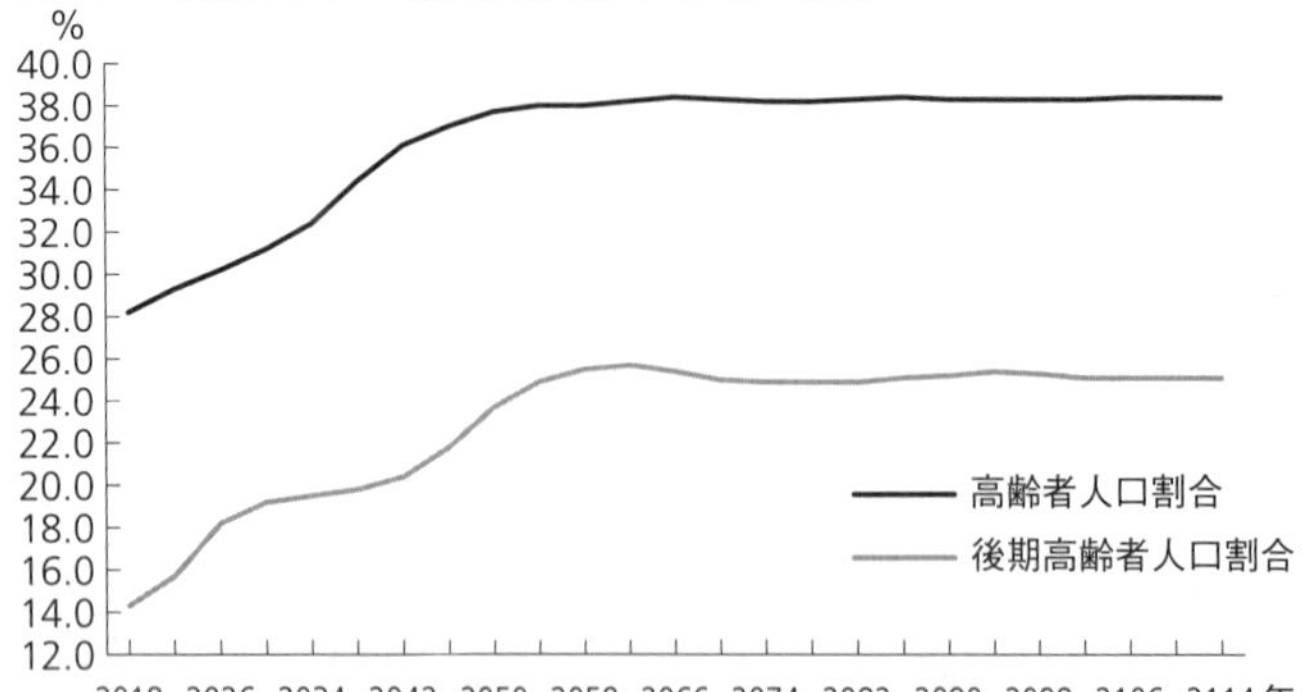

出典：国立社会保障・人口問題研究所ホームページ「日本の将来推計人口」（平成29年推計）

今の近畿地方の府県全部合わせた人口よりも多いからね。つまり、２０１８年からたったの36年で近畿地方全部の人口と同じくらいの生産年齢人口が失われるということだ。その状態で、後期高齢者人口がピークを迎える。

現役世代の社会保険料・税負担は想像を絶するものになっているだろう。ついでに、全人口に対する高齢者人口及び後期高齢者人口の割合を見てみよう。**図6-37**のグラフだ。

太　２０５０年代あたりから、高齢者人口はおおむね38％、後期高齢者人口はおおむね25％でずっと推移するのね……。現役世代の負担が凄いな、これは。

モ　そして、一番理解しておかないといけないのは、現役世代である生産年齢人口の減るペースが凄まじく速いということだ。各年の生産年齢人口減少数を見て

図6-38　各年生産年齢人口減少数

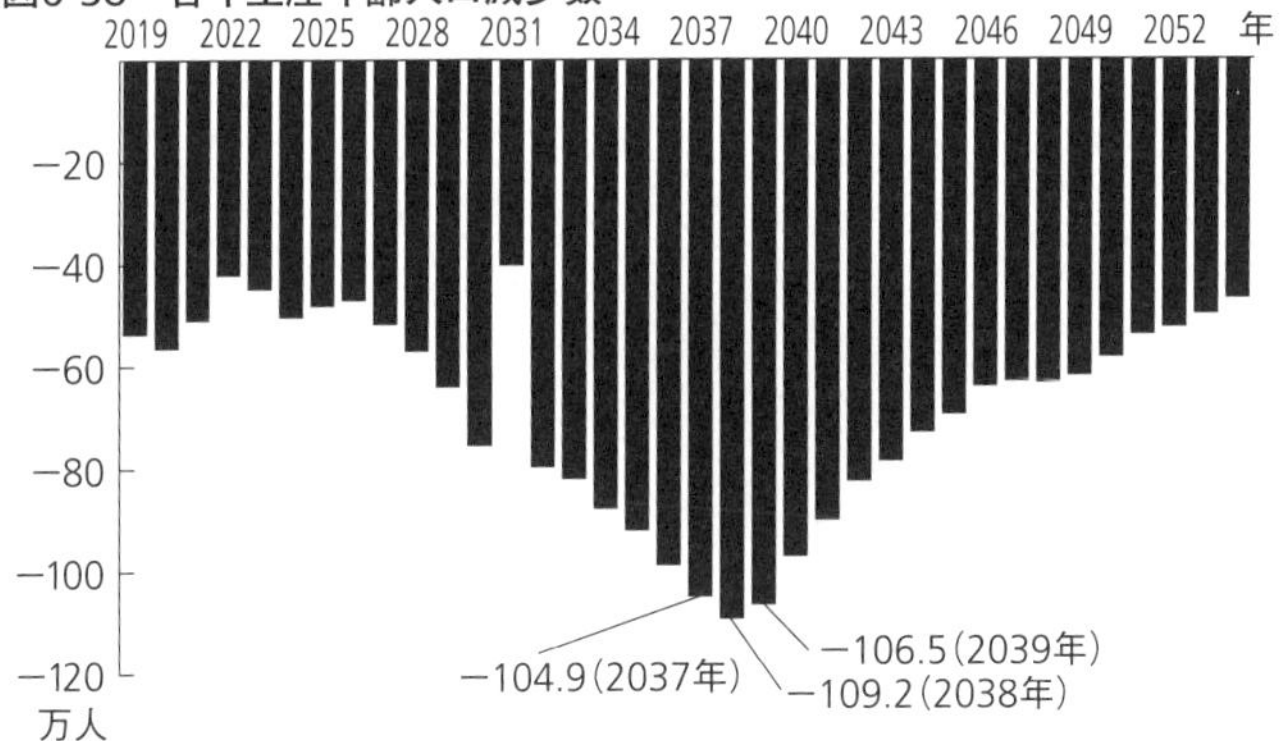

出典：国立社会保障・人口問題研究所ホームページ「日本の将来推計人口」（平成29年推計）

みよう。**図6-38**のグラフだ。

太　2037〜39年なんて3年連続で毎年100万人以上、生産年齢人口が減っていくのね。物凄いスピード。

モ　もっと近いところで言うと、2025年に団塊の世代が全員後期高齢者に突入するが、2018年から2025年までの間に345万7000人も生産年齢人口が減る。第二次世界大戦の時の日本の犠牲者数が約310万人と言われているが、それよりも多い。

太　こんな勢いで減ったら、一体どうなるの……。

社会保障が充実している国の中で、消費税の負担が軽い国はない

モ　これは人類にとって完全に未知の領域だ。こんな勢いで現役世代は減っていくのに、社会保障費のかか

る後期高齢者人口のピークは２０５４年。それまで社会保障費がずっと増え続ける。

これを法人税・所得税だけで賄うのは絶対に不可能だ。**人口減少に伴って経済規模も縮小し、法人税収も所得税収も大きく落ちていくだろうからね。**

それに、毎年確実に増える社会保障費を、景気次第で税収が大きく上下する不安定な法人税・所得税に頼ることは非常に大きなリスクがある。「今年は税収が低かったので社会保障費を削減します」なんて簡単に言えることではないからね。国民の命に直結するんだから。

税負担については、各人の所得に応じて負担をする応能負担という考え方がある。つまり、所得が高くなればなるほど、高い負担を負うべき、という考え方だ。他方で、各人が受けた利益に応じて負担すべきという応益負担という考え方がある。高度経済成長期には応能負担でもやっていけたし、それが理想だ。

しかし、この生産年齢人口急減・高齢者人口増大で、急増する社会保障費を賄うためには、応益負担という考え方がどうしても必要になり、高齢世代にも負担を求めざるを得ない。つまり、逆進性という不公平な側面はあるにしても、全世代が負担し、安定して莫大な税収を得られる消費税は避けて通れない。現に、社会保障が充実している国の中で、消費税の負担が軽い国は一つも存在しない。そこは決して無視してはいけない。

太　高齢者のために重い負担を背負うの。なんか嫌だよ、そんなの。

モ　君は自分が高齢者になったらどうするんだい。誰もがいつかは働けなくなるんだよ。

太　まあ、そうだけど。

モ　それに、社会保障は高齢者のためだけにあるんじゃない。親の年金や医療費、介護費を国がまったく負担しなかったら、どうなると思う？

太　よほど親が裕福な場合は別として、親の生活費や医療費、介護費を全部子どもが負担するしかなくなるね。そうすると、子の世代は自分の家庭を持って子どもを育てる余裕なんかなくなるし、介護のために仕事を辞めないといけなくなるかもしれない。

モ　ちなみに介護や看護のために離職する介護離職は、２０１７年には約９万人に増えていて、２００７年に比べるとおよそ2倍になっている。今後も増えていくだろう。国にもっとお金を回す余裕があれば、こんなことにはなっていないだろうね。

社会保障が充実していなければ、膨大な負担を子の世代が個人で背負うはめになる。そんなことになったら、生活は成り立たないし家族も作れない。だから、社会保障は高齢者世代のためだけのものではないんだ。子の世代の負担を軽減することにも役立っている。

それに、今は子どもがいる人を前提に話をしたけど、子どもがいない人は社会保障がなければ支えがゼロになってしまい生きていけない。そんなの嫌だろう？　みんながみんな結婚して子どもを作れるわけじゃない。むしろ生涯未婚率が高まっている現在では、子どもがいない人がたくさん増えている。子どもに老後の面倒を期待できる人は、どんどん減っていくということだ。誰も一人では生きていけない。**だから、みんなで社会保険料や税金という形でお金を出し合って、社会保障費を捻出し、支え合っているんだよ。君だって、いや、誰だって社会保障費の恩恵は受けている。**

税金は取られるものではなく、出し合って支え合うもの

太　君の言うことはわかったけど、じゃあどうすればいいの？　めちゃくちゃに増税してその上歳出を抑えるの？　そんなことする政治家なんて選挙で選ばれないよ。

モ　君の言うとおりだね。毎年、借換債だけでも100兆円を超える国債を発行している今の財政は異常だ。かといって、**思いっきり支出を抑えて増税するなんて誰も受け入れない。財政再建は完全に不可能だ。**だからどこかの時点で円が暴落し、急激なインフレが起きて、実質的に債務が踏み倒されるという現象が起きるだろう。その時、お金がとにかく足りなくなり、国民は地獄の苦しみを味わうことになる。

だが、誤解を恐れずに言えばプラスの面もある。それは膨大な債務から解放されるということだ。一般会計だけを見ても、約4分の1も借金返済に足を引っ張られている。だから、教育や子育てなど、**未来への投資にお金が回らない**という悪循環が生じているが、極端なインフレが起きればひとまず借金負担は大幅に軽減される。

なお、国だけではなく、今大きな借金に苦しんでいる人もそこから解放される。戦後の日本でも急激なインフレが起きたが、そのおかげで莫大な債務を実質的に踏み倒すことができた。あれをインフレなしでまともに返済していたら、そこに足を取られ、急激な経済成長なんてあり得なかっただろう。

重要なのはその後だ。日本は世界最悪の衰退国と言ってよいから、そこに低金利でお金を貸す投資家がいるとは思えない。高金利でお金を借りればまた雪だるま式に債務が膨らみ、同じ過ちを繰り返すだろう。

つまり、戦後の日本と同じように、借金なしで財政運営をしていく状況に追い込まれる。しかし、戦後の日本と異なり、今ははるかに高齢化が進んでいるし、爆発的な人口増大も望めない。**「経済は縮むが、社会保障費は膨らみ続ける」**という現実を受け入れ、それを前提に**みんながお金を出し合い、支え合っていく**という意識に変えなければならない。それができなければ、痛みはより大きくなるだけだ。

太　今、選挙で仮にそういうことを言っても、誰も信じないし受け入れないだろうね。

モ　そのとおりだ。**誰も信じないが、これが現実だ。**誰かがそれを言わなければならない。そして、税金については「取られるもの」という意識が強かったかもしれないが、「**出し合って、支え合うもの**」という認識に変えていく必要がある。それができなければ、個人がリスクをすべて背負う冷たい「自己責任社会」になってしまうだろう。そんな国が幸せとは思えない。

太　なんか僕らの世代、物凄く大変……。

モ　大変だよ。生産年齢人口が減少するのに高齢者人口が増えるという現象は、程度の差はあれ、どの国も通る道だ。そのなかでも日本は間違いなく最悪の状況になっている。日本がこれにどう対処するのか。君たちは、人類が体験したことのない異常事態に直面することになる。

第7章　ここまでのまとめ

通貨は価値の交換物にすぎない

通貨と税金の歴史について概観してきましたが、ここで改めてまとめてみましょう。

第1章は、通貨が「価値が姿を変えたものにすぎない」ことを説明したものです。自然界でも価値を交換することはなされており、それによって協力関係が生じ、助け合って生きています。人間も同じです。価値を生み出し、人間同士、あるいは動植物と交換しています。通貨はその価値が姿を変えたものですので、価値が増えないのに通貨だけを増やしても意味がありません。通貨1単位当たりで交換できる価値が減っていくだけです。

これを非常にわかりやすく説明できるのが、捕虜収容所で実際に起きた出来事です。これは、『父が娘に語る 美しく、深く、壮大で、とんでもなくわかりやすい経済の話。』(ダイヤモンド社)でも紹介されていた事例です。通貨と価値の関係を示すものとして、これほどわかりやすいものはないと思います。

収容所ではタバコは多くの人が欲しがるものであるため、やがてタバコが通貨として使われ始めました。タバコとほかの物資が共に増える時は交換レートは変わりませんが、タバコだけ増えると交換レートは変化します。物資の量は増えないのに、みんなが持っているタバコは増えるので、より多くのタバコを差し出さないと交換できなくなります。つまり、タバコ1本当たりで交換できる価値が減ったのです。これがインフレです。

捕虜収容所での例は、狭い場所でごく短期間に起きた現象であり、現実の通貨の価値はもっと複雑に変化していきます。そこで、日本と世界の通貨の歴史を比較しながら辿(たど)ることにしました。

まず、金・銀・銅などの貴金属を使用した硬貨を使用していたのは、日本も世界も共通しています。そして、財政難になると改鋳して貴金属の含有量を減らし、硬貨を増発して何とかしようとしている点も同じです。国が変わっても時代が変わっても、人間はまったく同じことを考えるのです。ただ、硬貨は原材料の制約があるので、製造速度に限界があります。「素材の制約」が通貨発行量に歯止めをかけていたのです。

通貨発行量と、新しくこの世に生み出される財やサービスなどの価値の増加量が釣り合っている場合は、それほどインフレになりませんが、通貨の発行量の方が大きく上回っている場合は、インフレになります。まさに捕虜収容所で起きた出来事と同じです。

江戸時代には金・銀・銭の三貨制度が確立しましたが、これを取り上げた理由は、この三貨同士の交換比率が変動することに着目していただきたかったからです。例えばこの3つのうち銭の供給量だけを増やすと、交換比率が変動し、ほかの通貨に対して銭の価値が下がります。

物価は通貨と価値との交換比率ですが、複数種類の通貨が使用される状態では、**通貨同士の交換比率も生じます**。これがタバコ以外に通貨的な役割を果たすものがなかった捕虜収容所と大きく異なるところです。

そして、現代の世界の基軸通貨はドルですから、ドルの供給量が変わらないのに、円の供給量だけを極端に増やしてしまうと、当然、交換比率が変わり、円がドルに対して安くなってしまいます。それは輸入物価の上昇を通じて、国内物価の上昇をもたらします。

ただ、バブル時代だけは例外でした。国際的な協調のもと、ドル安に誘導されていたので、円がバブルで過剰供給されたにもかかわらず、価値が落ちず、それどころかドルに対して上がっていったのです。プラザ合意前と比較すると、円のドルに対する価値はおおむね2倍になっています。こういう例外的な現象が起きたことも影響して、日本は好景気になったのです。

硬貨は重くていちいち持ち歩くのは大変なので、やがて「引換券」である兌換紙幣が発明されて、兌換紙幣をやり取りするようになります。みんなが兌換紙幣を持って硬貨と引き換えにくるわけではないので、**保有している硬貨よりもたくさんの兌換紙幣が発行され**

ます。ただし、誰も引き換えにこないわけでもないし、あまりにも発行しすぎると「本当に引き換えてくれるのか」と疑われ、引き換えにくる人が増えてしまいます。だから、結局、兌換紙幣というものは、現実に保有している硬貨量に左右されます。**硬貨が重しとなって、通貨の発行量を制限するのです。**

兌換紙幣の時代にも、貸し出しによって預金通貨が増える「信用創造」の仕組みは当然ありました。しかし、硬貨の引き換え需要に応じる必要があるので、そのことによる制約は受けていたのです。

この制限を嫌って、今は不換紙幣になっています。急成長する経済に、兌換紙幣は応じることができなくなったのです。兌換紙幣は硬貨との引き換えを約束した「債務」と言えますが、不換紙幣はそうではありません。現実にこの世に存在する何か価値あるものとの交換を約束されているわけではありません。ただ純粋に、みんなが「価値がある」と思い込んでいるから成り立っているだけです。

こうやって最終的には素材の制約から解放され、通貨は無限に発行することが可能になりました。ハイパーインフレと言われる現象は、不換紙幣でしか起きていません。

なお、ハイパーインフレというと、アメリカの経済学者フィリップ・ケーガンによる「インフレ率が毎月50％を超えること」という定義を採用する人が多いようです。これは年間インフレ率が１万３０００％にも達することを意味します。しかし、この定義が広まっているせいで、**この基準に達しなければ問題ないかのような誤った考え方が蔓延（まんえん）しています。**

拙著『国家の統計破壊』（インターナショナル新書）でも指摘していますが、消費税増税と円安インフレにより、アベノミクス以降の６年間で物価は６・６％も上昇しました。その結果何が起きたかと言えば、戦後最悪の消費停滞です。２０１３～16年にかけて、実質民間最終消費支出が３年連続で落ちました。戦後初です。

２０１７年は前年を上回ったものの、４年も前の２０１３年を下回りました。この４年前を下回るというのも戦後初です。さらに、この数字ですら異常なかさ上げがされたもので、それがなければもっと酷い数字になっていました（詳しくは前掲拙著をお読みください）。

６年間でたったの６・６％物価が上がっただけで、このような異常現象が起きたのだから、例えば物価が１年で１００％上がったら実質消費はとてつもない落ち方をするでしょう。

先ほど紹介したハイパーインフレの定義には遠く及ばないインフレ率ですが、国民生活を破壊するのは間違いありません。ハイパーインフレの定義を振りかざして詭弁（きべん）を弄する人が後を絶たないので、私は「極端なインフレ」という言葉を使っています。毎年10%上がるだけでも極端なインフレと言うべきでしょう。賃金がそれに追いつかないことは明らかですから。

話を元に戻しましょう。本書を読んで、人類がいつの時代のどこの国でも「通貨を増やしたい」という欲望に逆らえなかったということが、よくわかったと思います。

今、日銀が行っている異次元の金融緩和も同じです。実質金利を下げて借金しやすくする。借金がしやすくなるということは、預金通貨が増えやすくなるということです。そうやって景気を良くしようとした。これは下げようとする金利に名目と実質の違いがあるだけで、バブルの際に日銀がやったこととまったく変わりません。**「お金を増やせば何とかなるだろう」という発想から抜けられないのです。これは人類に本質的に備わっている発想であって、人類の歴史が続く限り繰り返されるのでしょう。**

貸しすぎて、返ってこなくなる

借金は現在価値と将来価値の交換です（ただ、銀行の差し出す「現在価値」は、保有しているお金を超える量を貸したことにしているので、本当は存在しないと言っていいかもしれません）。借りた通貨を使って将来の時点で価値を生み出し、それをまた通貨に換えて、返済スケジュールどおりに元本と利息を払い続けなければなりません。それができなければ債務不履行です。

お金が返ってこなければ貸した側も大きなダメージを負います。これが大規模に発生したのが日本のバブル崩壊でした。

それはリーマンショックも同じです。ありもしない将来価値を信じてお金を貸しすぎたのです。「ある」と信じた将来価値は、株や不動産の値上がり益であり、その利益はただみんなが「ある」と思い込んでいただけの幻の利益です。夢から覚めれば消える利益です。そしてお金が返ってこなくなった。お金が返ってこなくなれば銀行の信用も落ち、預金が引き出され、銀行間の貸し借りもできなくなって、銀行の資金繰りがつかなくなります。

そうやって銀行が破綻すれば、他の銀行も連鎖するように破綻していく。銀行のお金を貸す能力がどんどん落ちてくれば、新しく生み出せる預金通貨が減り、不況へ陥っていく。**「貸しすぎて、返ってこなくなる」**、端的に言えばこれだけのことです。これが民間企業に対して起きれば銀行危機、国家に対して起きれば債務危機になります。

そして、銀行危機と債務危機は無関係ではありません。銀行危機が発生すれば大不況になり、税収が落ち込みますから、その分国債を発行して、その場しのぎをしなくてはなり

図7-1　危機後3年間における実質公的債務増加分の累計

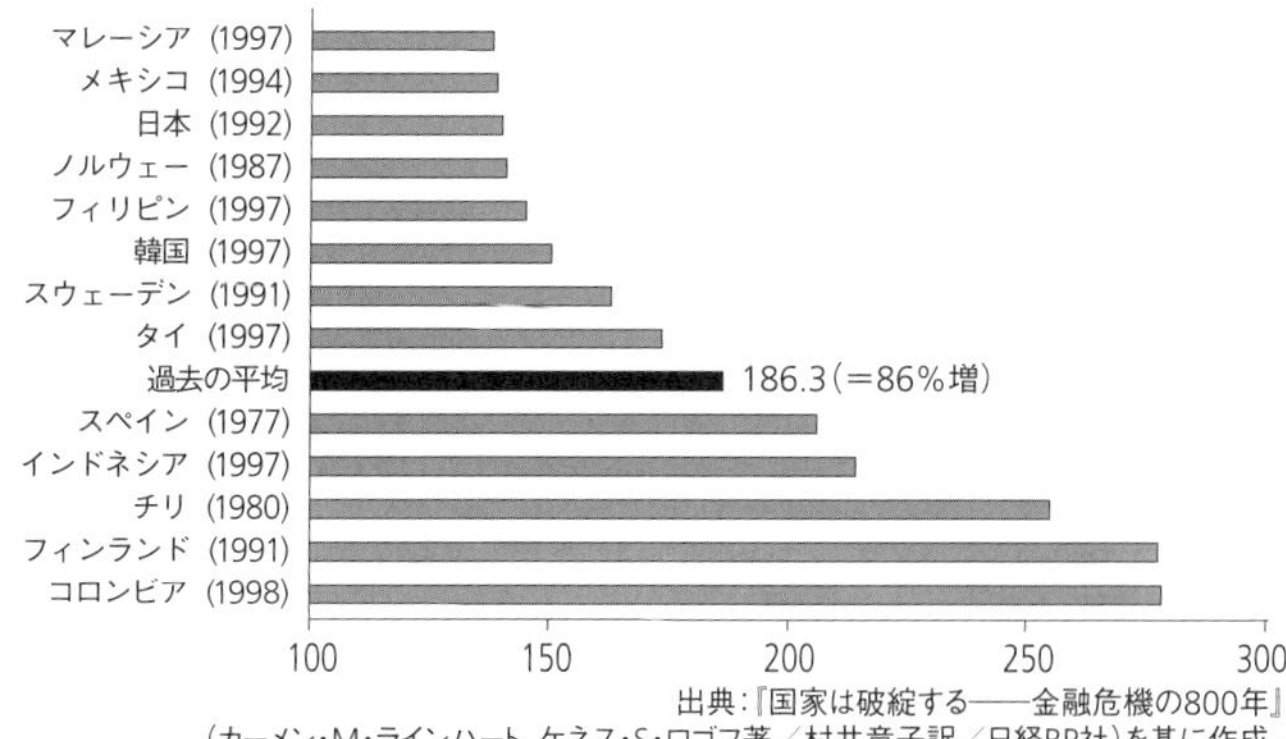

出典：『国家は破綻する――金融危機の800年』（カーメン・M・ラインハート、ケネス・S・ロゴフ著／村井章子訳／日経BP社）を基に作成。

ません。だから、財政が必ず悪化するのです。例えば、1970年代後半から1990年代にかけて銀行危機に襲われた13カ国の平均実質公的債務増加分を見てみると、3年間で86％も増えています（**図7－1**のグラフ）。

そして、日本はいまだにこの増加の途上にあります。日本の税収と歳出の差が大きく開き、「ワニの口」と呼ばれるようになったのはバブル崩壊の後です（**図7－2**のグラフ）。

景気対策で減税と同時に公共事業を増やしました。しかし、思うように景気は回復せず、税収と歳出の差は開き続け、膨大な債務が積み上がりました。バブル崩壊後はずーっと借金で、その場しのぎをしていたと言えるでしょう。

普通は財政が悪化すればその分国債に対する信用が

図7-2　一般会計歳出・税収・建設国債・特例国債発行額の推移

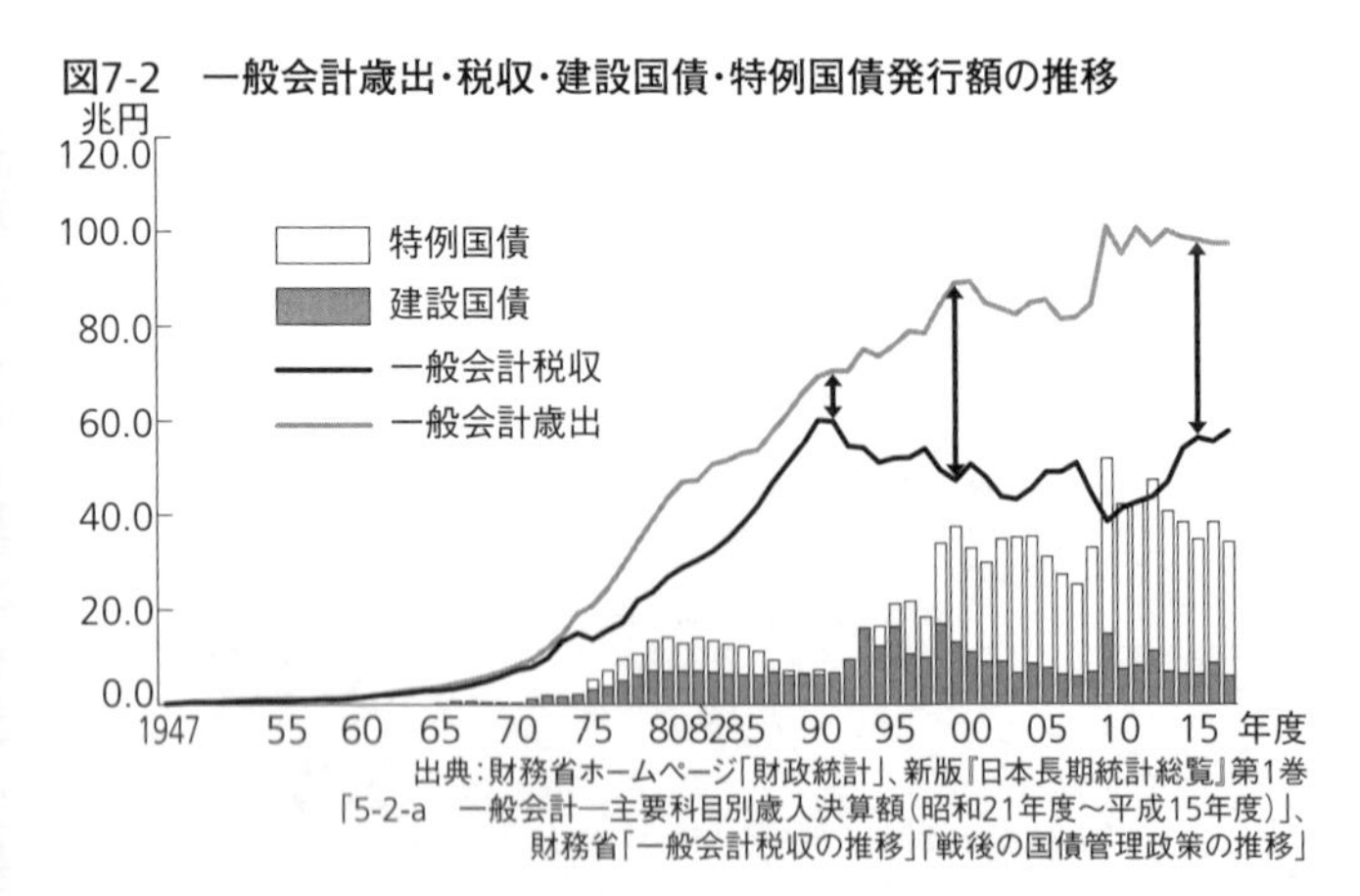

出典：財務省ホームページ「財政統計」、新版『日本長期統計総覧』第1巻「5-2-a　一般会計─主要科目別歳入決算額（昭和21年度〜平成15年度）」、財務省「一般会計税収の推移」「戦後の国債管理政策の推移」

落ち、金利が急上昇して利払費が跳ね上がります。そのまま放置すれば支払いができなくなってしまいます。だから、国民の反対を押し切ってでも、増税と緊縮をせざるを得ない状況に自然と追い込まれるのです。

ところが、日本の場合は「ほかにめぼしい投資先がない」という理由で国債が買われ続け、金利が抑え込まれました。だから利払費も低くて済み、極端な増税や緊縮をしなくてもよかったのです。その代わり、債務は膨らみ続けました。

そして今は日銀が国債を爆買いしているので、金利が低く抑え込まれています。借換債を含む国債発行総額に対する日銀の流通市場からの買入総額は、ピーク時で7割にも達し、ペースが落ちた2018年度でも約6割です。世界一異常な国債市場が日本国債市場です。

日本がやっていることは、国家規模のポンジ・スキーム

国債は、国が国民から徴収した税金をもって返済するというのが建前です。会社は財やサービスを生み出してお金に換えなければ借金を返済できませんが、国は強制的に税という形でたくさんのお金を徴収できます。だから、返済が最も確実と期待され、低金利で国債を買ってもらえるのです。

しかし、日本国債の場合はそういった建前より、「周りが買っているから自分も買う」という惰性で買われていただけと言うべきでしょう。借換債だけでも、一般会計の予算規模を超える100兆円以上発行しているのです。最も残高の大きい建設国債及び特例国債については、60年償還ルールにより、残高のたった1・6%しか毎年元本を返済していません。日本は基礎的財政収支対象経費すら税収で賄えない国ですから、借金は全部借金で返しているとも言えるのです。**「返済」と称していても、実際は借りた金をまた配り直しているだけです。これは、「ポンジ・スキーム」という古典的な詐欺手法とまったく同じです。**

「ポンジ・スキーム」というのは、「何かを運用して得た利益を分配すると謳(うた)ってお金を集めるが、実際は運用などしておらず、単に出資者から集めたお金を配り直すだけ」という

詐欺手法です。最近の日本の例で言うと、ジャパンライフ事件が挙げられるでしょう。

その手法は簡単に言うと、「磁気ネックレスなどの健康器具のオーナーになって、それをジャパンライフに預ける。ジャパンライフはそれをユーザーにレンタルして、レンタル料を取り、それをオーナーに渡す」と謳うものです。要するに健康器具のレンタル料を配当するということです。オーナーになろうとする人は、代金を払って健康器具を買いますが、どうせジャパンライフに預けるので、実物のやり取りはありません。単にジャパンライフにお金を払うだけです。そして毎月配当金が口座に振り込まれます。

しかし、オーナーの数に見合う健康器具はそもそも存在していませんでした。レンタル料を稼いで配当していたのではなく、単にオーナーたちから集めたお金をオーナーたちに配り直していただけなのです。これは新たなオーナーを確保し続けなければ、どこかの時点で必ず配当金を支払えなくなり、確実に破綻する商法です。しかし、やり方が巧みであったため、極めて長期間もちました。

この手法は本当によくあるものです。投資の対象はジャパンライフの場合は健康器具でしたが、ほかの例で言うと、牛、エビ、健康食品、水、ヘリコプター、仮想通貨、株主優待券などいろいろあります。なんでもよいのです。多くの出資者を集め、配当金をバランスよく支払えば長持ちします。長持ちしますが、100%破綻します。

これと日本財政は何が違うのでしょう。**投資家が出したお金で投資家にお金を返済しているのですから、ポンジ・スキームにほかなりません。**投資家たちが「危ないんじゃないか」と思って手を引けば、あっという間に国債が暴落します。以前は「みんなが買うから自分も買う」という思考停止状態に陥って国内銀行などが買い支えていました。しかし、今は日銀がその役割の大部分を肩代わりしています。日銀が手を引いたら暴落するのは目に見えています。

なお、国債の9割は国内で消化されているから問題ないと言う人がいます。しかし、逆に言えば残りの1割は、海外の投資家が保有しているのです。この1割の投資家たちが売りに走れば確実に暴落します。市場に恐怖が広がり、日本人も国債を手放すからです。

国債と通貨は運命を共にする

国債と通貨の関係はわかりにくいかもしれません。ここで改めて考えてみましょう。日本国債を買う投資家は何が欲しいのでしょうか。利息ですね。お金を日本政府に貸して、増やしたいわけです。

では、日本政府がどうもお金を返せないようだと思った場合、投資家はどうするでしょう。国債を持っていてもお金をもらえない可能性があるなら、売って手放したいですね。というわけで国債を誰かに売ります。

円建ての国債を売って得られるのは、もちろん円です。円をただ持っているだけでは増えません。何より、デフォルトになりそうな国の危ない通貨を、あなただったらそのまま持っていたいですか。持っていたくないですよね。そこで、きっと円を売って他国の通貨に換え、どこか別の国の国債を買ったりするでしょう。

つまり、デフォルトが危惧されて国債が売られる時は、円売りも同時に起きるわけです。そして売りたいと思う人が多いほど、値段は下がります。だから円安になる。投資家は皆こういう予想をするでしょうから、いったん国債が大規模に売られ始めると、円の価格はどんどん落ちていくでしょう。

では、日銀に国債の直接引受をさせて、返済資金に充てるのはどうでしょうか。これが民間企業と違うところですね。いざとなれば日銀からお金を出させることができる。

しかし、よく考えましょう。なぜ、どの国も中央銀行に通貨発行権を持たせ、中央銀行による国債の直接引受を禁止するのか。政府自身が通貨を発行しすぎて極端なインフレが生じるということが、人類の歴史上何度も繰り返されたからです。世界で最初に紙幣を発行した中国の宋、その後の金、元でもそうなりました。そして、今その現象が起きている真っ最中なのがベネズエラです。

日本もかつて明治政府が政府紙幣を発行しすぎてインフレになったので、中央銀行である日銀を設立し、政府は通貨発行権を手放しました。しかし、結局「お金を増やしたい」という欲望に勝てず、直接引受に手を出し、戦後の極端なインフレを招きました。

管理通貨制度というのは、こういう極端なインフレが生じないよう、「**中央銀行が通貨を増やしすぎない**」という大前提に立って運用されているわけです。国債の直接引受はこの大前提を破壊する行為ですから、投資家たちは「円が過剰供給されて価値が下がる」と予想し、円売りは止まらなくなるでしょう。そして極端なインフレが発生します。

すなわち、投資家たちから見れば、形式的にデフォルトを避けるための直接引受は「**インフレで債務を踏み倒すぞ**」と言われるようなものです。特に世界最悪の政府総債務残高対GDP比を誇る日本が一度直接引受に手を出したら、もう二度と元に戻れないことは目に見えています。だから、「最後は日銀がいるから大丈夫」とはならないのです。**そもそも、それで弊害がないのなら最初からそうしています。**

今の日本は直近2018年度でも、発行総額の約6割に相当する国債を日銀が市場から購入している状態です。間に民間銀行などが挟まっているだけで、部分的には直接引受をしているのと変わりません。これは財政法第5条の直接引受禁止をかいくぐるための「脱法借金」です。

ただ、何かのきっかけで円が暴落していけば、銀行などもこの脱法借金に加担することを止めるでしょう。円の価値が安定していれば、発行市場で購入した国債を流通市場で日銀に転売すれば転売利益を得られますが、急激に円の価値が下がっていった場合は意味がありません。得た利益の価値がすぐに下がってしまうからです。

なお、すべてが日銀に転売されているわけではなく、担保目的で保有している投資家もたくさんいますが、価値が下がっていけば担保として持っておく意味がないので、手放すでしょう。そうして民間銀行などが協力してくれなくなった場合、最後の手段として日銀が直接国債を買うのでしょう。そしてそれを目にした投資家が一斉に円から逃げ出し、円が暴落するのではないかと予想します。

異次元の金融緩和はお金の素であるマネタリーベースを増やしていくだけのものであり、いわば「こけおどし」です。貸し出しが増え、マネーストックが増えなければ意味がありません。しかし、このこけおどしですら、投資家を円売りに走らせ、ピーク時でドルに対する円の価値が約3分の2にまで落ちました。原油価格の暴落という偶然がなければ、物価は今よりももっと上がっていたでしょう。

国債で賄う財政支出は「こけおどし」ではありません。借りたお金を使った分だけ、マネーストックが確実に増えます。ですから、極端な財政支出の拡大が為替市場に与えるインパクトは異次元の金融緩和よりも確実に上でしょう。円安が進行し、インフレになります。その時、世界はこの異常な金融緩和の副作用を目の当たりにするのです。通常のインフレ抑制手段である売りオペは国債が暴落するため使えず、ほかのインフレ抑制手段も果たして効果があるのか未知数です。

この極端な財政支出がなされるタイミングですが、2020年の東京オリンピック後かもしれませんね。オリンピック後は、必ず景気が後退しますから。高度経済成長期の最中（さなか）だった前回の東京オリンピックの時は、終了後に景気が後退して税収が不足し、戦後初めて特例国債を発行しました。発展途上にあったあの時ですら大変だったのですから、衰退途上にある今はもっと大変なことになります。

MMTについて

MMTという理論が、一部の人たちの注目を集めています。これは端的に言うと、自国通貨建ての国債はデフォルトにならないので、インフレにならない限り、財政赤字は問題ないという主張です。だから財政支出をたくさんしろ、もっとお金を使えというものです。

これは、まったく真新しいことを言っていません。繰り返し説明したとおり、形式的にデフォルトを避けるためなら、最後は自国の中央銀行に直接引受をさせればいいのですから、自国通貨建ての国債がデフォルトしないのはそのとおりです。

しかし、さっきも言ったとおり、これをやると政府の裁量で通貨を発行し放題になり、インフレが止まらなくなります。財政支出増大→インフレ→インフレに合わせて支出増大→さらにインフレ進行→インフレに合わせて支出増大→さらにインフレ進行という無限のスパイラルが発生するからです。

これが理解できないので、ベネズエラではずーっとこのスパイラルが止まらず、インフレが進行しっぱなしなのです。MMTの主張は当たり前のことすぎて、「砂糖は甘い」と言っているのと同じです。**MMT論者には「そう簡単にインフレは起きない」という、人類の歴史を無視した強烈な思い込みがあります。**

図7-3　消費者物価指数（持家の帰属家賃を除く総合）と食料価格指数の推移

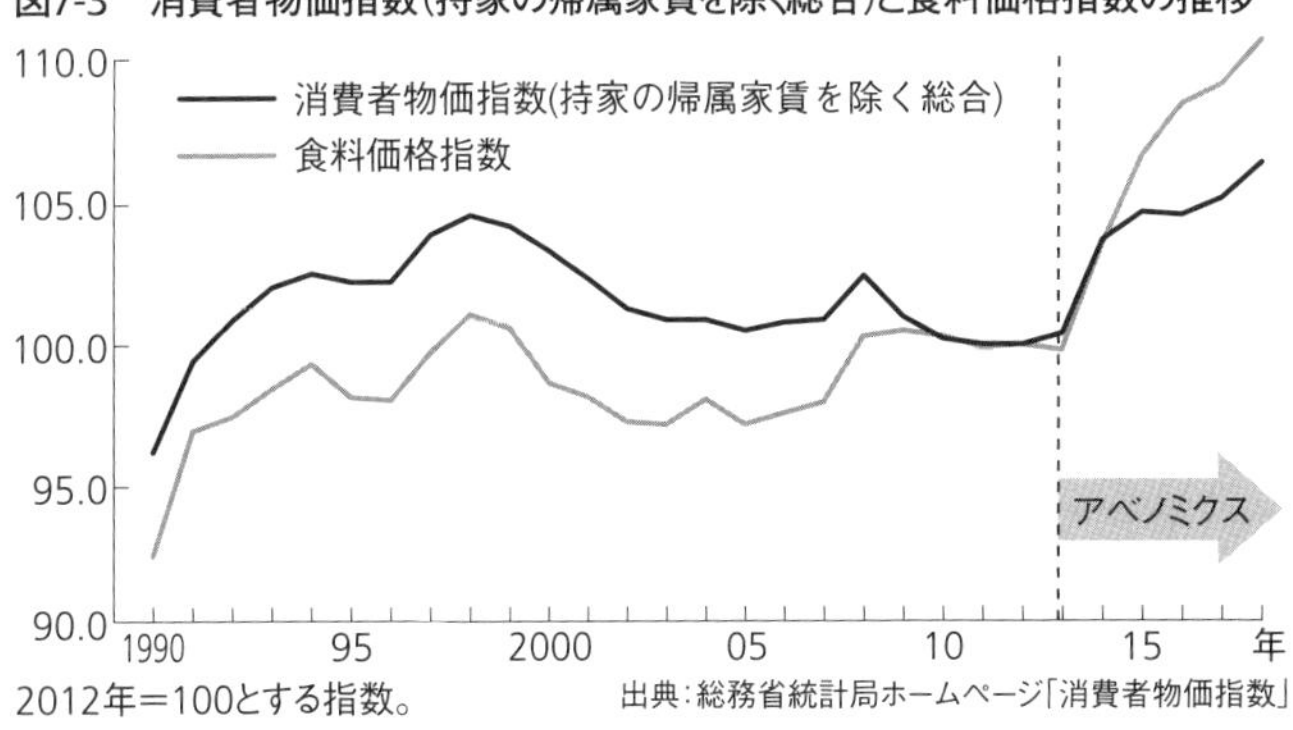

2012年＝100とする指数。　出典：総務省統計局ホームページ「消費者物価指数」

そして、日本のMMT論者は、「今は需要に対して供給が過剰になっているからデフレなんだ。だからお金を増やしても簡単にはインフレにならない」と言います。まず、この現状認識が誤りです。**図7－3**のグラフを見てください。

デフレとは継続的に物価が下落することです。アベノミクス前の2012年と比べると2018年は6・6％も物価が上昇しています。これは持家の帰属家賃を除く総合指数ですが、**食料価格だけを抜き出すと11％も上昇しています。**物価が上昇していますからデフレではありません。消費税増税の影響ももちろんありますが、それよりも大きく影響しているのは円安です。円の価値を大きく下げたからこうなっているのです。多くの人が、日銀の「前年比2％」という目標が達成されていないことだけを切り取って、物価は上がっていないと勘違いしています。前年比ではなく、増税も含めてトータルで見ると確実に物価は上がっています。

さらに、MMT論者はなぜか国内の需要と供給のみで物価が決まると思い込んでいますが、すでに分析したとおり、為替相場と原油価格、さらに賃金の動向が物価に影響します。高度経済成長期は賃金が、石油ショック以降は原油価格が大きく物価に影響を及ぼしました。そして、アベノミクス以降は為替相場と原油価格が影響しています。MMT論者はこのような現実を完全に無視しています。

MMT論者は「積極的財政出動をせよ」と主張しますが、もし日本が極端な財政支出をした場合、それは円がドルと比較して過剰供給され、確実にマネーストックが増え、円の価値が下がることを意味します。したがって、**真っ先に為替市場が反応し、円売りが起きるでしょう。**そして、円安を通じて物価があっという間に上昇します。

私の知る範囲では年2％の物価上昇を目安にする論者が多いようですが、2％はすぐに達成されてしまうでしょう。何しろ「こけおどし」にすぎないマネタリーベース増加ですら、極端に円安を進行させたのですから。原油の暴落がなければ間違いなく前年比2％の物価上昇は達成できていたと思います。「こけおどし」ではない、財政支出によるマネーストック増加に対する為替市場の反応はより大きいと見るべきです。

さて、インフレ目標が達成された場合、財政支出を抑えることをMMT論者もさすがに認めるようです。しかし、例えば予算を公表した段階で為替市場が過剰反応し、円安が進行してかなりインフレになってしまった場合は、どうするのでしょうか。「インフレになったので、予算をやっぱり削ります」と言うのでしょうか。そんなことできるはずがありません。いかに非現実的な理論であるかがわかるでしょう。

いずれにせよ、インフレ目標を達成してしまったらそれ以降は財政支出を抑えるのですから、**あっという間に物価目標を達成した場合、ただの「ぬか喜び」になります。**もう一度強調しますが、MMT論者は「そう簡単にインフレは起きない」という都合のよい思い込みがあるから積極的な財政支出を主張できるのです。

さらにMMT論者は、異次元の金融緩和の副作用も完全に無視しています。ここまで説明してきたとおり、異次元の金融緩和の副作用は、インフレ抑制手段の王道である「売りオペ」ができないため、インフレを制圧できないのではないか、という点です。MMT論者は「いざインフレになっても簡単に抑え込める」と思っているようですが、大きな間違いです。

MMT論者は、政府と中央銀行を一体のものとみなし、政府はいくらでも通貨を発行できると考えているようです。ならば、なぜ税金が必要なのか。それに対する彼らの答えは、通貨の価値を信じさせるため、というものです。税金の支払いに使えるから、人々が通貨の価値を信じるというのです。これが誤りであることは、本書をここまで読めばわかるでしょう。税金の支払いに使えることが通貨に対する信用の一要素であることは否定しませんが、**それがすべてではない。**なぜなら、歴史を繙けば納税に使えない他国の通貨も使用されていたわけですし、現代では仮想通貨がその最たる例です。

ビットコインは納税に使えません。でも多くの人が通貨として使用しています。また、ハイパーインフレに襲われた国では自国通貨ではないドルが流通する「ドル化」という現象が起きます。基軸通貨であるドルは、価値が安定しているからです。通貨は、単にみんなが「価値がある」と信じて交換に応じるから使われているだけです。

ＭＭＴ論者の租税観はこんな感じなので、「税は財源ではない」などと主張します。これも間違いです。税が財源ではないなら、戦後、１９６５年度に特例国債を発行するまで無借金の均衡財政を貫いてきた日本をどう説明するのでしょう。国債を発行していないのですから、支出は当然税金で賄っていたわけです。

今の日本だって、一般会計歳出財源の約６割は税金です。現実に税金を財源にしているのです。そもそも税金はもともと穀物や布などの現物であり、それが通貨に姿を変えただけです。国民が生み出した価値を集めるのが税です。

ＭＭＴ論者には、「通貨は価値が姿を変えたもの」という考えが欠けていると思います。彼らは借金で通貨が増えていくと主張します。それは間違っていないのですが、借金は現在価値と将来価値の交換であり、将来の時点において借りたお金を上回る価値を生み出し、それを通貨に換えて返済できなければ成り立たないものです。財やサービスなどの「**価値」を生み出さなければならない**のです。それができなくなると、銀行危機や国家債務危機が起きます。ＭＭＴ論者は「通貨は債務」という点を強調しますが、**債務なのですから返済しなければ成立しません。**それを無視しています。

こういう指摘をすると、ＭＭＴ論者は「全部返済したらお金がこの世から消えてしまう」と、また極端な主張をしてきます。全部一気に返済なんてできません。決められたスケジュールどおりに、元本と利息を分割して支払うのです。このスケジュールが守られなかった時に問題が顕在化します。借り入れと返済のサイクルが回っているうちは問題ありませんが、当然ながら借りすぎたらどこかの時点で返済スケジュールを守れなくなるので、それが国家について起きると通貨が暴落します。

現在、マネタリーベースを増やす方法としては民間銀行などが保有する国債を中央銀行が買い上げる手法（買いオペ）が取られます。この点をとらえて、「国家が借金をしないと通貨が生まれない」とMMT論者は主張するようですが、これも言いすぎです。なぜなら、中央銀行が単に民間銀行などにお金を貸せば、それだけでもマネタリーベースは増えるからです。したがって、仮に国債がまったくなかったとしても、中央銀行が民間銀行などに貸し出しをすればマネタリーベースは増えます。あるいは国債以外の資産を民間銀行などから買入れても、マネタリーベースは増えます。例えば日銀は大量にETF（Exchange Traded Fund：上場投資信託）を買入れていますが、その分日銀当座預金にETFの購入代金を入れているので、マネタリーベースは増えています。

税金で財政支出を賄う場合、すでに存在する通貨を税として徴収し、それを歳出で配り直しています。つまり「通貨を使い回している」ということです。したがって、税金で歳出をすべて賄う限り、少なくとも財政支出の拡大によるマネーストックの急拡大は起きず、通貨価値が崩れる心配はありません。

なお、国家が無借金でも、先述のとおり中央銀行が民間銀行などに貸し出しを行ったり何か資産を買い上げたりすればマネタリーベースは増えますし、民間銀行などが企業や個人に対して貸し出しを行えばマネーストックは増えていきます。だから「お金が増えない」ということにはなりません。

国に借金があればその返済に足を引っ張られますので、「現在の」国民に対して使えるお金は減ってしまいます。今の日本において社会保障、少子化対策、教育など、あらゆる面が不十分になっているのはその影響です。「高負担・高福祉」の北欧諸国の場合、借金に足を引っ張られる部分が日本よりはるかに少ないですし、たくさん税金を取っているので、「現在の」国民にたくさんお金を使うことができ、未来への投資が可能なのです。日本はそれができないのでどんどん先細りになっていく悪循環に陥っています。

ＭＭＴ論者は、国はもっと借金をしてお金を使え、そうすれば経済成長できる、と言うようです。**それが本当なら、すでに対ＧＤＰ比で見て世界一借金している日本の経済は、順調に成長していなければおかしいですね。**実際は成長どころか世界一停滞しています。

借金は返済とセットです。ＭＭＴ論者は市場を無視していますが、国債が市場で買われるのは、投資家が「税金でお金を返してくれる」と信頼するからです。そして、**現に返済しているのです。一般会計の約４分の１が国債の元利金の支払いに回されています。**

さらに、借換債に至っては、それだけで一般会計の規模を超える１００兆円以上が毎年

発行されています。新しい借金で古い借金を返済しているだけですが、「返済」には変わりありません。こうやって返済スケジュールが守られているから、何事もないかのように通貨の安定が保たれているのです。これが一度崩れれば、あっという間に通貨が崩壊します。MMT論者はこの「返済」という要素を無視しているのです。

消費税廃止論は市場を無視している

消費税廃止を主張する人々がいますが、それを主張する人の中で、**国債市場への影響に言及する人を見たことがありません。**国債への信用は、その国の徴税能力に依存しています。2019年度の予算で言うと、国税に占める消費税の割合は29・2%に上ります。これを廃止したら国債の買い手はどう思うでしょうか。これを会社にたとえましょう。**売り上げの3割を占める部門を閉鎖すると宣言したら、その会社の株価はどうなるでしょうか。**暴落しますね。国債も同じです。国税の中で大きな割合を占め、かつ景気に左右されず安定している消費税を廃止すると宣言することは、国債市場に対し「デフォルトします」と言うのと同じです。国債は大暴落し、円も運命を共にするでしょう。

形式的にデフォルトを避けるため、日銀に国債の直接引受をさせても結果は同じです。

それは円が発行し放題になるということであり、円の価値がさらに下がると市場は予想しますので、円売りは止まりません。国民は地獄のような苦しみを味わうことになります。特に社会保障の支えによって生きている方々が犠牲になります。消費税廃止というのは、「弱者のため」と言いながら、その弱者を死に追いやるものであると断言できます。

これは何度でも強調したいことですが、**社会保障を充実させている国々の中で、消費税の負担が軽い国は一つもないのです。**デンマーク、スウェーデン、フィンランドはいずれも対ＧＤＰ比で言えば日本の倍以上消費税を取っています。この点について、「対ＧＤＰ比」ではなく、「税収構成比（消費税の税収÷すべての税収）」を示して、日本の消費税負担は高いとミスリードする主張があります。これは大間違いです。税は国民が生み出した付加価値から取るのですから、**税負担の軽重は「対ＧＤＰ比」で見なければなりません。**「税収構成比」で見てしまえば、日本の消費税負担は、消費税率25％で軽減税率もないデンマークより重いことになってしまいます。明らかにおかしいことがわかるでしょう。

なお、**税収構成比で見ても、日本の消費税はＯＥＣＤ36カ国中30位であり、ＯＥＣＤ平均より10％以上も低いのです。**デンマークの消費税収の構成比が日本のそれより低いのは、所得税を日本よりはるかに多く取っているからです（対ＧＤＰ比で言えばＯＥＣＤの中でダントツです）。所得税収の構成比が大きい分、消費税収の構成比が下がっているだけです。

高福祉国家は消費税で社会保障を充実させ、弱者を助けています。**その上、日本よりも経済成長しています。**私はこの事実を無視できない。**反感を買うのを承知で言いますが、消費税こそ弱者のための税です。**景気に左右されないから、安定して社会保障費を捻出できる。現にそれで弱者を救っている国がある。確かに「率」で見れば不公平ですが、「額」で言えば富裕層にたくさん負担させることができます。そして給付を充実させるには、「絶対額の大きさ」が重要です。逆進性の不公平は、給付を充実させることで相殺すればよい。現に消費税の負担の重い国は、みなそうしています。ただし、これらの国々と前提が違うこともまた無視してはなりません。それは、**これらの国々において労働者は手厚く保護されており、日本のように長時間労働などないし、賃金もずっと上がり続けているということです。**

だから私は、低賃金・長時間労働こそが日本の最も大きな問題であると主張し続けています。賃金は税金・社会保険料の源泉です。ここが増えなければ恐ろしい勢いで増大していく社会保障費を捻出できません。

そして、長時間労働で生活時間を奪ってしまえば、家族を作る余裕も持てないし、消費も伸び悩みます。極めて簡単な構図です。**低賃金・長時間労働の撲滅は、財政政策でもあり、経済政策でもあるのです。これこそ日本が最も力を入れて取り組むべき課題です。**

日本の労働法制の欠陥については拙著『人間使い捨て国家』に詳しく書きました。どう法律を改善していくかについても、極めて具体的に書きました。これが私の「対案」です。私の対案をきっかけに議論が深まり、労働法制の欠陥が正されていくことを期待していきます。

消費税を廃止したマレーシアと日本はこんなに違う

消費税を廃止したマレーシアを例にとって、消費税を廃止できると主張する人がいるのでこの点も指摘しておきましょう。日本とマレーシアでは状況がまったく異なります。まずは人口ピラミッド（2019年）を見てください。**図7－4**のグラフです。

全然違うことがわかりますね。マレーシアは下の方が太く、まさにピラミッドですが、日本は下へ行くほど細くなっています。マレーシアの65歳以上人口比率は、たったの6・92%。対する日本は28・00%。**マレーシアの高齢化率は日本の4分の1程度でしかありません。**当然、社会保障費の負担も日本より比較にならないぐらい軽い。

図7-4　日本とマレーシアの人口ピラミッド（2019年）

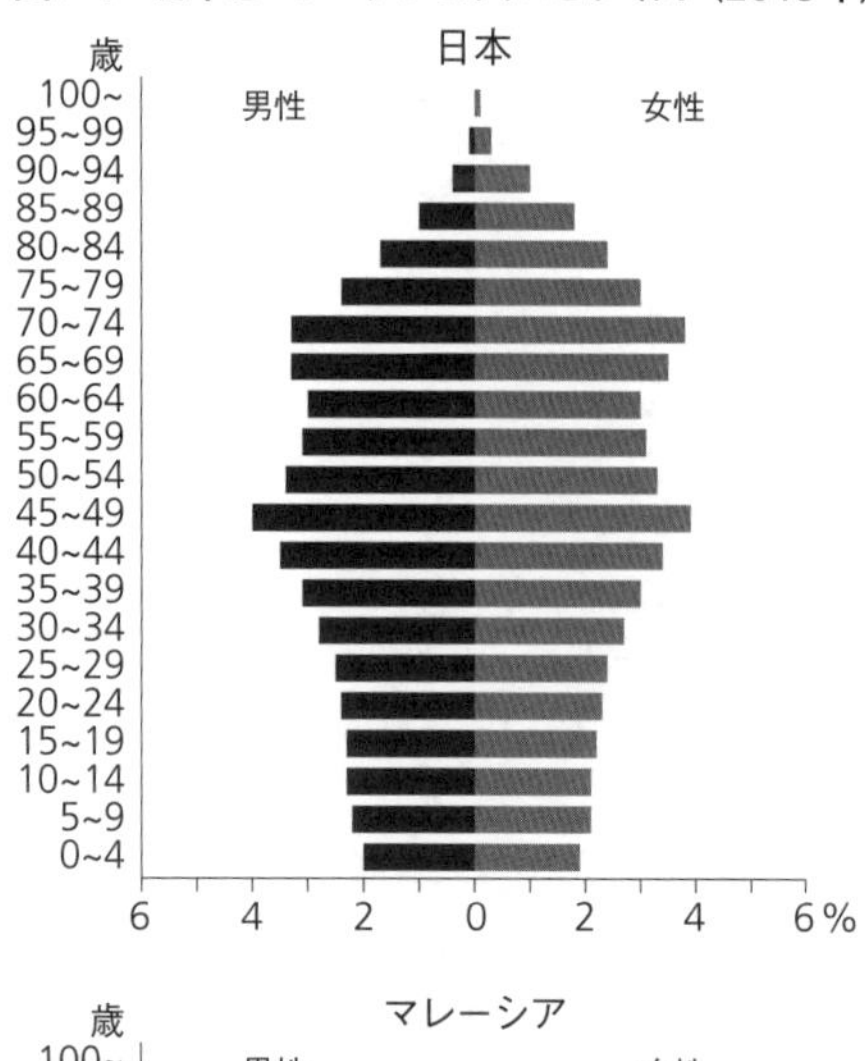

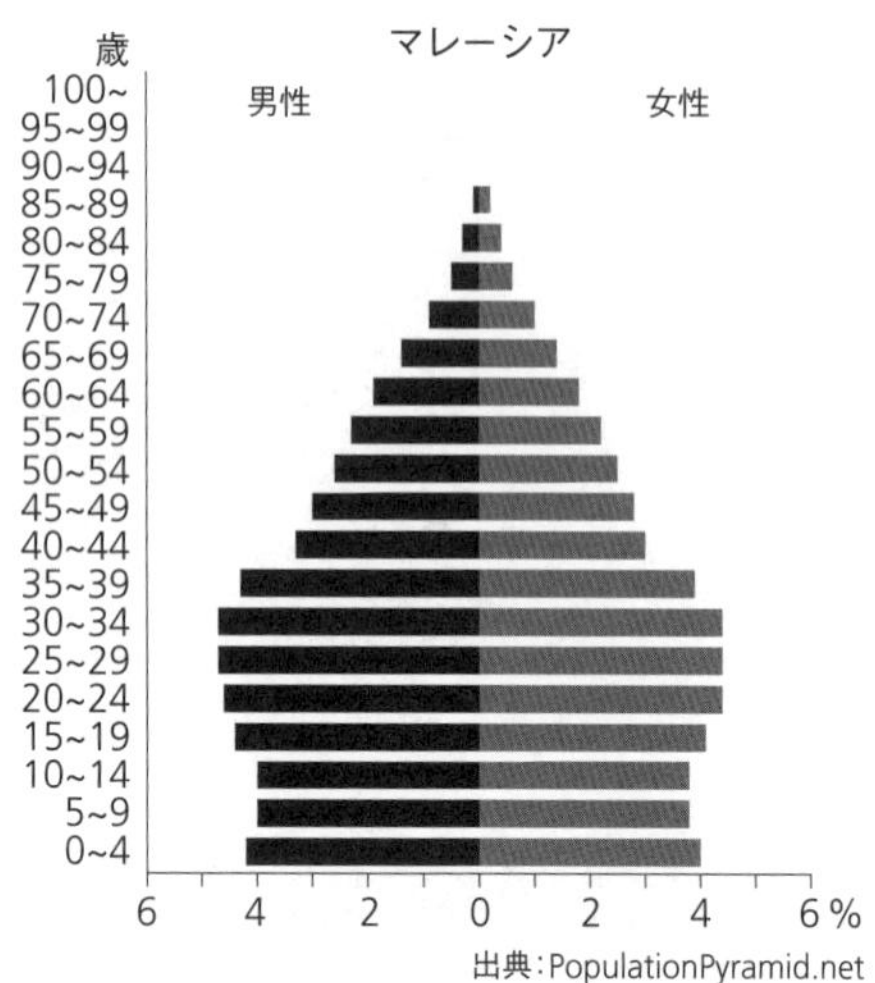

出典：PopulationPyramid.net

図7-5　日本とマレーシアの名目GDPの推移

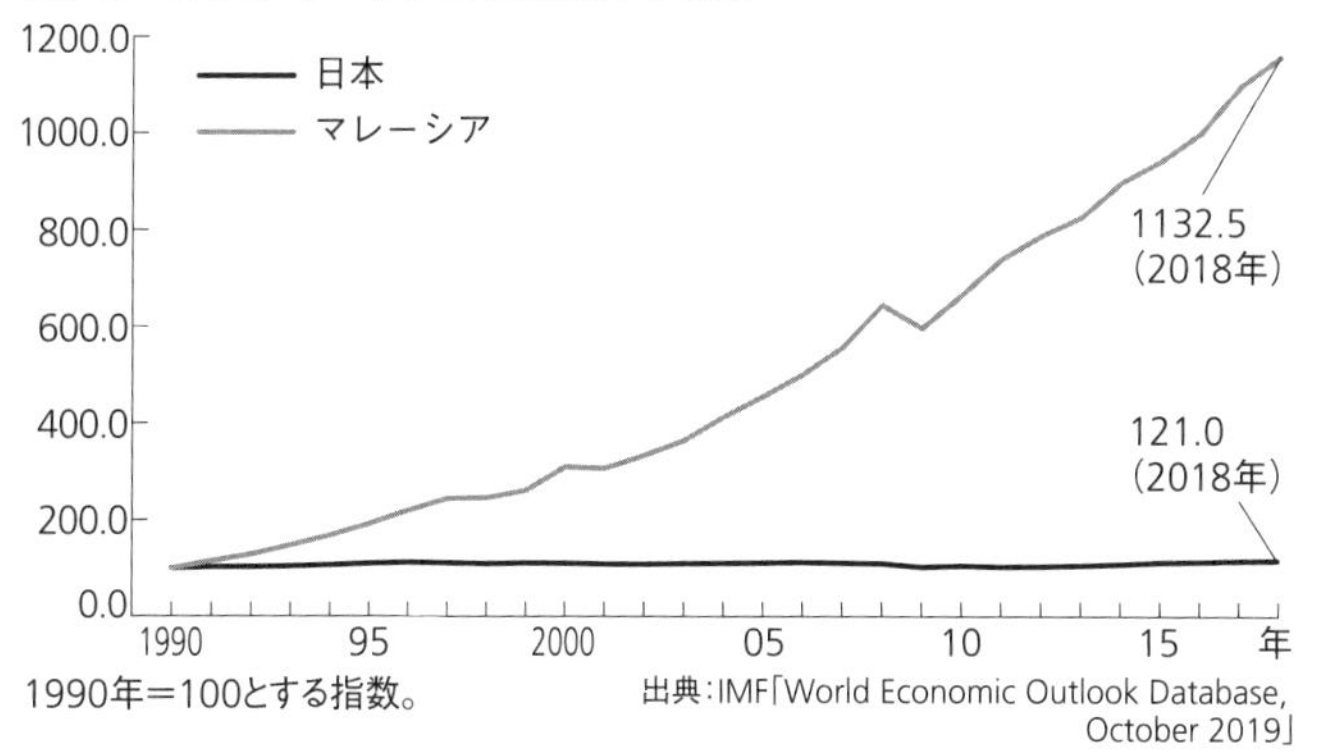

1990年＝100とする指数。　出典：IMF「World Economic Outlook Database, October 2019」

図7-6　日本とマレーシアの実質GDPの推移

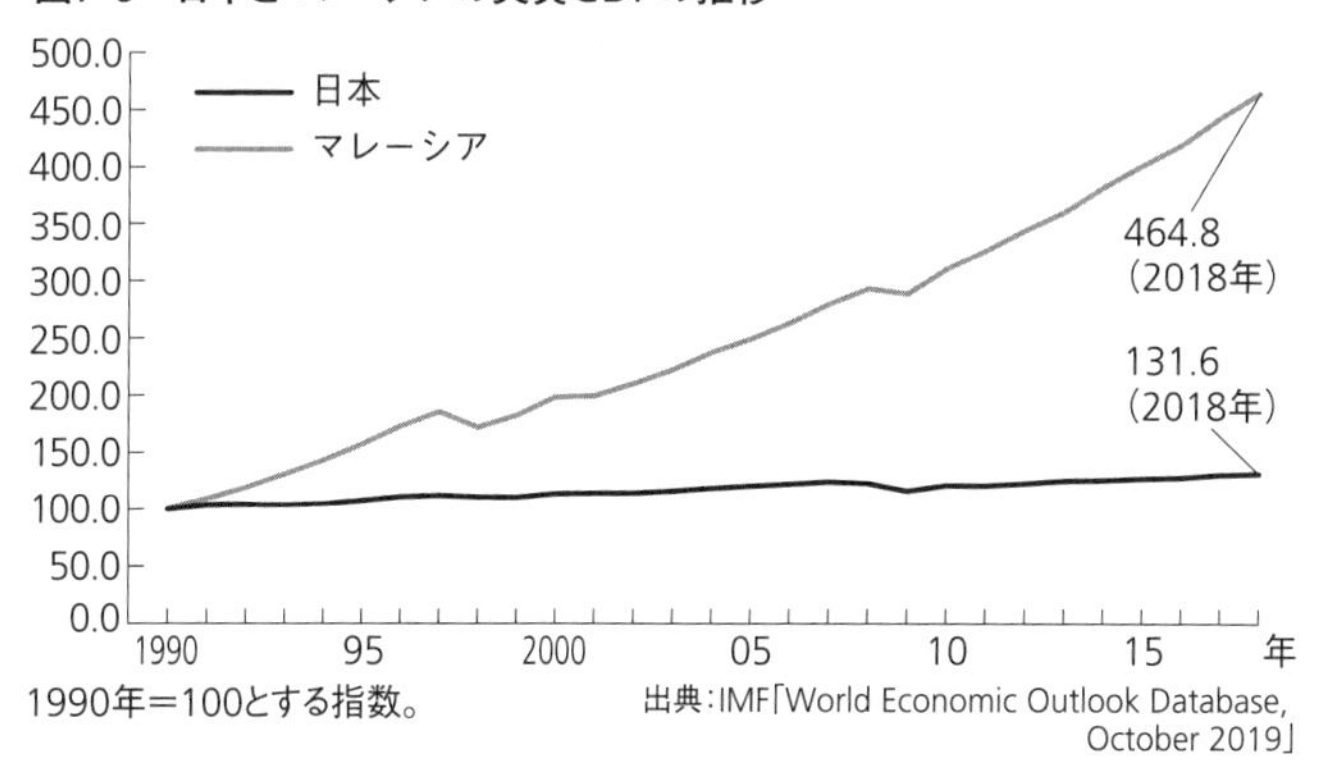

1990年＝100とする指数。　出典：IMF「World Economic Outlook Database, October 2019」

図7-7　日本とマレーシアの人口の推移

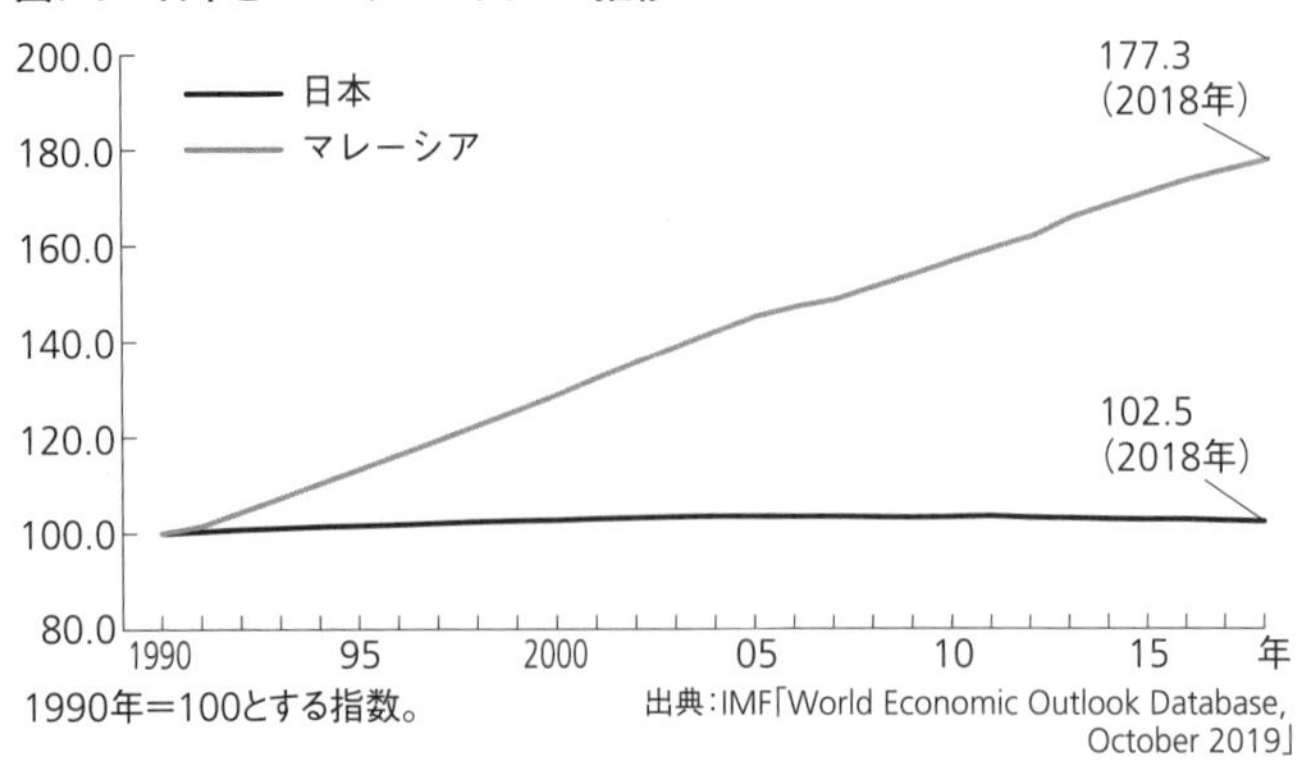

違うのはこれだけではありません。経済成長も大きく異なります。１９９０年を１００とし、日本とマレーシアの名目・実質ＧＤＰを比較してみましょう。**図７－５**と**図７－６**のグラフです。

マレーシアの名目ＧＤＰ指数は２０１８年の時点で１１３２・５。つまり１９９０年と比較して名目ＧＤＰが11倍以上になっています。対する日本は１２１・０。28年もかけて21％しか伸びていません。

実質ＧＤＰ指数を見ると、マレーシアは２０１８年の時点で４６４・８。実質で見ても約４・６倍という急成長です。対する日本は１３１・６。28年かけて31・６％しか伸びていません。

次に人口指数についても見てみましょう。こちらも１９９０年を１００とします。**図７－７**のグラフです。

マレーシアは２０１８年の時点で１７７・３ですが、

図7-8　日本とマレーシアの政府総債務残高対GDP比の推移

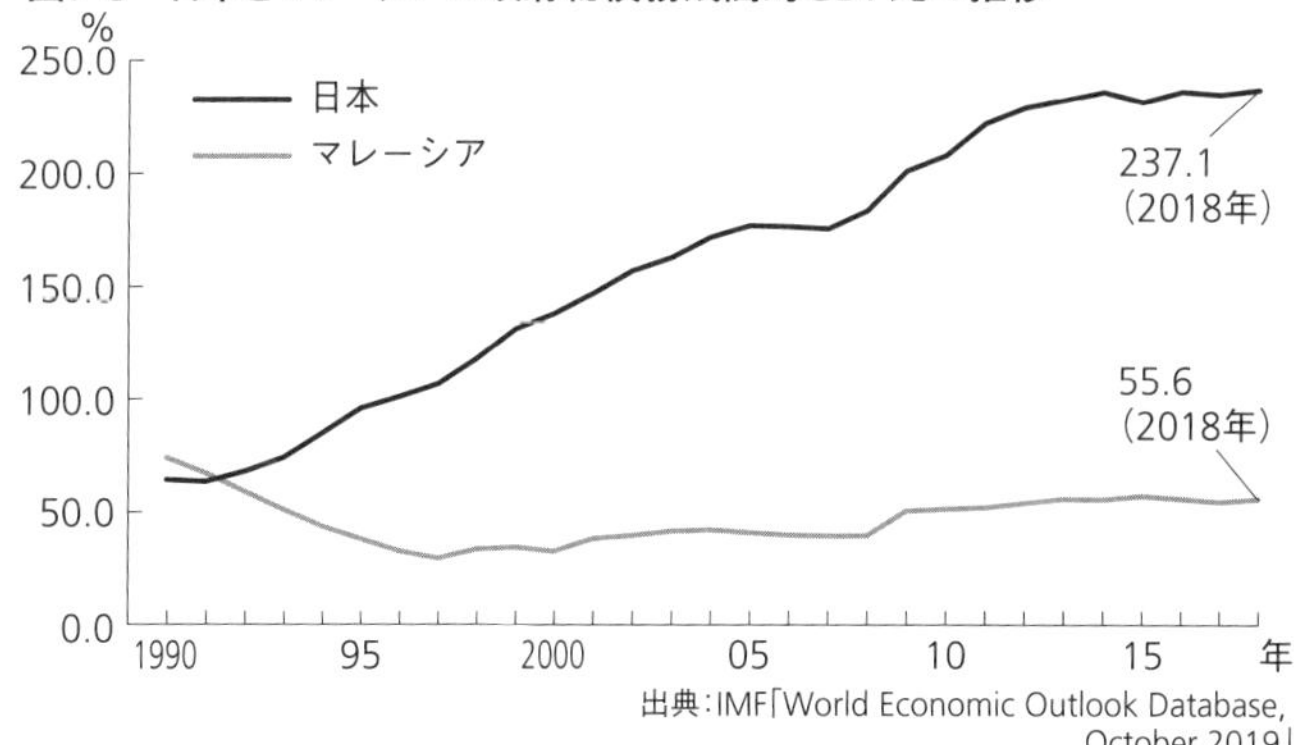

日本は102・5。ほとんど増えていません。最後に政府総債務残高対GDP比を示した**図7－8**のグラフを見てみましょう。

ここだけは日本が圧勝しています。日本は2018年の時点で237・1%ですが、マレーシアは55・6%。経済が急成長しているため、ほとんど横ばいになっています。日本は成長できない分を借金でごまかす、ということを継続してきたので、対GDP比で見た場合、マレーシアの4倍を超える債務残高になっています。マレーシアと日本が、まったく違う状況にあるということがわかっていただけたでしょうか。

マレーシアは日本の高度経済成長期のように、人口と経済が共に急成長している国です。かたや日本は成長を終えた衰退国で、世界一進行した高齢化により莫大な社会保障費の負担を抱える国です。

さらに、マレーシアには日本と異なり石油収入もあります。こういった違いを無視して「マレーシアが消費税を廃止できたのだから、日本もできる」と主張することは明らかな誤りですし、知的誠実さを著しく欠いています。加えて、マレーシアは消費税こそ廃止しましたが、売上・サービス税（ＳＳＴ）が再導入されました。これはかつて日本にもあった物品税のようなものです。

つまり、**何か消費する時に課される税がゼロになったわけではありません。**高齢化も進行しておらず、まだまだ経済が成長し続けると見込まれるマレーシアですら、消費に対する課税をゼロにはできないということです。

次章では、財政支出の拡大や減税を唱える反緊縮運動の中心人物である松尾匡教授とかつてツイッター上で議論になったことがあるので、それを取り上げます。

なお、本書ではラインハートとロゴフによる『国家は破綻する』の文章やデータを引用しています。この本について「計算間違いがある」という誤解もあるようですが、ラインハートとロゴフの計算間違いが見つかったのは、２０１０年に発表した別の論文です。『国家は破綻する』とは、まったく関係がありません。

第8章　松尾教授との議論について

事のはじまり

松尾匡教授は、立命館大学経済学部の教授であり、『そろそろ左派は〈経済〉を語ろう』『「反緊縮！」宣言』などの著作（いずれも共著、亜紀書房）があります。ざっくり言えば、「アベノミクス第1の矢である異次元の金融緩和は正解だったが、第2の矢である財政支出が足りないので、もっとお金を使え」と主張されています。私が指摘したとおり、今の日本は民間銀行などを間に挟んだ「脱法借金」をしていますが、そのお金でインフレになるまでは財政支出をどんどん拡大しろと言っているのです。

ＭＭＴ論者と同じようなことを言っているように聞こえますが、本人はＭＭＴ論者ではないと言っています。ただ、私から見れば、要するに「インフレになるまでは財政支出をどんどんやれ」と言っている点で変わりはありません。前掲の『そろそろ左派は〈経済〉を語ろう』において、松尾教授は次のようなことを言っています（同書192ページ）。

実際にインフレが過熱してきた場合にも、それを抑制する方法はいくらでもあります。今まで二パーセントに満たなかったインフレが、一ヶ月もたたずに制御不能な率まで上がるなどということはありえません。たとえば、好況になってインフレ率が目標値を高々数パーセント超過した段階までだったら、中央銀行の手持ちの国債を売りに出して（売りオペして）二〜三パーセントの水準にインフレを抑えることは十分できます。

私が本書で指摘してきたことを理解している人であれば、松尾教授がどれほどおかしなことを言っているかわかるでしょう。日銀はピーク時で借換債含む国債発行総額の7割に相当する国債を買入れ、直近2018年度でも約6割を買入れる「世界最大の日本国債の買手」であり、日銀が今行っている買いオペは対GDP比で言えば間違いなく人類史上最大規模です。これをいきなり売りオペで逆回転させたら国債が大暴落し、円も一緒に暴落。凄まじいインフレが日本を襲うでしょう。だから私は次のようにツイッターで呟きました。

松尾匡教授は、もしインフレが起きても売りオペをやれば簡単に抑えられると言っているが、国債市場の仕組みを分かっているのだろうか。
異次元の買いオペをして無理やり金利を抑え込んでいる状況を売りオペで逆回転させたら金利急騰・国債暴落。円も暴落するだろうからインフレは止まらないぞ。

これに対し、松尾匡教授がお知り合いの方の別アカウントを通じて反論をしてきたので、そこからやり取りが始まりました（松尾教授自身はツイッターアカウントを持っていないようです）。

この一連のやり取りの中でわかったことは、松尾教授が国債の仕組みを理解していないということでした。**だから、財政に対して極端に楽観的な主張ができるのです。**いくつか抜粋してそこにツッコミを入れていきます。なお、実際のやり取りを見たい方はネット上にまとめがあるので、そちらを見てください。おかしなところはほかにもたくさんあるのですが、この本では国債に関する理解の誤りがよくわかるものだけをピックアップしていきます。

通貨価値の下落を無視

「円暴落」を心配されるかたには、国債の暴落で資金が海外に逃げると懸念されているかたがいらっしゃるようです。

しかし国債価格がとめどなく下がることはありません。

なぜなら国債は満期まで持っていれば額面の金額が必ずもらえる（しかも表面金利の利

子は必ず毎期もらえる）ので、どんなに高く買った人も、満期まで持っていれば、買った値段よりも安く売るハメになることはないからです。

それゆえ、国債価格がある程度下がると、満期まで持つことに有利さを認める人が買いに入り、必ず下げ止まります。

明らかにおかしいですね。すでに説明したとおり、**国債が暴落した場合は通貨も運命を共にします。**したがって、満期まで持っていても、得られるのは大きく価値の下がった通貨です。そんなものをずっと持っていても意味がないから売られてしまうのです。暴落を止めるには、財政に対する信頼を回復する以外に方法はありません。**松尾教授の発言には「通貨の価値が下がってしまう」という観点が抜け落ちています。**しかし、もっと驚く発言をしています。国債の暴落についてです。

国債が半額に暴落することを「いいでしょう？」と評価

10年満期国債が発行したとたん額面の半額に下がったら、年利7％の利回りになります。

いいでしょう？

これは本当に驚くほかありません。日本の10年国債が半額に暴落したら、世界を揺るがす大事件です。まず、**円が大暴落して国民生活がどん底に落ちますし、国債の保有者は大きな評価損を被ります。**また国債が暴落したら、市場金利が急騰し、それに合わせて日本は借換債を含む新規発行国債の表面利率を上げなければなりません。そうなれば巨額の利払費が日本財政を直撃します。利払費捻出のために国債発行を増やせば、それがさらに財政への信頼の悪化を招き、金利上昇につながります。「地獄の金利上昇スパイラル」が発生するでしょう。

そもそも年利7％の計算根拠がよくわかりません。表面利率が何％なのか書いていないので、厳密に言うと利回りは算出できません。ただ、おそらく文脈から言って、額面と購入価格の差額分の利回りを言いたいのだと思います。そこで、表面利率は抜きにして、差額分の利回りがどうなるのか、額面１００円の10年国債を前提にして計算してみましょう。これが流通市場において半額の50円に暴落し、それを投資家が50円で購入したとします。購入価格と額面の差額は50円です。これを10で割ると1年当たりの利益は５円。購入価格は50円ですから、年間の利回りは5÷50＝0・1。つまり年利10％です。したがって松尾教授は計算も間違っています。

流通市場での利回りが10％上がったら、さっきも言ったとおり新しく発行する国債の表面利率をそれに合わせなければなりません。そうしないと安く落札されて目標金額を調達できないからです。借換債を含む国債の発行総額は毎年140兆〜150兆円程度ですから、もし仮にこれらの金利がすべて10％上がったとすると、利払費は14兆〜15兆円も跳ね上がります。消費税で言えば、6〜7％ぐらいは引き上げないとこれを賄えないでしょう。それに加え、円暴落に伴うインフレに合わせて、借り換えではない新規国債の発行額も跳ね上がるでしょう。こんな危険な状況になったら投資家は誰も手を出しません。

これを松尾教授は「いいでしょう？」と言えてしまうのです。私は本当に驚きました。

金利が上がっても財政負担は増えないと断言

市場金利が上昇しても、既存の国債に政府が払わなければならないのは、一定の表面金利と、おカネを返す時の一定の額面のおカネですので、増えるわけではありません。

借換債の金利は上がりますが、大半は日銀が持っている国債の借り換えです。日銀は金利でもうかった分は経費を除いた残りは政府に国庫納付金で納めます。だから政府が日銀に払う金利も増えますが、その分日銀が政府に払う国庫納付金が増えるので、実質的に財政負担は増えません。（私見では、もともと日銀保有国債の借換債の利率を、市場金利にあわせて更新する必要はないように思います）。

まず、なぜか既存国債の金利の話をして話を逸らそうとしています。既存国債の金利が上がらないのは当然ですから、改めて持ち出す必要はありません。**その既存国債が新しい借換債に入れ替わる時に金利が上がりますから、そこが問題なのです。さらに、新規発行国債の存在も無視しています。**

そして、「実質的に財政負担は増えません」と言い切っています。金利が上がっても財政負担が増えないと言い切ってしまうのはおそらく世界中で松尾教授一人だけなのではないかと思います。繰り返しますが、借換債を含む新規国債の利払費が急増するので財政が悪化します。金利が上がった状態が続けば、新しい金利の国債にどんどん入れ替わっていき、利払費が雪だるま式に増えていきます。地獄の扉が開いたような状態になります。ま

図8-1　国債の保有者別内訳（令和元年9月末〈速報〉）

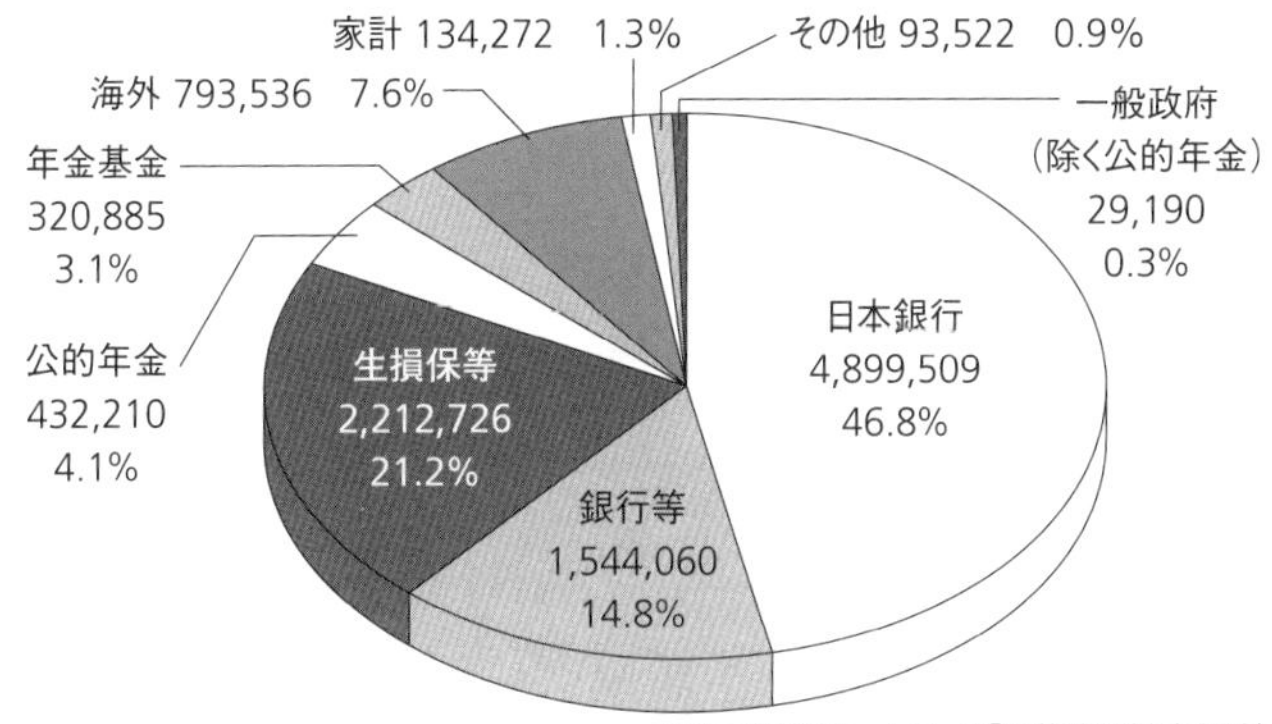

出典：財務省ホームページ「国債等関係諸資料」

た、インフレも進行しますので、それに合わせて借換債ではない新発国債の発行も増大し、とても消化しきれなくなります。

さらに、ここだけ見ると、あたかも国債のほとんどを日銀が保有していると勘違いするかもしれませんが、２０１９（令和元）年９月末時点での日銀の国債保有割合は46・８%であり、それ以外は民間銀行や保険会社などが保有しています（**図8-1**のグラフ）。これらに対して支払った利払費は当然戻ってきません。

また、カッコ内の発言が最も問題です。借換債の利率を市場金利に合わせなかったら、その分安く落札されてしまうので、目標額を調達できません。だから、合わせざるを得ないのです。「**市場金利と表面利率は連動する**」、この点が最も重要なのに、それがわかっていないということです。加えて、ここでは「売りオぺ」の話をしているのです。売りオペは日銀が民間銀行などに国債を売る行為ですから、**当然、国債の保有者は民間銀行などに入れ替わっていきます**。したがって、元利金の支払先も当然、民間銀行などになります。「支払先は日銀だからOK」ではありません。

日銀保有国債の全額が直接引受であると勘違い

日銀の持っている国債は、日銀から借りているおカネを返すのに日銀からまた借りたおカネで日銀に返すというもので、市場を介さずに直接なされるものですから、本来市場金利に合わせる必要はないと考えます。

これもかなり致命的な勘違いですね。**日銀保有国債の全部について、直接引受をしていると勘違いしているのです**。日銀が借換債を直接引受する「日銀乗換」は全体からすればごく一部で、2017年度で言えば3兆円しかありません。それ以外は流通市場を介して買っています。まず、民間銀行などが政府から借換債を買ってくれるから、成り立っているのです。そして、目標額どおりに買ってもらうには、借換債の表面利率を市場金利に合わせるしかないのです。

借り換えを止める？

将来金利を上げるときには、インフレ抑制のために日銀が本当に減らしたい分の国債以外は、政府が日銀に期限のきた国債のおカネを返すのはやめてしまって、原則直接借り換えにしてしまい、その分、おカネを返すのは、民間のもっている旧金利の国債の期限がきた分にまわして、そっちの借り換えはなるべくしないことにすれば、利払いの財政負担を抑えることができると思います（60年ルールとかにはこだわらない）。

「政府が日銀に期限のきた国債のおカネを返すのはやめ」るとは、どういうことでしょう。お金を返さないならデフォルトです。日銀相手であってもデフォルトを起こせば、もう国債の信用は維持できません。おそらく、直接引受だから実質返さないのと同じと言いたいのでしょうが、なぜ日銀乗換が全体から見ればほんのごく一部だけしか認められていないのかわからないのでしょう。借換債を全部直接引受なんてしたら通貨の信用を維持できないから、ほんの一部しか日銀乗換を認めていないのです。

また、民間保有国債について「そっちの借り換えはなるべくしない」とはどういうことでしょうか。**借り換えをしなかったらデフォルトです。**多分借り換えをしないで自費で返すと言いたいのでしょう。それをやるとなったら、超緊縮と大増税を行って無理やり返済費用を捻出しなければなりません。無理です。「60年ルールにはこだわらない」と言っていますが、**60年もかけて返済を分散しているから何とか回っているのです。**返済サイクルをもっと短くするということでしょうか。無理です。綱渡りの資金繰りをしている日本財政にそんな余裕はありません。

なお、松尾教授は私の指摘を受け、「**日銀保有国債以外の民間保有の国債の借り換えについては、その規模を過小に見積もっておりました。臆見で物を言ったことを恥ずかしく思います**」と、借換債の発行規模を知らなかったことを認めました。借換債の存在は、日本財政の資金繰りを理解する上で最も重要と言っても過言ではないのですが、その規模を全然知らないままに楽観的な説を振りまいていたことになります。

「売りオペ」はできると言い張る

何度か確認いたしましたとおり、日銀が売りオペでどんなインフレも抑える「能力を持っていること」自体が重要なのであり、実際にはよりマイルドな手をとっている段階で、わずかの金利上昇で円高が進み、物価安定目標をちょっと超えたぐらいのインフレはただちに制圧されるでしょう。

また、預金準備率の引き上げなど、その他のインフレ抑制手段もいろいろあります。円高が長引く心配の方が大きいと思っています。

やはり売りオペができると勘違いしています。異次元の金融緩和で国債市場がどうなっているのか、まったく理解できていないのです。売りオペはあくまで「平時」の手段です。**今は人類史上最大規模の買いオペをしているのですから、それをいきなり逆回転させたら国債暴落は目に見えているため、平時の手段は使えません。**この状態で売りオペができると言う人は松尾教授ぐらいしか知りません。

そして、ここで重要なのは、インフレ抑制手段について、専門家であれば誰もが必ず触れる「日銀当座預金の付利引き上げ」について言及していないことです。おそらく、異次元の金融緩和の出口について書かれた本をまったく読んだことがないのでしょう。
さらに、円高を恐れているようですが、異次元の金融緩和の副作用で懸念されるのは円の暴落であり、逆です。とことん話が嚙（か）み合いません。松尾教授は「円安は善」という猛烈な思い込みがあるようです。例えば、松尾教授が監修している「反緊縮経済政策Q&A」という文書には、次のような記載があります。

Q6　あまり国債が多くなり多すぎると（原文ママ）、どこかで円が暴落するのではないですか？
A6　日本円が暴落できるなんて、そんなオイシイ話が簡単に起こるはずがありません。

円の暴落を「オイシイ」と評価しています。私が拙著『アベノミクスによろしく』などで指摘してきたアベノミクスの問題点は、賃金がほとんど上がらないのに、増税に円安を被（かぶ）せたため物価が急上昇し、実質消費の停滞を招いているという点です。これが戦後最悪の消費停滞を招きました。消費税増税だけではなく、そこに円安を被せたことで国民生活が窮乏化したのです。
円安の引き起こす物価上昇に賃金が追い付かなければ、増税されたのと同じであり（イ

ンフレ税）、単に生活が苦しくなるだけです。こんなに単純なことなのですが、松尾教授のように「円安は善」という強烈な思い込みのある人はこの弊害を無視します。

また、その著書を読むと、雇用の改善を異次元の金融緩和の成果としています。『アベノミクスによろしく』などで再三指摘しているとおり、雇用改善とアベノミクスは関係ありません。有効求人倍率・失業率の改善はアベノミクス前からですし、就業人口の増加も、月次データで見てみるとアベノミクス前から始まっています。

さらに、その中身を見ると医療・福祉がダントツの増加数となっており、これは高齢化の影響ですからアベノミクスとは関係ありません。そのほかも、製造業や宿泊業を除けばすべてアベノミクスがもたらした円安と無関係なものばかりです。

アベノミクス以降は、単に金融危機が発生していないから、雇用が改善し続けているのです。戦後最悪の消費停滞を引き起こしたにもかかわらず雇用が改善しているのですから、無理やり円安にしなければもっと改善されていたでしょう。これをアベノミクスの成果と言うのは、安倍首相のプロパガンダをしているのと同じです。

松尾教授は異次元の金融緩和を肯定していますので、きっとその副作用が爆発した際も、「異次元の金融緩和は間違っていなかった」と言って擁護に回ると思います。**それは安倍**

首相の責任逃れを手助けすることになります。左派が松尾教授をかつぐのは、この点でも不適当です。

一連のやり取りをして、私は心の底から驚きました。この道の専門家ならこれは知っていて当然だよね、という当たり前の前提すら共有できない。「野球はバットとグローブがなくてもできます」と言われているような気分でした。

私はいろいろな本を読み、たくさんのデータをダウンロードして裏を取り、慎重に慎重に言葉を選んで本を書いています。しかし、松尾教授にはそのような慎重さがまったく見られない。よく知りもしないし、調べもしないで発言している。これはあまりにも無責任です。知的誠実さが著しく欠けています。

外れた予言

なお、松尾教授は、2013年4月8日付のブログで、次のようなことを書いています。

私は、インフレ目標による金融緩和政策の結果、今後景気拡大することは間違いないと思っていましたが、唯一懸念材料は、きたる消費税率引き上げでした。このせいで景気が挫折する可能性は否定できないと思っていたのです。消費税引き上げのせいでインフレが目標値に至ったら、金融緩和でテコ入れすることができなくなるかもしれないと思いましたから。

今でも私は消費税引き上げはやめた方がいいと断固言い続けますけど、しかし、岩田さんのこの論文を読んで、現実問題として景気挫折の可能性は消えたと思いました。断言しましょう。大変な好景気がやってきます。バブルを知らない若い世代は、これを見てビビって目を回すでしょう。

次の総選挙は、消費税引き上げ後の多少の混乱を乗り越えたあとの、絶好調の好景気の中で迎えることになります。世の中の一層の右傾化を防ぎたいと願う者は、これを前提して対策を組み立てなければなりません。「ただのバブル」とか「ハイパーインフレ」とか「すぐ挫折する」とか、裏から期待が透けて見えることを言って、金融緩和に反対していたならば、一議席も残らず消滅する結果になっても不思議ではありません。

異次元の金融緩和で、大変な好景気がやってくると言っています。重要なのはその後で、「次の総選挙は、消費税引き上げ後の多少の混乱を乗り越えたあとの、絶好調の好景気の中で迎えることになります」と言っていることです。つまり、**2014年4月に消費税が増税されたとしても、金融緩和のおかげで好景気になると断言しているのです。**結果はさっきも言ったとおり、戦後最悪の消費停滞を引き起こしました。松尾教授の予言は外れたのです。そして、金融緩和では結局マネーストックがたいして増えなかったので、今度は財政支出でマネーストックを増やそうという主張に変わったのでしょう。**「お金を増やせば何とかなる」という発想は同じです。**

いつの時代のどの国でも、このように「お金を増やせば何とかなる」という発想をする人はいて、同じことが繰り返されるのでしょう。現に繰り返されてきました。そして私のように悲観的な未来を語ると、猛烈にバッシングされる。でも私は完全に開き直っていますよ。**「ありもしない幻想を振りまいて人々をぬか喜びさせるぐらいなら、厳しい現実を突きつけて思いっきり嫌われてやる」**と開き直っています。それが私の役割ですし、長い目で見れば、多くの人の助けになると思っています。

一発逆転の魔法はない

松尾教授の話はこれくらいにしましょう。ところで、私は皆さんに問いたい。今まで数多くの政治家が、甘い言葉で票を稼ごうとしてきました。しかし、それは実現されてきましたか？　例えば民主党は「消費税を増税しない」と宣言して政権を取りましたが、結局増税しました。そして国民から思いっきり嫌われました。財政の厳しい現実から目を逸らし、目先の票を取ることを優先した結果、結局自らの首を絞めることになったのです。本当に浅はかで愚かな行為だと思います。

また、安倍政権になってからは、アベノミクスで豊かになれると言われました。結果はどうでしたか？　本書でも散々指摘したとおり、賃金の上昇を物価の上昇が大きく上回った結果、戦後最悪の消費停滞を引き起こし、国民生活が苦しくなっただけでした。そして出口を見失いました。

「一発逆転の魔法」など存在しないのです。もう甘い言葉に騙（だま）されて現実逃避をするのは止めましょう。そうやって現実逃避を重ねてきたことが、今の窮状を招いているのです。

日本の失敗は高度経済成長の後からもう始まっていました。高度経済成長にうかれて減税を繰り返しすぎた結果、国民の痛税感を高めてしまい、増税がしづらくなってしまいました。また、消費税が初めて導入されようとしたのは1979年ですが、野党が猛反対したこともあって、導入が見送られました。野党に政権担当経験がなく、財政の厳しさをまったく理解していなかったことが一因だと思います。こんな現状にした責任について、一番重いのはずっと政権与党だった自民党ですが、野党にも責任はあります。

もしも1979年から消費税を導入してこつこつ増税し、所得税や法人税の減税もせず、きちんと税収を確保してそれを社会保障や教育に回し、労働者も徹底して保護していれば、日本の現在、そして未来は違っていたと思います。今はあまりにも借金が膨らんでしまい、増税してもその借金に吸い込まれてしまうので、受益感を増すことができません。受益感がなければ国民は増税を受け入れません。さらに賃金が停滞しているので、国民の税負担能力がそもそも上がっていません。

日本はまさに、イソップ寓話に出てくるキリギリスのようなことをやっていたと思います。「経済成長すれば何とかなる」という発想で、やがてくる冬の時代に向けて一切備えをしなかった。それどころか借金で将来の価値を前借りし、労働者の賃金を削り、ひたすらその場しのぎに終始した。莫大な債務は本来現在を生きる我々に回されるはずだった「価値」です。それを先人たちのその場しのぎに使われてしまった。だから異常な人口減少に突入する運命になりました。

しかし、その運命から目を逸らして「一発逆転」に期待する。そんな都合のよいことは起きません。今までもそうだったでしょう？　現実を見て闘いましょう。地道にやっていくしかないのです。**楽をしていい思いをしようという発想は間違いです。**

政治家に言いたいこと

消費税減税ないし廃止を掲げて人気を得ようとする政治家に対して、私は極めて強い不快感を覚えています。まず、そのような人は、法人税だけではなく所得税も減税され、富裕層のみならず労働者もその恩恵を受けたという事実に触れません。しかし、すでに指摘したとおり、所得税の減税幅の方が法人税の減税幅よりも大きく、国際的に比較しても今の日本の所得税は低すぎる状態になっています。

消費税が法人税・所得税減税の穴埋めのように使われたことは否定しませんが、**非難されるべきはこの余計な減税の方であって、消費税ではない。**この消費税の痛税感を煽る人たちに共通しているのが、「**歳出の拡大**」という最も重要な事実に触れないということです。すでに指摘したとおり、所得税収がピークだった1991年度の一般会計歳出は約70兆円にすぎないのです。**今は100兆円を超えています。そして、今後はもっと恐ろしい勢いで増えていくのです。**所得税や法人税をピーク時と同じくらいの水準に戻しても、消費税抜きではこの莫大な歳出を賄えません。働き手が急減していくからです。この事実に触れず、消費税の痛税感を煽るのは、国民に対して極めて不誠実な行為です。**不都合な事実を隠して目先の人気を得ようとする軽率な行為は、絶対にしないでいただきたい。それはかつての民主党のように、もし野党が政権を取った場合に必ず自らの首を絞めることになるのだから。**

　民主党のように、また国民を騙すのですか。それとも政権を取る気など本当はなくて、自分の議席が確保できればそれでよいのでしょうか。確かに「永遠の野党」のままであれば、無責任なことを言って自分の議席を確保することが、その政治家にとっては合理的な行動でしょう。少なくとも私はそんな政治家には票を入れませんが。

　低賃金・長時間労働の撲滅こそが、野党にしかできない財政・経済政策です。これをメインテーマに掲げれば、自民党との違いも出せますし、**国民に嘘をつくことにもなりません。何より、仕事に殺されかけている多くの労働者の命を救うことになります。**野党には低賃金・長時間労働の撲滅を目標に掲げて共闘していただきたいと思っています。

おわりに

円が大暴落した場合、輸入の決済通貨であるドルを得ることが困難になりますので、輸入物資が激減し、極端なモノ不足になるでしょう。さらに、日本の人手不足をカバーしてくれている外国人労働者の方々も母国に帰ってしまうでしょう。通貨の安い国で働いていても意味がないからです。拙著『人間使い捨て国家』において、外国人労働者を奴隷のようにこき使っている現実を描きましたが、我々はその報いを受けることになります。また、富裕層や若者たちは海外移住していくでしょう。お金もモノも人も、すべてが不足するという状態になります。人類最悪の衰退国に低金利でお金を貸す投資家はもういないでしょう。税金で何とか財政を回していく以外に道はなくなります。所得税も法人税も消費税も、あらゆる税を全方位的に増税していく必要があります。それができなければ、社会保障費を捻出できず、生きていけない国民が増えるだけです。

何度も強調しますが、**社会保障が充実している国の中で、消費税の負担が軽い国は一つもありません。**人口が急増し、同時に寿命も延びて、その後少子化が進む、というのはどの国でも共通する現象です。だから社会保障費が増えるのです。減っていく生産年齢人口で増大する社会保障費を捻出するためには強烈な徴税力をもつ消費税が必要不可欠です。データを見ればそれが明らかですから、私は消費税を否定できないのです。ただ、今は無駄な痛みを与えるだけなので、今すぐに増税しろとは言いません。円が大暴落した後のことを私は言っています。

やがて確実に訪れる冬の時代を見据えた時、**消費税増しで痛税感を煽ることは、国民の首を絞めることになります。**社会保障費を捻出できないからです。法人税や所得税を増税することは賛同しますが、それでは足りないのです。だから私は嫌われる覚悟でこういうことを書いています。

税金とは、国に一方的に取られるものと解釈するのではなく、**みんなで出し合い、支え合うもの、**という認識に変えていく必要があります。それができなければ、憎み合い、嫉妬し合い、弱者を見捨てる冷たい「自己責任国家」になるだけでしょう。今の日本はもうそうなっていると言えるかもしれません。私はそんな国は嫌です。だから、思いっきり嫌われても構わないという覚悟でこの本を書いたのです。

日本が経済成長し続けることはあり得ません。この国は膨大な借金に足を取られ、未来への投資を怠り、急激な生産年齢人口減少、高齢者人口増大を迎えているからです。ろくに種を蒔いていないのに、たくさんの実がなるわけがないでしょう。「縮む」ことを前提に政策を組み立てなくてはなりません。今はそんなことを言われても受け入れられないと思いますが、大崩壊の後でもまだ「日本は経済成長できる」という前提で政策を組み立ててしまうと、縮むことに伴う激痛が増すだけです。

超縮小社会の痛みは避けられないのです。できることは、みんなでお金を出し合って、負担を分かち合って、その痛みを和らげることです。それが最悪の状況の中で取りうる最善の手段です。

2020年3月

明石順平

主要参考文献

・カーメン・M・ラインハート、ケネス・S・ロゴフ著／村井章子訳『国家は破綻する――金融危機の８００年』日経ＢＰ社、２０１１年
・ヤニス・バルファキス著／関美和訳『父が娘に語る 美しく、深く、壮大で、とんでもなくわかりやすい経済の話。』ダイヤモンド社、２０１９年
・高木久史著『通貨の日本史　無文銀銭、富本銭から電子マネーまで』中公新書、２０１６年
・野口悠紀雄著『異次元緩和の終焉 金融緩和政策からの出口はあるのか』日本経済新聞出版社、２０１７年
・野口悠紀雄著『マネーの魔術史　支配者はなぜ「金融緩和」に魅せられるのか』新潮選書、２０１９年
・河村小百合著『中央銀行は持ちこたえられるか 忍び寄る「経済敗戦」の足音』集英社新書、２０１６年
・岩村充著『貨幣進化論　「成長なき時代」の通貨システム』新潮選書、２０１０年
・三菱東京ＵＦＪ銀行円貨資金証券部著『国債のすべて　その実像と最新ＡＬＭによるリスクマネジメント』きんざい、２０１２年
・岩井克人著『貨幣論』ちくま学芸文庫、１９９８年
・大村大次郎著『元国税調査官が暴くパナマ文書の正体』ビジネス社、２０１６年
・志賀櫻著『タックス・ヘイブン　逃げていく税金』岩波新書、２０１３年
・L・ランダル・レイ著、島倉原監訳、鈴木正徳訳、中野剛志・松尾匡解説『ＭＭＴ現代貨幣理論入門』東洋経済新報社、２０１９年
・中野剛志著『目からウロコが落ちる 奇跡の経済教室【基礎知識編】』ベストセラーズ、２０１９年
・島倉原著『ＭＭＴ〈現代貨幣理論〉とは何か　日本を救う反緊縮理論』角川新書、２０１９年
・小出・フィッシャー・美奈『ベネズエラを事実上のデフォルトに追い込んだ「ポピュリズム」の恐怖』マネー現代２０１９年2月28日
https://gendai.ismedia.jp/articles/-/60052

図版作成　タナカデザイン

明石順平 あかし じゅんぺい

弁護士。1984年、和歌山県生まれ、栃木県育ち。東京都立大学法学部、法政大学法科大学院を卒業。主に労働事件、消費者被害事件を担当。ブラック企業被害対策弁護団所属。著書に『アベノミクスによろしく』『データが語る日本財政の未来』『国家の統計破壊』(すべてインターナショナル新書)、『人間使い捨て国家』(角川新書)がある。

ツーカとゼーキン 知りたくなかった日本の未来

インターナショナル新書〇五〇

二〇二〇年四月一二日 第一刷発行

著者 明石順平

発行者 田中知二

発行所 株式会社 集英社インターナショナル
〒一〇一-〇〇六四 東京都千代田区神田猿楽町一-五-一八
電話 〇三-五二一一-二六三〇

発売所 株式会社 集英社
〒一〇一-八〇五〇 東京都千代田区一ツ橋二-五-一〇
電話 〇三-三二三〇-六〇八〇(読者係)
〇三-三二三〇-六三九三(販売部)書店専用

装幀 アルビレオ

印刷所 大日本印刷株式会社

製本所 大日本印刷株式会社

 ISBN978-4-7976-8050-8 C0233

インターナショナル新書

014 アベノミクスによろしく 明石順平

アベノミクスを公式発表データを駆使して徹底検証。GDPの異常なかさ上げや、実質賃金の大幅な下落など、欺瞞と失敗が次々と明らかに。

033 データが語る日本財政の未来 明石順平

公的データによる150以上のグラフや表で、破綻寸前の日本財政を検証。財政楽観論を完全否定し、通貨崩壊へと突き進む未来に警鐘を鳴らす。

038 国家の統計破壊 明石順平

国民の目に触れないところで、国家の基幹統計が都合よく歪められている。国会での公述人が、公的データをもとに「統計破壊」の実態を暴く。

041 税のタブー 三木義一

宗教法人、暴力団、政治団体。なぜ彼らの税負担は軽いのか。誰も踏み込まなかった領域に立ち入り、不公平税制の真因を税の成り立ちから考える。

051 嘘と孤独とテクノロジー 知の巨人に聞く 吉成真由美（インタビュー・編）

人類が直面する問題の本質についてチョムスキーら5人の叡智にインタビュー。洞察に富む言葉は、未来の展望と現代を生きるヒントを与えてくれる。